TAKADA JUNIOR COLLEGE
高田短期大学

子ども学科

キャリア育成学科
・オフィスワークコース
・介護福祉コース

わたしらしく．
あなたらしく

Open Campus 2023
高短の魅力をぎゅっと詰め込んだプログラム

『2023オープンキャンパス』で高短のすべてがわかる！

12/17(日) 13:00〜15:00　2024 3/10(日) 13:00〜16:00

オープンキャンパスの参加申込みはWEBで▼

- ■ 入試説明会
- ■ 学科別模擬講座・体験コーナー
- ■ キャンパスツアー
- ■ 学生企画コーナー
- ■ 各種相談コーナー
- ■ 保護者ガイダンス　など

※開催日、内容は変更になる場合がございます。　最新情報はホームページにてご確認ください。

Follow Me!

 高田短期大学

Instagram

 キャンパスライフやニュースを公開中。ぜひフォローしてね！

takatan_nyushikoho

学校法人　高田学苑
〒514-0125　三重県津市大里窪田町字下沢2865番地1
TEL：059-231-0367　http://www.mie-takada-hj.ed.jp

高田短期大学
〒514-0115 三重県津市一身田豊野195番地
TEL.059-232-2310 https://www.takada-jc.ac.jp

School Information

各種説明会の参加
お申し込みはこちらから

7月12日(水)より
申し込み受付開始

施設見学会
鈴鹿高校が誇る最新の設備を少人数で案内するキャンパスツアー。
7/23(日)・8/19(土)・9/9(土)

学校説明会
学校の概要、特進、探究、総合コースの特色、入学試験全般について詳しく説明。
7/30(日)・8/26(土)・10/21(土)・11/25(土)

鈴鹿チャレンジ模試
4000名弱の過去の膨大な受験生のデータから、今の自分の得点や順位、偏差値などの情報を提供します。(問題は過去問を使用)
11/3(金・祝)

個別相談会
何でも相談できる個別相談会です。入試のこと、各コースのこと、施設・設備のことや、興味のあるクラブのこと、学校の授業についてなど…気になることに本校の教員が個別でお答えします。
11/12(日)

ZOOM説明会 大好評
説明会に行けない!そんな方々のためにZOOMを使っての説明会を実施。WEB環境が整っていれば、特別な設定は不要。10/4以降、以下の日程で実施予定。

【全日程】18:30開始 19:00終了

水曜日開催: 10/4・11・25、11/1・8・15・22・29
土日開催: 12/2・3

※パソコン、タブレット、スマートフォン等の機器と、インターネット環境が必要です。

学校法人 鈴鹿享栄学園
鈴鹿高等学校
鈴鹿市庄野町1260 TEL 059-378-0307
http://suzukakyoei.ed.jp/suzukah/

公式インスタグラム   施設紹介動画

KAISEI SCHOOL TOUR 2023
海星スクールツアーのご案内

ツアー内容

ツアー A [10:30〜12:00]
1. 全体説明 — 学校生活／コースの取り組み／入試情報等
2. 授業見学および施設案内 ※日程によっては、授業がない場合もあります。
3. 個別相談

ツアー B [15:30〜17:00]
1. 授業見学および施設案内
   実施日:
   - 進学特別コース(月)
   - 国際数理コース(月・火・水)
   - 6年制(中学受験)(火)
   ※総合学習やHRのカリキュラムを除き、上記曜日では、7限目をご覧いただけます。
2. 全体説明 — 学校生活／コースの取り組み／入試情報等
3. 個別相談

ツアー C [17:30〜18:30]
1. 全体説明 — 学校生活／コースの取り組み／入試情報等
2. 部活動見学 [各クラブ顧問に質問することができます]
3. 個別相談

開催期間 7/21(金) ▶ 12/17(日) ※ツアーCのみ土日、祝日、長期休暇中は、10:30〜12:00に実施いたします。

本校へ直接お電話かFAXいただくか、右記メールアドレスまでメールでお申込みください。担当者と日時等を相談の上、ご来校いただきます。

電話 059-345-0036
FAX 059-347-2989
担当者直通メール 3sr-high@kaisei.ed.jp (担当/高田・阪田・松田)

※電話の場合、「高校受験希望」とお申し出ください。

※1日に各ツアー5組15名程度までお申込みいただけます。 ※最少決行人数は1名様からです。
※新型コロナウイルス感染症の状況によってツアーの運営方法や実施等に変更が生じる場合がございます。

学校法人エスコラピオス学園
海星中学・高等学校
〒510-0882 四日市市追分1丁目9-34
TEL:(059)345-0036 FAX:(059)347-2989
https://www.kaisei.ed.jp

詳しくはコチラ!
[海星中学高等学校 検索]

商船学科 定員:40名　情報機械システム工学科 定員:80名

海学祭
12月3日(日)
9:30〜(予定)
入試説明会も行います!

☆鳥羽丸に乗って体験航海。さあ、海へ出かけよう!
☆全国レベルで活躍するコンテスト作品に触れよう!
☆数十店並ぶ模擬店で美味しいものを見つけよう!

※内容は以前のものです。本年度の内容は未定です。

オープンキャンパス
学校について詳しく知ることができます。ホームページから是非お申込みください。

令和5年8月10日(木)
令和5年8月11日(金)
令和5年10月7日(土)

お申し込みはこちらから

令和6年度入学試験日程
●体験学習選抜(商船学科のみ)　令和6年1月13日(土)
●推薦選抜(特別推薦・一般推薦)　令和6年1月14日(日)
●学力検査選抜　令和6年2月11日(日)
●帰国生徒特別選抜　〃

※詳細は本校ホームページをご覧ください。

高等専門学校は高校と大学の7年間の教育内容を5年で学びます。(※商船学科は5年半)

独立行政法人 国立高等専門学校機構
鳥羽商船高等専門学校
鳥羽市池上町1番1号　TEL 0599-25-8404
www.toba-cmt.ac.jp

世界にはばたけ!
創造的エンジニア!

オープンキャンパス
〈事前予約制〉

中学生の皆様に、本校をよりよく知っていただくためにオープンキャンパスを実施します。
学校紹介、入試説明、学科見学、受験相談、学寮見学等を行っていますのでぜひ参加してください。

9/9(土)　9/10(日)

お申込先▼

独立行政法人 国立高等専門学校機構
鈴鹿工業高等専門学校
〒510-0294　三重県鈴鹿市白子町

予約については、鈴鹿高専ホームページ(https://www.suzuka-ct.ac.jp)から入試広報サイトをご覧下さい。

取扱い学校

- 高田学苑 中学/高校
- 鈴鹿工業高等専門学校
- 古川学園向陽台高校
- 松阪向陽台総合学院
- 四日市工業高校
- 四日市農芸高校
- 石薬師高校
- 神戸高校
- 飯野高校
- 白子高校
- 稲生高校
- 津商業高校
- 津工業高校
- 久居農林高校
- 伊勢工業高校
- 県立聾学校
- 三重大附属小学校
- 三重大附属中学校
- 三重大附属特別支援学校
- 一身田中学校
- 豊里中学校
- 西郊中学校
- 南郊中学校
- 橋北中学校
- 橋南中学校
- 西橋内中学校
- 東橋内中学校
- 南が丘中学校
- 朝陽中学校
- 東観中学校
- みさとの丘学園
- 天栄中学校
- 白子中学校
- 鼓ヶ浦中学校

制服とワクワクしよう!!

アラカワ
（荒川制服株式会社）

本店 津市万町174番地 塔世橋南詰 ☎059-228-3059

鈴鹿店 鈴鹿市白子4丁目15-20 ヒオキビル2F ☎059-367-7501

MANNOU CLINIC

腰の健康相談
ひざの健康相談
骨粗しょう症健診
なら

整形外科・リウマチ科・リハビリテーション科

まんのう整形外科

看護師さんを募集しています

診療時間

時間 \ 曜日	月	火	水	木	金	土
AM9:00～12:00	●	●	●	●	●	▲
PM3:00～6:30	●	●	●	／	●	／

松阪市松崎浦町96-1
TEL0598-51-1775

【休診日】木曜午後・土曜午後 日曜日・祝日

🔍 まんのう整形

三重公務員学院

since1995
三重で公務員を目指すなら

合格率に自信あり
- わかりやすい授業
- ベテラン専任講師陣
- 2次対策も万全(個別面接・論作文・集団討論等)
- 豊富な受験データ
- 自習室、質問制度充実

基本受講期間は半年
- ◆11～3月コース
- ◆4～9月コース

豊富な組み合わせ
- ◆全日制コース　◆土日コース
- ◆夜間特訓コース

2022(R4)年度合格実績　※合格とだけあるのは1次合格

◎全合格者→のべ154名合格

- ○事務系(市役所・県職員等)→のべ106名合格
- ○公安系(警察官・消防官等)→のべ　43名合格

- ・2021年度　三重県警察官B→8名最終合格(1次11名合格中)
- ・2020年度　松阪市(消防)→6名最終合格(全体で11名中)
- ・2019年度　三重県ABC→18名最終合格(1次24名合格中)
- ・2018年度　現役学生合格(大学・短大・高校)→29名最終合格
- ・2017年度　伊勢市(消防)→7名最終合格(全体で9名中)

津駅西口前
〒514-0086 三重県津市広明町364
魚伝ビル3F
059-224-8890
http://www.miekoumuin.net

高校季節講習無料

高校フリークラスは、下記の曜日・時間中どの教室の学習室もいつでも自由に使用できます。一年中5教科の指導が受けられるシステムなので夏・冬・春期の講習費用は必要ありません。

中学3年生の方は、進学予定高校の入学試験が終わった日から新高校1年生扱いとなり、いつでも春期講習が無料で受けられます。
春期講習では高校数学・英語の先取り指導を行います。

- ●神田久志本第一教室　平日 AM10:00～PM9:30　土曜 AM10:00～PM8:00
- ●外宮前教室　　　　　平日 PM4:00～PM9:30
- ●錦水橋教室　　　　　毎日 AM10:00～PM10:00 (年中無休)

高校フリークラス 5教科対応
月謝 19,800円(税込)

月謝以外の費用は一切必要ありません

静かな環境の学習室で勉強をして分からない所や勉強方法を質問するスタイルです。

中学1対4個別指導 ＋フリー学習室クラス 5教科対応
月謝 18,700円(税込)

週2回の個別指導の日以外にも、季節講習を除く平日は毎日いつでも中学生学習室を自由に使うことができます。学習室には講師が巡回指導を行い質問に対応いたします。

伊勢塾2023年 合格実績

愛知県立大学	外国語学部 英米学科
岡山大学	法学部
関西外国語大学	外国語学部 英米語学科
近畿大学	農学部 環境管理学科
鈴鹿医療科学大学	薬学部 薬学科
中央大学	総合政策学部 国際政策文化学科
東京農業大学	国際食料情報学部 国際食農学科
東京理科大学	先進工学部 生命システム工学科
同志社大学	政策学部 政策学科
同志社大学	生命医科学部 医生命システム学科
同志社大学	法学部 法律学科 2名
東洋大学	文学部 哲学科
名古屋大学	医学部 医学科
防衛医科大学校	医学科
法政大学	生命科学部 環境応用化学科
三重大学	人文学部 文化学科
三重大学	医学部 看護学科
三重大学	人文学部 法律経済学科 2名
名城大学	薬学部 薬学科
立命館大学	法学部 法学科
早稲田大学	先進理工学部 生命医科学科
早稲田大学	法学部
他	(実績より抜粋)

国公立大学第一志望者合格率 **92.3%**
三重大学合格率 **100%**
伊勢高校合格率 **100%**
宇治山田高校合格率 **100%**

最小の費用で最大の効果を目指します

伊勢塾

無料体験が3回受けられます。

伊勢高校・皇學館高校から徒歩約10分

ご相談だけでも大丈夫です。
お気軽にお電話下さい。
☎ 0120-86-1019
9:00～22:00 (年中無休)

Contents -もくじ-

特集 010 現役塾講師"清水先生"の三重県立高校 前期後期選抜 傾向と対策
014 表紙撮影 三高NAVI × 皇學館高校コラボ
015 県立高校の入試制度を知ろう!
016 清水先生の入試なんでもQ&A【1】

北部エリア

018	海星高等学校	029	四日市南高等学校
020	津田学園高等学校	030	四日市西高等学校
021	暁高等学校	031	朝明高等学校
022	四日市メリノール学院高等学校	032	四日市四郷高等学校
023	桑名高等学校	033	四日市商業高等学校
024	桑名西高等学校	034	四日市農芸高等学校
025	桑名北高等学校	036	四日市工業高等学校
026	桑名工業高等学校	038	四日市中央工業高等学校
027	いなべ総合学園高等学校	040	菰野高等学校
028	四日市高等学校	041	川越高等学校

042 清水先生の入試なんでもQ&A【2】

中部エリア

044	鈴鹿工業高等専門学校	061	津高等学校
046	鈴鹿高等学校	062	津西高等学校
048	高田高等学校	063	津東高等学校
050	近畿大学工業高等専門学校	064	津工業高等学校
051	セントヨゼフ女子学園高等学校	066	津商業高等学校
052	青山高等学校	067	久居高等学校
053	桜丘高等学校	068	久居農林高等学校
054	愛農学園農業高等学校	070	白山高等学校
055	神戸高等学校	071	上野高等学校
056	飯野高等学校	072	伊賀白鳳高等学校
057	白子高等学校	074	あけぼの学園高等学校
058	石薬師高等学校	075	名張高等学校
059	稲生高等学校	076	名張青峰高等学校
060	亀山高等学校		

南部エリア

078	鳥羽商船高等専門学校	095	伊勢高等学校
080	皇學館高等学校	096	宇治山田商業高等学校
082	三重高等学校	097	伊勢工業高等学校
083	伊勢学園高等学校	098	南伊勢高等学校(度会校舎)
084	松阪高等学校	099	南伊勢高等学校(南勢校舎)
085	松阪商業高等学校	100	鳥羽高等学校
086	松阪工業高等学校	101	志摩高等学校
088	飯南高等学校	102	水産高等学校
089	昂学園高等学校	103	木本高等学校
090	相可高等学校	104	尾鷲高等学校
092	明野高等学校	106	紀南高等学校
094	宇治山田高等学校		

定時制・通信制

108	徳風高等学校	121	北星高等学校
110	英心高等学校(伊勢本校)	122	四日市工業高等学校
111	英心高等学校(桔梗が丘校)	122	飯野高等学校
112	N高等学校・S高等学校	123	みえ夢学園高等学校
114	三重シューレ	123	上野高等学校
116	ヒューマンキャンパス高等学校	124	名張高等学校
117	古川学園 向陽台高等学校	124	松阪高等学校
118	大橋学園高等学校	125	松阪工業高等学校
119	一志学園高等学校	125	伊勢まなび高等学校
120	代々木高等学校	126	尾鷲高等学校
121	桑名高等学校	126	木本高等学校

127 清水先生の入試なんでもQ&A【3】

35・37・39・54・65・69 体育系部活動実績
73・87・91・93・105 文化部活動実績

アイコン説明

- 制服：制服がある場合
- 単位：単位制 在学中に必要単位を満たせば卒業
- 0学期制：学期の区分(2学期制/3学期制)
- 始業時刻：始業の時間
- 男女比率：男子生徒と女子生徒の3学年全体の比率
- 駅から：最寄りの公共交通機関からの時間
- 自転車約00分
- 冷暖房：通常教室に冷暖房設置
- 携帯電話：携帯電話について
- アルバイト：アルバイトについて

9

現役塾講師
"清水先生"
による

傾向と対策

前期選抜と後期選抜について徹底解説します！

　三重県の県立高校の入試方法は大きく分けて前期選抜と後期選抜の2種類あります。前期選抜とは、希望する高校が、学科・コースの特色に応じた検査内容及び選抜方法により、2月に実施される選抜入試です。
　選抜方法は選抜資料として自己推薦書・調査書を用い、検査として面接・作文（小論文）・実技・学力検査の中から受検校が指定する検査を用います。それらを総合的に判断し、合否が判定されます。ですので、後期選抜に向けた学習方法とは分けた学習が必要になってきます。
　今回は検査として用いられる「面接」「作文」「学力検査」についての傾向と対策を解説していきます。

前期選抜

面接

　まず、面接についてです。面接試験には個別面接と集団面接の2種類あります。どちらを選択しているかは高校によって分かれます。個人だと受検生1名に対して面接官が3名程度で1人あたり5〜10分、集団だと5人程度のグループで20分程度です。質問内容は志望理由、高校生活の抱負や将来の夢、中学時代の印象に残っていることや頑張ったことなどが質問されます。他には最近の気になるニュースや休日の過ごし方が聞かれたり、自己PRを求められたりすることもあります。ただ、質問に対してきちんと受け答えができれば大丈夫でしょう。対策として志望理由などは丸暗記ではなく、ポイントを箇条書きにしてそれを覚え、いつもの話し方でポイントをつないでいくような練習をすると効果的です。

作文

　次に作文についてです。作文は学校にもよりますが、制限時間40分〜50分、300字〜600字程度が多いようです。テーマは「高校生活の抱負」という定番から「電車内での携帯電話のマナーについて」のような具体的なもの・「水について思うこと」といった抽象的なものまでどのテーマが課されるかはわかりません。普段の練習においては、これも塾や学校の先生に過去に出題されたテーマを教えてもらって、自分の目指す高校で出題されたテーマはもちろんのこと、様々なテーマで時間制限を設けて練習してください。制限時間や文字数は志望校において毎年あまり変更は無いようなので、先生に聞いてみてください。作文は書けば書くほど上手になってきますよ。

学力検査

　最後に学力検査についてです。前期選抜の学力検査は後期選抜より難易度が高いです。高校によっては前期選抜の問題を使わずに独自問題にて選抜するところもありますが、基本は県内統一問題です。どの教科を課すかは高校によってことなり、国語・数学・英語のなかから1教科または2教科の組み合わせで実施されます。試験時間も後期選抜と同様に1教科45分間です。国語では200〜240字の作文、英語だと20語以上の英作文が後期選抜とは違う特徴です。数学は一見すると後期選抜と大差なく見えますが、難易度は若干高めです。学力検査を課す高校は進学校の場合が多く、ある程度の難易度の問題で学力を図りたいのではと考えられます。また、どの教科を課しているかを見るとその高校で求められる生徒像が推測できたりします。

現役塾講師"清水先生"による**傾向と対策**

各科目の問題傾向やおすすめの勉強方法についてご紹介します！

後期選抜

英語

　三重県の英語の問題は**リスニング、対話文、英作文、長文読解**の4分野構成です。特徴として文法の単独問題は無く、**英文の内容理解**がほとんどです。リスニングは語数の少ない問題は1回しか放送されませんので、日ごろ2回読みで練習していた人にとっては難しく感じたことでしょう。それを踏まえて**1回で聞き取れるような練習が必要**です。対話文は**例年の対話文に加え、掲示物の読み取り問題**がありました。英作文は例年通り6問の出題でした。単文ではなく複文での文構成が求められますので、短い文から少しずつ語数を増やし、**模範解答の6〜15単語を目安に練習**しましょう。長文問題は1ページを超える長文が出題されました。文章量も年々増しているので、先に設問を見てから長文を読むなど解答方法を工夫するのも1つかもしれませんね。入試間近になったら、過去問を中心に三重県の出題傾向に沿った学習法で対策してください。

数学

　今年の数学は、**計算系問題が7問、方程式、関数、確率、図形**とまんべんなく各単元から出題されていたのは例年通りでした。ただ、確率・統計分野においてデータ分析と確率が1問ずつ大問として出題されていたり、連立方程式を立式させたりと分析力や思考力を問うような出題が数多く見られました。
　しかし、**勉強方法を変更させる必要はありません**。まず、計算問題はミスなく解けるように、関数は一次関数と2乗に比例する関数との複合問題、関数と図形の複合問題など分野のまたがる問題が多く出題されますので、**問題演習をしっかりして慣れてください**。また、図形では**円を含めた平面図形の証明問題**が出題されますので、解答の証明の書き方を参考にしながら何度も演習してください。**作図も必ず出題されます**ので、**垂線・垂直二等分線・角の二等分線を用いたパターンを練習してどの問題にも対応できるように**しておきましょう。

国語

　国語の出題は大きく5つに分かれます。漢字語句・文法、小説、論説文、古典、表現・作文です。
　漢字は例年通り読み書きそれぞれ4問ずつの出題、文法は動詞の活用形と品詞の識別の2問の出題でした。記述問題は小説において60字〜80字とやや長めの問題が出題されましたので、しっかり対策が必要でしょう。古典は古文の一部として漢文の内容が近年出題されますので、返り点や書き下し文などを練習しておくと良いでしょう。表現・作文では、昨年に続きアンケート調査の結果から内容を読み取り、自己表現させる問題が出題されました。それに引き続く作文は今年も160〜200字という字数で、自分の考えを述べさせる問題でした。作文は自分の考えを明確に表現できるかがポイントになりますので、日ごろから自分の意見や考えを持つようにし、できればそれを文章に書く練習を心掛けるようにしてください。

社会

　社会は今年も難易度が上がったように感じました。特に地理分野において地域を深堀りした問題が随所に見られました。世界地理では北アフリカ・北欧・オーストラリア、日本地理では産業からアプローチした問題など、広く浅くの従来の社会科の勉強方法ではなく、やや深いところまで探求心を持って学習する必要があります。歴史分野は各時代を輪切りにする勉強と、政治史や文化史といった縦に串刺しにした勉強が必要です。公民分野だと表やグラフから読み取る力が求められ、読みとった内容が理解できているかを問う問題が出題されています。各設問の文章量も増加しているので、日ごろから教科書をしっかりと読み込んで理解するような学習法に切り替えて学習を進めてください。最後に、地理と歴史、歴史と公民のような分野をまたいでの複合問題も多くみられます。それらに対応した勉強方法も実践してください。

理科

　今年の理科も例年同様に生物・化学・物理・地学の4分野がほぼ均等に出題されていました。昨年出題された光・化学分野の濃度・磁界とやや苦手意識を抱きやすい単元が出題されなかった分、取り組みやすかったかもしれません。問題形式は記号選択と語句記述、記述式、計算問題とバランスよく出題されていました。語句記述には漢字指定もあるので日ごろから漢字で書く練習をしましょう。理科の学習法は語句を覚えるというより理由や理屈をしっかりと確認しながら学習を進めてください。特に計算を伴う問題の計算は小学生レベルですので、考え方やグラフの見方が理解できていれば確実に得点につながります。理科も社会と同様に範囲が広いので大変ですが、単元を絞ることなくまんべんなく学習してください。山を張るのは危険ですが、2年連続で出題される単元は多くありません。

表紙撮影

コラボ

三高NAVI × 皇學館高校 写真部

Making Photo

「三高NAVI2023」の表紙は、「皇學館高校」の写真部に撮影してもらいました。現在、部員数は90人、フィルムカメラで撮影した写真を自分で現像し、引き伸ばしを行う活動が中心です。令和5年度第43回三重県高等学校夏季写真コンテストでは銀賞・入選（2位、3位、6位）に選ばれています。

写真部部長

モデル	右・小久保凱生さん（3年） 中・覺田衣月さん（3年） 左・中村光里さん（3年）

皇學館高校 写真部

幸田 萌さん（3年）

写真部副部長

小谷志代さん（3年）

写真部顧問

佐々木英人先生

ありがとうございました
Thank you

県立高校の入試制度を知ろう！

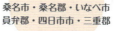

1 ★ 学区について

三重県は、右の地図のように北部・中部・南部の3つの学区に分かれています。住んでいる場所によって自分の属する学区が決まります。科によっては、受検学区が限られる場合があるので注意が必要。

受検できる学区

普通科 理数科	保護者の住所がある学区または、それに隣り合う学区 ※普通科スポーツ科学コースは除きます ※松阪高校理数科は除く
上記以外の科	県内どの学区でも受検できる

2 ★ 前期・後期制

三重県の公立高校は、「前期選抜」「後期選抜」の2回の選抜が行われています。
後期選抜で、進路先が決まらなかった場合、再募集・追加募集選抜を実施する高校、科・コースを受検することができます。

前期選抜と一緒に特別選抜・連携型中高一貫教育に係る選抜・スポーツ特別枠選抜などが行われるよ。

前期選抜のみ、後期選抜のみで入学定員のすべてを募集する学科もあるから、よく調べてね。

「連携型中高一貫教育に係る選抜」は、飯南高等学校、南伊勢高等学校南勢校舎で実施される選抜。「特別選抜」は、あけぼの学園高等学校、四日市工業高等学校（定時制課程）、北星高等学校、飯野高等学校（定時制課程）、みえ夢学園高等学校、伊勢まなび高等学校で実施される選抜。

令和6年度三重県立高等学校入学者選抜　全日制　実施日程

	前期選抜※1	後期選抜
願書等受付締切	令和6年1月26日（金）	令和6年2月28日（水）
志願変更締切	なし	1回のみ　令和6年3月6日（水）
検査（試験）	令和6年2月5日（月）・6日（火）※2	令和6年3月11日（月）
追検査	令和6年2月13日（火）	
合格発表	令和6年2月15日（木）（合格内定通知）（後期選抜の募集人数発表）	令和6年3月18日（月）（前期選抜等の合格発表を含む）（再募集公告）

	追検査・再募集
願書等受付締切	令和6年3月21日（木）
検査（試験）	令和6年3月22日（金）
合格発表	令和6年3月26日（火）

※1　前期選抜の日程で連携型中高一貫教育に係る選抜・特別選抜・スポーツ特別枠選抜も行われます。
※2　前期選抜の日程等の詳細は各高等学校が指定します。

清水先生の入試なんでもQ&A

難関大学の受験を考えるなら、県立高校より私立高校に進学する方がいいですか？

　結論から言いますと、難関大学を受験するにあたって県立高校・私立高校の優劣はありません。高校の選び方はさまざまですが、県立と私立の違いというより、県立私立問わずその高校の校風や指導方針、進学実績など自分の重視するところをしっかりと自分の目で確かめてほしいと思います。その事前準備をしっかりしないと、入学してから「こんなはずじゃなかった」「こんな学校とは思わなかった」と進路選択のミスマッチが起こってしまいます。

　難関大学を目指すのであれば、単に大学名による進学実績だけを見るのではなく、学部や学科まで確認したり、合格方法が「一般入試」「指定校推薦」「公募推薦」「総合型選抜（AO）入試」「スポーツ推薦」などどれなのかを調べられる範囲で調べてみることもお勧めします。これらの区別は公表していないことも多いので、先輩や知り合いなどからの情報収集が必要かもしれません。学習塾に通っていれば様々な情報を把握しているので相談してみましょう。

県立と私立の入試ってぜんぜん違いますか？県立と私立併願の場合、勉強方法や対策はどうしていけばいいですか？

　県立高校の入試方法は「前期選抜」と「後期選抜」の2種類あります。前期選抜は調査書重視の入試、後期選抜は学力重視の入試と言えます。私立高校の入試方法は「推薦入試」と「一般入試」に分かれます。県立同様に推薦入試は調査書重視、一般入試は学力重視の入試です。試験問題は県立高校の選抜試験問題は県内全て統一されているのに対し、私立は当然ですが各校独自問題です。

　問題の難易度は一般的に私立高校の方が高く、県立高校は標準的なレベルです。県立高校の前期選抜でも学力検査が実施されますが、前期選抜の方が難易度は高いようです。

また、試験方法は私立高校はマークシート方式を採用している高校が多いので、少し慣れが必要でしょう。

　勉強方法に差はありませんが、私立高校の入試日が1月末、県立高校前期選抜が2月上旬、後期選抜が3月上旬と時期のずれがあるので、それぞれの時期に学力のピークを持っていけるような計画が必要です。私立高校、県立高校共に直前期には過去問題を3年から5年分はしたほうが良いでしょう。特に私立高校は各校で傾向が違うので、受験校それぞれについて行うことが大切です。

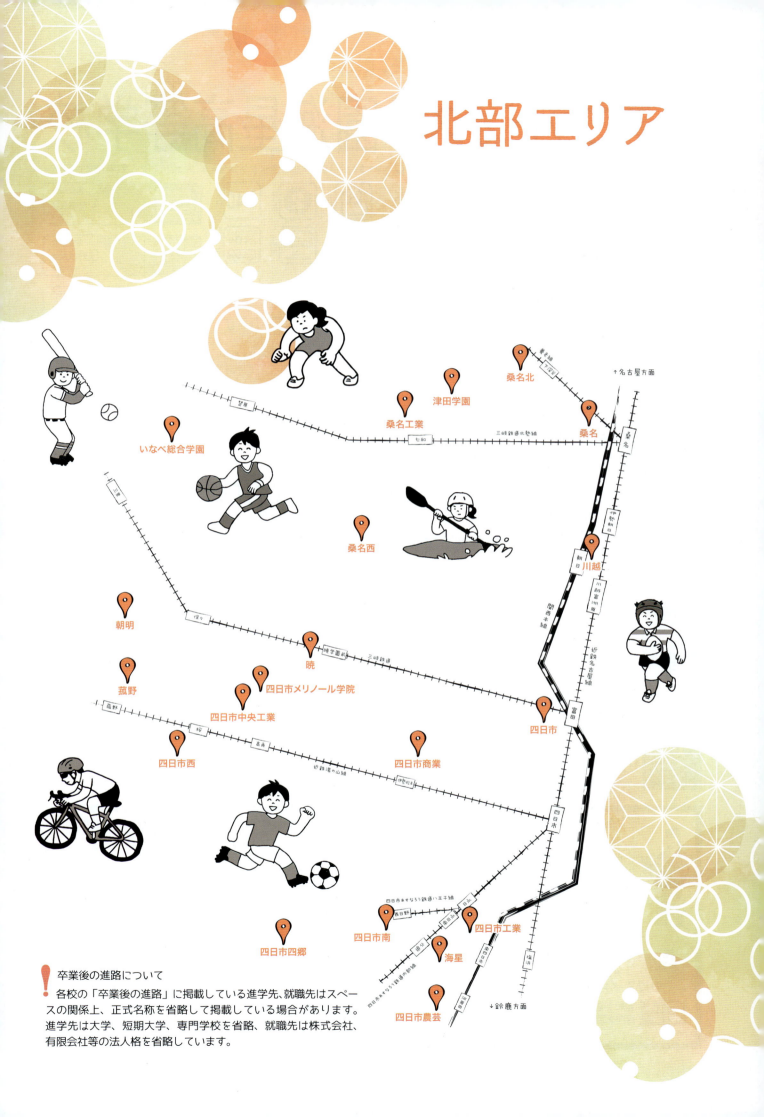

Escolapios Kaisei High School
私立 エスコラピオス学園海星高等学校

四日市市追分1-9-34　059-345-0036　www.kaisei.ed.jp　四日市あすなろう鉄道(内部線)「追分」駅、近鉄「塩浜」駅、JR「南四日市」駅、三交バス「海星中学・高校」

【北部】

- 制服
- 2学期制
- 始業時刻 8:40
- 携帯電話
- 冷暖房
- スクールバスで約10分（環境：南四日市駅から）

国際数理コース	男女混合 1クラス程度 6年度募集
進学特別コース	男女混合 3クラス程度 6年度募集
進学コース	男子 3クラス程度 6年度募集

中高一貫コース（男女共学）もあり
※中高一貫コースへの編入はできません

{卒業著名人}
西田有志
（ジェイテクトSTINGS・バレー日本代表）

2023年に教室や多目的ホール、実験室やラーニングコモンズを備えた4階建の新校舎聖マリア館完成
2024年度カナダブリティッシュコロンビア州とのダブルデュプロマ科(DD科)を新設（申請中）

過去の合格実績

国公立大学
名古屋大学／名古屋工業大学／名古屋市立大学／静岡大学／三重大学／東京学芸大学／諏訪東京理科大学／兵庫県立大学／鳥取大学／山口大学／山口東京理科大学／佐賀大学／琉球大学／防衛大学　など

私立大学
上智大学／東京理科大学／明治大学／青山学院大学／立教大学／法政大学／日本大学／専修大学／獨協大学／玉川大学／芝浦工業大学／南山大学／愛知大学／愛知学院大学／愛知淑徳大学／名城大学／中京大学／中部大学／愛知工業大学／名古屋外国語大学／関西学院大学／同志社大学／立命館大学／京都産業大学／近畿大学／龍谷大学／関西外国語大学／鈴鹿医療科学大学／皇學館大学　など

↓令和5年3月
卒業生 198名
- 大学 148名
- 専門学校 20名
- 就職 25名
- その他 5名

上智大学や南山大学といったカトリック系の大学に、一般入試より優位な条件で入学できる「カトリック校推薦」があります。基準を満たした生徒が挑戦でき、毎年多くの生徒が進学しています。
※令和5年3月卒業生合格実績 南山15名 など

KAISEI SCHOOL TOUR 2023 海星スクールツアーのご案内

みんな待ってるね！

ツアー A [10:30〜12:00]
ツアー内容
1. 全体説明（学校生活、コースの取り組み、入試情報等）
2. 授業見学および施設案内
3. 個別相談

ツアー B [15:30〜17:00]
1. 授業見学および施設案内
2. 全体説明（学校生活、コースの取り組み、入試情報等）
3. 個別相談

ツアー C [17:30〜18:30]
1. 全体説明（学校生活、コースの取り組み、入試情報等）
2. 部活動見学
3. 個別相談

※ツアーCのみ土日、祝日、長期休暇中は、10:30〜12:00に実施いたします。

2023.7月21日(金)〜12月17日(日)

申込み方法 本校へお電話もしくは右記アドレスまでお申し込みください。日程を調整してお受けいたします。※1日5組15名程度まで

申込み先アドレス 3sr-high@kaisei.ed.jp（担当・髙田・阪田・松田）

詳しくはコチラ！

※期間中実施しない日がございます。詳しくは本校ホームページやスクールツアーのチラシをご覧ください。

◆ 国際数理コース　※男女共学

難関国公立大学・難関私立大学への進学を目指す

時代の変化に対応し、国際社会を生き抜くグローバルリーダーとなるため、教科学習の他に探究学習と英語学習に力を注ぎます。高2までに英検2級取得レベルの語学力を身につけ、ターム留学に挑戦したり（希望制）、アジア海外現地研修先での探究活動発表などを実施します。

◆ 進学特別コース　※男女共学

国公立大学・私立大学への進学を目指す

勉強と部活動の両立を図りながら、自ら課題を見つけて解決していく力を身につけます。さらに社会で求められる主体性・多様性・協働性も養うため、実在企業から与えられた課題に取組むクエストエデュケーションを活用し、ワークショップや発表会などアクティブラーニングを充実させています。

◆ 進学コース　※男子のみ

私立大学・専門学校への進学を目指す

基礎学力と学習習慣を継続できる力を身につけます。朝のHRにおいて英単語と漢字の小テストを実施し、定期試験後にはしっかりと振り返りの学習を徹底します。また、地域社会に貢献し導くことができるリーダーとなるため、地域の課題を自ら見つけ出し、解決策を考えて行動を起こすプログラムに取り組みます。

CLUB & CIRCLE

すべての部に女子の入部可能！

硬式野球部、バスケットボール部、卓球部、サッカー部、フェンシング部、陸上競技部、剣道部、柔道部、ハンドボール部、バドミントン部、バレーボール部、合気道部、アーチェリー部、硬式テニス部、水泳同好会、吹奏楽部、図書文芸部、物理部、写真部、美術部、聖書研究部、コンピューター部、インターアクト部、将棋同好会、英会話部、化学同好会、映画研究同好会、ダンス同好会

【バスケットボール部】令和元年度 全国バスケットボール選手権大会 初出場
【サッカー部】第99回全国高校サッカー選手権 三重県大会 優勝
【野球部】第101回全国高等学校野球選手権 三重県大会 準優勝

CALENDAR

4月
■入学式
■SDGs研修（国際数理コース1年生）
■オリエンテーション合宿（進学コース1年生）
■校外研修（各コース2年生）

5月
■県総体壮行会

6月
■前期中間試験
■授業アンケート
■体育祭

7月
■高3前期期末試験
■課外補習
■海外研修（オーストラリア・イングランド）
■ターム留学（国際数理コースの希望者）

8月
■Next generation's Program（国際数理コース1・2年生）
■Sセミナー（1・2年生）
■サイエンスキャンプ（国際数理コース理系2年生）

9月
■前期期末試験

10月
■生徒会役員選挙
■海星祭（一般公開）

11月
■創立記念講演
■アジア海外現地研修（予定）（国際数理コース2年生）

12月
■後期中間試験
■卒業試験
■九州現地研修（予定）（進学特別・進学コース2年生）

1月
■高3課外補習

2月
■クエストエデュケーション全国大会

3月
■卒業式
■後期期末試験
■クラスマッチ

※年度によって多少変更する場合があります。

1993年以来27年ぶりの制服リニューアル！

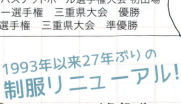

Winter

人気ブランド「EAST BOY」のオシャレなデザインを基調として、流行に左右されない制服が誕生！

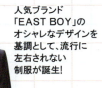

Summer

私立 津田学園高等学校

Tsuda Gakuen High School

桑名市野田5-3-12 ／ 0594-31-6311 ／ tsudagakuen.ac.jp/koukou/ ／ 三交バス「津田学園」、三岐鉄道「星川」駅

北部

特別選抜コース
- 旧帝国大学や医歯薬系大学・難関国公私立大学合格を目指す
- 週36時間の県下最大級の授業時間
- 少人数制でそれぞれに応じた親身な学習指導
- 発展的な進学課外や特別講座を実施

特別進学コース
- 難関国公私立大学合格を目指す
- 週34時間の授業時間で文武両道を実践
- 発展的な進学課外や特別講座を実施
- 大学受験を見据えたカリキュラムを展開

総合進学コース
- 四年制大学合格を実現
- 週32時間の授業時間で文武両道を実践
- 一人一人の進路実現に向けた親身な指導
- 基礎力向上をねらう進学課外や特別講座を実施

 制服 2学期制 始業時刻 8:45
男女比率 5/5 ／ 冷暖房 ／ 自転車約10分 駅から

夢の実現のため、生徒の可能性を伸ばす3つのコース

Winter ／ Summer

●セーターは白と紺のどちらでも選べます。

過去3年間の大学合格実績（3年制のみ）

【国公立大学等】
北見工業／公立はこだて未来／東京藝術／横浜市立／都留文科／新潟県立／信州／公立諏訪東京理科／静岡／豊橋技術科学／愛知県立／愛知教育／名古屋／名古屋市立／三重／三重県立看護／岐阜薬科／大阪／和歌山／鳥取／高知／高知県立／高知工科／山口／下関市立／九州／防衛大学校

【私立大学】
東京理科／立教／青山学院／国際医療福祉（医学部）／日本医科（医学部）／日本／日本体育／藤田医科（医学部）／愛知／愛知工業／愛知淑徳／中京／南山／名古屋外国語／名古屋学芸／名城／四日市看護医療／鈴鹿医療科学／皇學館／立命館／関西／近畿／京都産業／龍谷　など

CLUB & CIRCLE

【運動部】
硬式野球（男子）、テニス、水泳、ゴルフ、剣道、女子バレーボール、柔道、バスケットボール、男子サッカー、女子サッカー、陸上競技、ソフトテニス、卓球、ダンス、空手道、ボウリング、馬術、スキー

【文化部】
吹奏楽、ESS、美術、書道、サイバースペース、文芸、華道、茶道

CALENDAR

4月
- 入学式
- 新入生オリエンテーション
- 進路面談
- 前期生徒会役員選挙

5月
- 遠足
- 定期考査1
- 県総体

6月
- 東海総体

7月
- 定期考査2
- クラスマッチ
- 三者懇談
- 夏季特別講座

8月
- 海外語学研修
- オンライン留学
- 国公立大学出前授業

9月
- 文化祭

10月
- 定期考査3
- 後期始業式
- 後期生徒会選挙
- 大学見学ツアー

11月
- 修学旅行（2年）
- 芸術鑑賞会（1年）

12月
- 定期考査4
- 大学入学共通テスト対策講座
- 冬季特別講座
- クラスマッチ

1月
- 大学入学共通テスト
- 創立記念日

2月
- 国公立二次・私大一般入試対策講座

3月
- 卒業式
- 定期考査5
- クラスマッチ
- 修了式
- 春季特別講座
- 同窓会入会式

Akatsuki High School
[私立] 暁高等学校〔3年制〕

🏠 四日市市萱生町238　📞 059-337-2347　🌐 www.akatsuki.ed.jp　🚃 三岐鉄道「暁学園前」駅

1年次は3つのコースに分かれる

Ⅰ類進学コース	Ⅱ類進学コース	Ⅱ類英進コース
大学・短大・専門学校などへ、主に総合型選抜・学校推薦型選抜での進学を目指すコース。	国公立・有名私立大学への一般選抜・学校推薦型選抜での進学を目指すコース。	国公立・難関私立大学への一般選抜による入試での進学を目指すコース。

2年次から、志望する進路の系に合わせ選択

| Ⅰ類進学文系 | Ⅱ類進学理系 | Ⅱ類英進文系 |
| Ⅰ類進学文系 | Ⅱ類進学看護医療系 | Ⅱ類英進理系 |

併設の四日市大学・四日市看護医療大学と連携　内部進学制度があり、他校よりも有利!

過去3年間の卒業後進路
↓令和5年3月

四年制大学 75%／短大 6%／専門学校 15%／就職 1%／その他 3%

【国公立大学】
名古屋／名古屋工業／三重／岐阜／東北／東京海洋／新潟／金沢／滋賀／福井／岡山／広島／九州／九州工業／宮崎／愛知県立／名古屋市立／静岡文化芸術／岐阜薬科／滋賀県立　など

【私立大学】
青山学院／上智／慶應義塾／東京理科／法政／早稲田／愛知／愛知学院／愛知淑徳／椙山女学園／中京／名城／豊田工業／名古屋外国語／南山／立命館／同志社／関西／関西学院／近畿／龍谷　など

 Summer
 Winter

※女子はブレザー＋スラックスタイプも選べます。

CLUB & CIRCLE

【体育系】バドミントン、硬式野球、サッカー、体操、ハンドボール、バレー、バスケット、硬式テニス、ソフトテニス、陸上駅伝、剣道、卓球

【文化系】合唱、吹奏楽、演劇、バトン、美術イラスト、英語、茶道、華道、国際交流、パソコン、理科、競技かるた

バドミントン部・体操部・ハンドボール部・演劇部が盛ん。合唱部は県内最大規模で活動する強豪校！ニュージーランドへの海外研修あり。

CALENDAR

- **4月** ■入学式　■オリエンテーション　■春の遠足
- **5月** ■3年進学補講（〜11月）
- **6月** ■陸上競技会
- **7月** ■TOEIC Bridge　■スポーツ大会　■夏期実力養成講座（前期）　■暁幼稚園保育体験　■看護・臨床研修
- **8月** ■夏期実力養成講座（中期・後期）
- **9月** ■文化祭　■文化鑑賞会　■オープンスクール
- **10月**
- **11月** ■修学旅行　■秋の遠足　■暁高校入試問題解説会
- **12月** ■共通テスト対策講座
- **1月** ■暁高校入学試験
- **2月** ■私大・国公立二次試験対策講座
- **3月** ■卒業式　■スポーツ大会　■春期実力養成講座　■海外語学研修

21

私立 四日市メリノール学院
Yokkaichi Maryknoll School

北部

四日市市平尾町2800　059-326-0067　www.maryknoll.ed.jp　近鉄「高角」駅

普通科
必修科目の他に48科目の豊富な選択授業が設けられ、将来の進路実現に向けて、さらなる学力の充実を図る。また、学力向上のみならず、グローバル化する社会を生きる若者として、高い教養や思考力を身につける学びもできます。例えば、英語の授業ではレポート作成が行われ、自分の考えや意見をまとめて英語でレポートを書く、あるいは社会科では、現代社会が抱える問題をテーマにして、それについて詳しく調べたうえで自分の意見も深めていき、ディベートを行うといった授業もある。
このように、広く社会で活躍するための力を養う科目が、将来の進路に合わせて選択できるようたくさん用意されている。ICCでは2年次に1ヵ月間のセブ島研修を行う。

- 制服
- 2学期制
- 始業時刻 8:35
- 男女比 1/9
- 冷暖房
- 高角駅から自転車約15分

【卒業著名人】
吉川ゆうみ（国会議員）
石榑亜紀子（気象予報士）

今年の5月に創立60周年を迎えました!!

2023年度入試 四年制大学の主な合格状況

大学・専門学校における合格者の入試制度割合
- 一般 16%
- 総合型（AO推含む）38%
- 学校推薦型（指定校）37%

【四年制大学】
上智（4名）／南山（15名）／立教（1名）／東京女子（3名）／関西（1名）／関西学院（1名）／関西外国語（1名）／京都外国語（2名）／京都産業（3名）／大阪体育（1名）／愛知（1名）／中京（5名）／名城（2名）／愛知学院（4名）／愛知淑徳（7名）／金城学院（6名）／椙山女学園（5名）／名古屋外国語（2名）／鈴鹿医療科学（6名）／三重（1名）

卒業生131名中19名が上智大学、南山大学へ進学！

Winter / Summer

CLUB & CIRCLE

【体育系】
弓道、バドミントン、テニス、バスケットボール、新体操、ラグビー、ダンス、ゴルフ、卓球（同好会）

【文化系】
演劇、華道、茶道、写真、聖歌隊、箏曲、美術、礼法、インターアクト、卓上遊戯（同好会）

CALENDAR

- **4月** ■新入生歓迎会
- **5月** ■実力考査　■セブ島語学研修（ICCのみ）
- **6月** ■前期中間考査　■スポーツデー
- **7月** ■合唱祭
- **8月**
- **9月** ■前期末考査
- **10月** ■始業式　■研修旅行　■校外活動　■文化祭
- **11月** ■愛悼週間
- **12月** ■後期中間考査(1・2年)　■学年末試験(3年)　■クリスマス祝典
- **1月** ■カルタ会　■実力考査
- **2月** ■マルタ語学研修（希望者）
- **3月** ■学年末考査(1・2年)　■卒業式　■終業式

※新型コロナウイルスの関係で、行事は変更になることがあります。

22

Kuwana High School
県立 桑名高等学校

桑名市大字東方1795　0594-22-5221　www.kuwana-h.ed.jp　JR・近鉄「桑名」駅

制服　単位制　3学期制

始業時刻 8:30　男女比率 4:6　桑名駅から 0.6km

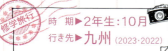
修学旅行　時期▶2年生：10月　行き先▶九州（2023・2022）

【普通科】
6クラス編成。1年生から土曜日の午前中に希望者に対して英語・数学・国語の課外授業を実施し、2年生後期から、平日の放課後に社会・理科の課外授業を行う。また、2年生から文系・理系の2コースに分かれ、それぞれの進路に応じた学習をする。

【理数科】
1クラス編成で、難関国公立大・難関私立大を目指す。理系だけでなく、法学部など文系学部への進学希望者にも対応。恒例行事として、1・2年生の夏休みに「理数科合宿」や、秋には「理数科研修」を実施。

【衛生看護科・専攻科】
県内で唯一の衛生看護科。衛生看護科（3年間）と衛生看護専攻科（2年間）の5年一貫教育で、看護師の国家試験受験資格が得られる。1年生で保育所実習、2年生から病院実習などがあり、貴重な経験をしながら学べる。

県内で唯一の衛生看護科を有する進学校

↓令和5年3月
- 大学 250名（国立109名／公立23名／私立118名）
- 専門学校 2名
- 就職 1名
- 待機者 15名
- 専攻科 40名

過去3年間の卒業後進路
●普通科・理数科
【大学】北海道／東北／岩手／秋田／山形／国際教養／筑波／群馬／茨城／埼玉／東京外国語／電気通信／東京学芸／東京農工／横浜国立／新潟／富山／金沢／福井／山梨／信州／岐阜／静岡／愛知教育／名古屋／名古屋工業／三重／滋賀／京都／京都教育／京都工芸繊維／大阪／大阪教育／神戸／奈良女子／和歌山／鳥取／島根／岡山／広島／山口／徳島／香川／高知／九州／九州工業／大分／宮崎／鹿児島／福島県立医科／東京都立／横浜市立／岐阜薬科／名古屋市立／愛知県立／愛知県立芸術／三重県立看護／京都府立／京都府立医科／大阪公立／自治医科／青山学院／慶應義塾／国際基督教／中央／東京理科／法政／明治／立教／早稲田／愛知／愛知工業／愛知淑徳／金城学院／椙山女学園／中京／名古屋学芸／藤田医科／南山／名城／皇學館／同志社／立命館／関西／関西学院　ほか

●衛生看護専攻科
【就職先】桑名市総合医療センター／いなべ総合病院／三重県立総合医療センター／鈴鹿病院／四日市羽津医療センター／海南病院／三重中央医療センター／鈴鹿中央病院／松阪中央総合病院／鈴鹿回生病院／もりえい病院／多度あやめ病院／三重病院／あいち小児保健医療総合センター
【進学】名古屋医専（助産学科）／ユマニテク看護助産専門学校（助産専攻科）／滋賀県立大学（人間看護学科）

【SSHに指定されました】
2019年度より5年間、文部科学省よりSSH（スーパーサイエンスハイスクール）の指定を受けました。地球規模の社会問題を解決するプロセスを通じて、全ての生徒が、高い志を持ち、様々な課題に対して自ら考え挑戦し、未来を切り拓く力（課題探究能力）を育成し、さらに地球の未来先駆者をなる科学技術人材を創造する「桑高SGPプログラム」の開発を行います。
※SGPは「Solution for Global Problems」の略

CLUB & CIRCLE
【運動部】硬式野球、軟式野球、ソフトボール、陸上競技、水泳、柔道、剣道、ソフトテニス、硬式テニス、バレーボール、バスケットボール、ハンドボール、バドミントン、山岳、サッカー、体操、ボウリング、卓球、空手道、ダンス
【文化部】バトン、放送、新聞、吹奏楽、演劇、書道、美術、英語、クッキング、茶道、MIRAI研究所、競技かるた、邦楽、文芸、オカリナ同好会、軽音楽同好会、囲碁・将棋同好会

Winter

Summer

CALENDAR
- 4月：■始業式　■入学式　■実力テスト
- 5月：■遠足　■中間考査
- 6月：■期末考査（～7月）
- 7月：■スポーツ大会　■終業式　■文化行事
- 8月：■夏期課外授業（7～8月）　■始業式　■実力テスト
- 9月：■文化祭　■体育祭
- 10月：■中間考査　■修学旅行　■校外研修　■学校説明会　■遠足
- 11月：■戴帽式（衛生看護科）　■期末考査（～12月）
- 12月：■終業式
- 1月：■始業式　■実力テスト
- 2月：■学年末考査（～3月）
- 3月：■卒業証書授与式　■スポーツ大会　■修了式

過去2年間の倍率

普通科
年度	入学定員	後期 募集	受検	合格	倍率
R 5 年度	240	240	238	240	0.99
R 4 年度	240	240	205	240	0.85

●後期：学力検査（5教科）、調査書

理数科
年度	入学定員	後期 募集	受検	合格	倍率
R 5 年度	40	40	91	40	2.28
R 4 年度	40	40	108	40	2.70

●後期：学力検査（5教科）、調査書

衛生看護科
年度	入学定員	前期 募集	志願	合格	倍率	後期 募集	受検	合格	倍率
R 5 年度	40	40	58	40	1.45	—	—	—	—
R 4 年度	40	40	61	40	1.53	—	—	—	—

●前期：学力検査（数学・英語）、集団面接（1グループ 15分程度）、小論文（45分・400字程度）、調査書

23

Kuwana West High School

[県立] 桑名西高等学校

桑名市大字志知字東山2839　0594-31-2521　www.kuwananishi.ed.jp　「桑名」駅からスクールバス

北部

 制服　 単位制　 3学期制

 始業時刻 8:45　 男女比率 4/6　 桑名駅からバスで

卒業著名人
安田覚（棒高跳選手）
荒木東海男（プロゴルファー）

修学旅行
時　期 ▶ 2年生：10月
行き先 ▶ 北九州（2023）
時　期 ▶ 2年生：11月
行き先 ▶ 北九州（2022）

普通科
国公立大などの難関大学受験希望者のための「修学クラス」を、学年で1クラスずつ設置している。後期選抜合格発表後に希望を取り、選抜する。
2年生から文系・理系に分かれ、3年生で四年制大学・短期大学・専門学校、就職などの進路に応じて4つのコースに分かれている。進学希望者は、平日の授業の後、課外授業を受けることができ、夏休みには集中課外を実施。
きめ細やかな進路指導を行う。校外模試や小論文個別指導、面接指導などもある。
美しい自然に囲まれた広大な敷地で、生徒みなが伸び伸びと学校生活を送っている。

美しい自然、広大な敷地 のびのびとした校風

↓令和5年3月

就職 7名
その他 4名
専門学校 40名
短大 19名
大学 195名
国立 14名
公立 12名
私立 169名

CLUB & CIRCLE
【運動部】
柔道、剣道、陸上競技、山岳スキー、硬式野球、卓球、バスケットボール、バレーボール、サッカー、バドミントン、テニス、ソフトテニス、カヌー
【文化部】
演劇、茶道、音楽、調理、華道、美術、吹奏楽、被服、放送、ESS、イラスト、人権サークル

Winter / Summer

過去3年間の卒業後進路
【国公立大学】
室蘭工業／名古屋／金沢／高崎経済／公立諏訪東京理科／金沢美術工芸／公立鳥取環境／広島市立／北九州市立／公立はこだて未来／静岡文化芸術／香川／山梨／信州／静岡／富山／三重／奈良女子／鳥取／山口／福知山公立／前橋工科／愛知県立／北見工業／福井／高知／埼玉県立／都留文科／三重県立看護／高知工科／下関市立

【私立大学】
常葉／岐阜聖徳／愛知／愛知学院／愛知工科／愛知淑徳／金城学院／修文／椙山女学園／愛知工業／愛知みずほ／星城／大同／中京／中部／東海学園／名古屋外国語／名古屋学院／名古屋学芸／名古屋経済／名古屋芸術／名古屋商科／名古屋女子／名古屋造形／名古屋文理／名古屋音楽／南山／日本福祉／藤田医科／名城／皇學館／鈴鹿医療科学／四日市看護医療／立命館／近畿／専修／四日市／同志社／京都産業／関西学院／東京理科

【短期大学】
三重／愛知学院／愛知文教女子／名古屋／名古屋文理／名古屋文化／ユマニテク／愛知みずほ／名古屋女子／名古屋文化

【専門学校】
愛知工業大学情報電子／ミエ・ヘア・アーチストアカデミー／国立三重中央看護／四日市医師会看護／ユマニテク／ナゴノ福祉歯科医療／名古屋リゾート＆スポーツ／名古屋ウェディング＆フラワービューティー学院／三重公衆衛生学院／聖十字看護／名古屋医専／トヨタ名古屋自動車大学校／名古屋スイーツ＆カフェ／名古屋eco動物海洋／名古屋工学院

【就職】
名古屋市消防局／キオクシア株式会社／日本郵政／マツオカ建機／東海旅客鉄道株式会社／三重県警察／愛知県警察／四日市市役所／三重県職員

☆カヌー部三重県内高等学校唯一のクラブで県強化指定
☆桑名駅、大山田団地、ネオポリス、三岐鉄道暁学園前駅　各方面からスクールバス運行

過去2年間の倍率

普通科	年度	入学定員	前期募集	前期志願	前期合格	前期倍率	後期募集	後期受検	後期合格	後期倍率
	R5年度	280	—	—	—	—	280	350	280	1.25
	R4年度	280	—	—	—	—	280	354	280	1.26

後期：学力検査（5教科）、調査書

CALENDAR

4月
- 入学式
- 始業式
- 遠足
  1年：リトルワールド
  2年：京都（嵐山）
  3年：京都（東山）

5月
- 中間考査

6月
- 体育祭
- 期末考査

7月
- クラスマッチ
- 終業式

8月
- 始業式（8月末）
- 防災inくわにし

9月
- 文化祭

10月
- 中間考査
- 地域清掃活動（1年）
- 修学旅行

11月
- 期末考査

12月
- 終業式

1月
- 始業式

2月
- 学年末考査（1,2年）

3月
- 卒業考査（3年生）
- 卒業証書授与式
- クラスマッチ
- 修了式

Kuwana North High School
県立 桑名北高等学校

- 桑名市大字下深谷部字山王2527
- 0594-29-3610
- www.mie-c.ed.jp/hnkuwa
- 養老鉄道「下深谷」駅

普通科
2年次より、大学進学を希望する「カレッジクラス」と専門学校あるいは就職を希望する「チャレンジクラス」に分かれる。
　カレッジクラスでは、志望校が5教科型の国公立大学か、3教科型の難関私立大学かで科目を選択できるカリキュラムになっており、放課後に課外授業を実施。大学での模擬授業や施設見学がある。
　チャレンジクラスでは、短大・専門学校希望者は、それぞれの適正にあったカリキュラムで学習。就職希望者には、インターシップが充実しており、地元の約60事業所で職業体験を実施。「みらいセミナー」や「コミュニケーション授業」も特色。社会でのコミュニケーションを学べる。

 制服　 単位制　 3学期制
 始業時刻 8:35　 男女比率 5/5　 下深谷駅から徒歩約8分

修学旅行
時期▶2年生：10月
行き先▶長崎（2023）
2022年は11月に兵庫・大阪へ

眺望絶佳に位置し**キャリア教育**が充実

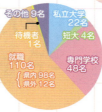 Summer　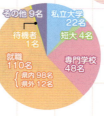 Winter

過去2年間の卒業後進路

↓令和5年3月

その他 9名／私立大学 22名／短大 4名／専門学校 48名／就職 110名（県内98名・県外12名）／待機者 1名

【大学】皇學館／鈴鹿医療科学／四日市／愛知学院／愛知工業／愛知産業／桜花学園／金城学院／修文／椙山女学園／大同／中京／中部／東海学園／同朋／名古屋外国語／名古屋学院／名古屋経済／名古屋芸術／名古屋商科／日本福祉／岐阜協立／九州共立

【短期大学】三重／高田／ユマニテク／名古屋／名古屋文化／名古屋文理／名古屋柳城／中日本自動車

【専門学校】あいちビジネス／愛知美容／あいち福祉医療／大原簿記情報医療／桑名医師会立桑名看護／桑名文化／尚美ミュージックカレッジ／セントラルトリミングアカデミー／中日美容／中部美容 名古屋校／東京IT・プログラミング＆会計 名古屋校／東京ダンス・俳優＆舞台芸術／トヨタ名古屋自動車大学校／トライデントコンピュータ／トライデントデザイン／名古屋医健スポーツ／名古屋医療秘書福祉／名古屋ウエディング＆ブライダル／名古屋ウエディング＆フラワー・ビューティ学院／名古屋栄養／名古屋外語・ホテル・ブライダル／名古屋観光／名古屋工学院／名古屋こども／名古屋情報メディア／名古屋スクール・オブ・ビジネス／名古屋スクールオブミュージック＆ダンス／名古屋製菓／名古屋デザイナー学院／名古屋デザイン＆テクノロジー／名古屋動物／名古屋ビジュアルアーツ／名古屋ビューティー／名古屋ビューティーアート／名古屋美容／名古屋ユマニテク歯科衛生／名古屋ユマニテク調理製菓／日産愛知自動車大学校／日本マンガ芸術学院／HAL名古屋／ミエ・ヘア・アーチストアカデミー／三重県立公衆衛生学院／ミス・パリエステティック 名古屋校／ユマニテク医療福祉大学校／ユマニテク看護助産／ユマニテク調理製菓／ルネス紅葉スポーツ柔整

【就職先】アーバンリサーチ／アイズ・コーポレーション／アヤハディオ／石光工業／イノアックコーポレーション／イビデン産業／いわはな歯科／内田工業／エイベックス／エービーシー・マート／エクセディ上野事業所／エッチ・エム・イー／NTN多度製作所／NTN三重製作所／ENEOSウイング中部支店／MIEテクノ／オークワ／CUTIN・SEBASTIAN カットイン／カネソウ／河村産業／キオクシア／きらり歯科／近鉄百貨店四日市店／グリーンズ／クレールコーポレーション／桑名エンヂニアリングプラスチック／ケージーエス／小杉食品／コベルク／さくら屋／佐藤病院／三五／G-7スーパーマート／志摩スペイン村／ジャップ・プロジェクト／正和製菓／シンエイテクノ／新報国マテリアル／伸和オートバックス／SKY／スギヤマ／スタッフブリッジ／誠文社／創家／ソフトハウス／大徳食品 中京事業所／中部眼科／中部第一輸送／チヨダウーテ／津田鋼材／TJ天気予報／TBCグループ／テンケン／デンソー／デンソートリム／東海マツダ販売／東伸熱工 三重工場／東プレ東海／東和特殊プリント／TOYO TIRE／豊田合成／トヨタ紡織精工／豊通ヴィーテクス／ドリームプロモーション／長島観光開発／長島食品／永餅屋老舗／新潟運輸／日商／日本フェニックス／日本郵便 東海支社／能登谷商店／ハート調剤薬局／ハツメック／パブリック東員工場／歯科診療所ひまわり／ファイブフォックス／不二ビューティ／扶桑工機／ブルーカーゴ／プレミアムキッチン 中部工場／プロテリアル／ベルパーク／ホープヘアー／放課後等デイサービスオハナ／マツオカ建機／三重精機／水谷建設／三林技研／ミュゼプラチナム／明楽／メタルクリエイト／諸戸グループマネジメント／山崎製パン／ヤマダイ食品／ユナイテッド・セミコンダクター・ジャパン／ヨシヅヤストアー／涼仙ゴルフ倶楽部／レイフィールド／ワンスアラウンド／自衛隊／三重県警察

CLUB & CIRCLE

【運動部】陸上競技、バレーボール、バスケットボール、硬式野球、卓球、バドミントン、サッカー、テニス、柔道、ダンス

【文化部】茶道、書道、美術、写真、吹奏楽、クッキング、演劇

CALENDAR

- 4月　■始業式　■入学式
- 5月　■遠足（1年：明治村　2年：京都市内　3年：ナガシマスパーランド）　■中間テスト　■みらいセミナー
- 6月　■体育祭
- 7月　■期末テスト　■終業式
- 9月　■始業式
- 10月　■修学旅行（2年）　■インターンシップ（1年）　■中間テスト
- 11月　■文化祭
- 12月　■期末テスト　■終業式
- 1月　■始業式　■卒業テスト（3年）
- 2月　■学年末テスト（～3月）
- 3月　■卒業証書授与式　■クラスマッチ　■修了式

過去2年間の倍率

普通科	年度	入学定員	前期 募集	前期 志願	前期 合格	前期 倍率	後期 募集	後期 受検	後期 合格	後期 倍率
	R5年度	200	60	136	66	2.27	134	96	96	0.72
	R4年度	200	60	158	66	2.63	134	148	134	1.10

●前期：個人面接（10分程度）、作文（45分・400〜600字）、調査書
　後期：面接、学力検査（5教科）、調査書

QRコード
学校紹介動画（公式PV）
「ONLY ONE KUWAKITA<ver.3>」
URL→https://www.youtube.com/watch?v=KI0DdKaFShw

25

Kuwana Technical High School

[県立] 桑名工業高等学校

桑名市大字芳ヶ崎1330-1　0594-31-5231　www.mie-c.ed.jp/tkuwan　三岐鉄道「七和」駅、三交バス「桑名工業工高前」

機械系、電気系のどちらかに入学後、ガイダンスや面談などを通し、12月にコースを決定。
2年生からは5つのコースに分かれて専門的な科目を学習していく。

機械系

◎テクノシステムコース
機械工作や機械設計、原動機実習などを通して、最新のCADやNC工作機械に触れる。「ものづくり」の基礎から専門性の高い技術まで学ぶ。

◎エコシステムコース
工業材料や自動車工学、材料製造技術や溶接実習などを学習する。環境問題に対する知識を習得し、リサイクルに即した「ものづくり」を学ぶ。

電気系

◎電気技術者コース
電気基礎・計測を基礎に、モーター・発電などコンピュータ・自動制御などの基本を学び社会に貢献できる電気技術者を育成する。

◎情報技術者コース
ロボットやAI・プログラムを活用し、本校でしか学ぶことの出来ない最先端のインフォメーションテクノロジーを学習し、未来で活躍する情報技術者を育成する。

◎キャリア探究コース（進学・デュアル）
工業に関する学習を通して、様々な資格取得に挑戦しながら、四年制大学や医療・工学などの理科系専門学校への進学を目指す生徒と、1週間のうち2日、実際の企業で実習することで、仕事の対する意識を高め、適切な進路選択の実現を目指していくデュアルシステム参加生徒を1つのコースとして学習する。

桑名版デュアルシステムでキャリアアップ！

↓令和5年3月
大学19名
専門学校19名
就職112名（県外28名／県内84名）

Summer　Winter

過去3年間の卒業後進路

【大学】皇學館／愛知産業／名古屋文理／朝日／愛知／大同／名城／至学館／愛知工業／中部／愛知みずほ／名古屋商科／岐阜協立／愛知学院／岐阜聖徳／名古屋外国語／金沢工業／大和／愛知東邦

【専門学校ほか】大原法律公務員／国際医学技術／総合学園ヒューマンアカデミー／津田体育／東海工業／トライデントコンピュータ／名古屋医専／名古屋医健スポーツ／名古屋工学院／名古屋ウエディング＆ブライダル／名古屋情報メディア／名古屋リゾート＆スポーツ／HAL名古屋／ミエ・ヘア・アーチスト・アカデミー／四日市工業高校ものづくり創造専攻科

【就職先】アイシン／アクティオ／ADEKA三重工場／アベテック／石原エンジニアリングパートナーズ／NTN／エバ工業／MIEテクノ／オーケー化成中部工場／カネソウ／きもと三重工場／京セラ／近畿日本鉄道／金星堂／桑名電気産業／コスモ石油／サンエイ工業三重事業所／三岐鉄道／山九三重支店／三五三重／サンジルシ醸造／CKD／JSR／JFEエンジニアリング津製作所／ジェイテクト／ジャパンマリンユナイテッド津事業所／昭和電線ケーブルシステム三重事業所／新日本工業／新報国製鉄三重／伸和オートバックス／スギヤマ／住友電装／大起産業／タクミスタジオ／中央自動車／中部電気保安協会／中部電力三重支店／テクマ東員工場／デンソー／東海部品工業／東海マツダ販売／東海旅客鉄道三重支店／東研サーモテック三重工場／東芝四日市工場／東伸熱工／東ソー四日市事業所／東邦ガス／東洋ゴム工業桑名工場／トーエネック三重支店／トヨタ自動車／トヨタ車体／長島観光開発／ナカムラ工業図研／日本郵便東海支社／パナソニックアプライアンス／光精工／日立ビルシステム中部支社／日立金属桑名工場／富士電機／扶桑工機／宝永プラスチック／豊栄工業／マツオカ建機／丸一ハイテック／三重精機／三重日野自動車／USJC／三井住友金属鉱山伸銅／三菱自動車工業自動車／三菱電機名古屋製作所／YKKAP三重工場／TOYO TIRE桑名工場／本田技研工業／桑名三重信用金庫／桑名市消防／三重県警／愛知県警／大阪府警／自衛隊　など

過去2年間の倍率

機械系	年度	入学定員	前期募集	志願	合格	倍率	後期募集	受検	合格	倍率
	R5年度	80	40	82	44	2.05	36	32	32	0.89
	R4年度	80	40	98	44	2.45	36	42	36	1.17

●前期：面接、数学
　後期：面接、学力検査（5教科）、調査書　※機械科・材料技術科一括募集

電気系	年度	入学定員	前期募集	志願	合格	倍率	後期募集	受検	合格	倍率
	R5年度	80	40	49	44	1.23	36	20	20	0.56
	R4年度	80	40	105	44	2.63	36	48	36	1.33

●前期：面接、数学
　後期：面接、学力検査（5教科）、調査書　※電気科・電子科一括募集

CLUB & CIRCLE

【運動部】陸上、野球、柔道、弓道、水泳、卓球、山岳、ソフトテニス、テニス、バレーボール、サッカー、バスケットボール、ハンドボール、サイクリング
【文化部】無線、美術、写真、将棋、広報、人権サークル
【生産クラブ】機械研究、マイコン、ロボット
【同好会】ものづくり同好会

全国大会出場クラブ
【運動部】ハンドボール部、弓道部、山岳部、水泳部

【生産クラブ】★機械研究部
全国ゼロハンカー大会5位！
★ロボット部
相撲ロボット大会出場！

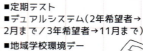
ものづくり同好会作のボールペン

CALENDAR

- 4月　■始業式　■入学式
- 5月　■定期テスト　■デュアルシステム（2年希望者→2月まで／3年希望者→11月まで）
- 6月　■地域学校環境デー　■体育祭　■定期テスト
- 7月　■クラスマッチ　■インターンシップ（2年、5日間）　■終業式
- 9月　■始業式
- 10月　■1日実習体験　■定期テスト　■文化祭
- 11月　■修学旅行　■遠足
- 12月　■定期テスト　■終業式
- 1月　■始業式　■学年末テスト（3年）
- 3月　■卒業証書授与式　■定期テスト　■修了式

修学旅行
時期▶2年生：11月
行き先▶九州（2022・2023）
（2024年度から沖縄）

【卒業著名人】
柴田勝頼、後藤洋央紀（プロレスラー）
はらぺこツインズ（ユーチューバー）

INABE SOHGOH GAKUEN SENIOR HIGH SCHOOL
県立 いなべ総合学園高等学校

いなべ市員弁町御薗632　0594-74-2006　www.inabe-h.ed.jp　三岐鉄道「楚原」駅・「三里」駅

総合学科
2学期制や単位制、90分×3限授業、チューター制など、大学のような学びのシステムを採用しています。
1年次は芸術科目を除いて全員が同じ科目を学びますが、2・3年次では進路希望や個性・適性に合わせて、6つの系列【①人文社会国際系列、②自然科学系列、③芸術文化系列、④生活環境系列、⑤スポーツ科学系列、⑥情報ビジネス系列】から1つ選択し、各系列の専門的な学習をします。各系列の中にも様々な科目が開講されており、自分にとって必要な科目を自ら選択します。2年次では約半分が3年次では概ね7、8割が選択科目です。

制服／単位制／2学期制／始業時刻 8:50／徒歩約12分 楚原駅から

修学旅行
- 時期▶2年生
- 行き先▶東京：8月
- ▶沖縄：12月
- ▶長野：1月

（2022年は8月北海道・関西、1月長野へ）

約130の講座を開講
最新の施設・設備が充実

↓令和5年3月
- 大学 107名（国立2名／公立3名／私立102名）
- 短大 23名
- 専門学校 91名
- 就職 82名
- その他 8名

Summer／Winter

過去3年間の合格者
【大学】
静岡／三重／愛知県立芸術／尾道市立／専修／拓殖／東洋／日本／日本体育／法政／明治／流通経済／至学館／愛知／愛知学院／愛知工業／愛知淑徳／金城学院／椙山女学園／桜花学園／大同／中京／中部／東海学園／名古屋音楽／名古屋外国語／名古屋学院／名古屋芸術／名古屋商科／名古屋女子／名古屋造形／南山／日本福祉／名城／名古屋文理／人間環境／名古屋学芸／修文／皇學館／鈴鹿医療科学／四日市／四日市看護医療／岐阜協立／岐阜聖徳学園／関西外国語／大谷／龍谷／関西学院／近畿

【短期大学】
三重／愛知医療学院／愛知みずほ／修文／名古屋／名古屋女子／名古屋柳城／名古屋文理／高田

【専門学校】
桑名医師会立桑名看護／四日市医師会看護／聖十字看護／三重看護／トヨタ名古屋自動車大学校／中部ファッション／名古屋ビジュアルアーツ／名古屋ビューティーアート／名古屋医療秘書福祉＆IT／ユマニテク医療福祉大学校／名古屋医健スポーツ／ミエ・ヘア・アーチストアカデミー

【就職】
NTN桑名製作所／NTN三重製作所／ユナイテッド・セミコンダクター・ジャパン 三重工場／トヨタ車体／トヨタ自動車／キオクシア 四日市工場／デンソー／デンソートリム／デンソーワイズテック 東員工場／本田技研工業 鈴鹿製作所／TOYO TIRE 桑名工場／エイベックス／桑名精工／日立金属 桑名工場／旅館寿亭／グリーンホテル／涼仙ゴルフ倶楽部／はごろもフーズ／木曽岬プラント／山崎製パン／医療法人 佐藤病院／医療社団法人 中部眼科／B.P.O／日本郵便 東海支社／三重北農業協同組合／国家税務職／海上保安庁（海上保安学校学生）／四日市市職員／川越町職員／三重県警察／自衛隊（自衛官候補生）

CLUB & CIRCLE
【運動部】
硬式野球、ソフトボール、陸上競技、サッカー、ソフトテニス、ゴルフ、山岳スキー、ハンドボール、バレーボール、バスケットボール、バドミントン、卓球、剣道、レスリング、体操競技、水泳、テニス、チアリーダー同好会

【文化部】
吹奏楽、演劇、美術、書道、茶道、放送、コンピュータ、自然科学、イラスト、ライセンス、調理

硬式野球の強豪校！レスリング部（男女）が強化指定校！

2階まで吹き抜けのゼミホール、最大120人収容の映画鑑賞ができるアイビーホール、バリアフリー設計の校舎が自慢。体育館、格技館、野球場、ゴルフ練習場などの体育施設も充実。

過去2年間の倍率

総合学科	年度	入学定員	前期 募集	志願	合格	倍率	後期 募集	受検	合格	倍率
	R5年度	280	140	326	148	2.33	132	168	132	1.27
	R4年度	280	140	318	148	2.27	132	179	132	1.36

CALENDAR
- 4月：始業式／入学式／遠足・リトルワールド・京都・名古屋市科学館＆周辺散策
- 5月：中間①テスト
- 6月：体育祭／中間②テスト
- 8月：研修旅行
- 10月：期末テスト／文化祭
- 12月：中間テスト／研修旅行
- 1月：卒業テスト（3年）
- 2月：学年末テスト（1・2年、2～3月）
- 3月：卒業証書授与式／クラスマッチ

27

Yokkaichi High School
県立 四日市高等学校

四日市市富田4-1-43　059-365-8221　www.shiko.ed.jp　近鉄・JR「富田」駅

北部

普通科・普通科 国際科学コース

1時限を標準時間より15分長くし、65分授業を行うことで、考える授業、深みのある授業を行っている。さらに、実力試験や学習意欲調査、授業評価アンケートによる科学的分析に基づき、授業内容の改善も行っている。土曜日には「土曜学習会」があり、授業内容でわからなかったところの指導や、ハイレベル模試の対策指導など幅広く対応している。夏期課外授業も20日ほど実施され、難関国立大学や、医学部への進学を目指す生徒が多い。
また、「普通科・国際科学コース」ではより明確な希望進路や高い進学意欲を持った生徒に、さらに密度の濃い指導を行っている。

 制服
 単位制
2学期制
8:35 始業時刻
男女比率 5/5
徒歩1分 近鉄富田駅から

政治、法曹、教育、医学など
卒業生が世界で活躍！

【修学旅行】
時　期▶2年生：10月
行き先▶九州
（2022・2023）

{ 卒業著名人 }
伊吹有喜（小説家）
岡田卓也（実業家）

↓令和5年3月

大学 212名
　国立 132名
　公立 13名
　私立 67名
待機者 99名
就職（県外）1名
専門学校 1名

Summer　Winter

過去3年間の卒業後進路

【国立大学】
北海道／弘前／東北／筑波／千葉／お茶の水女子／東京／東京外国語／東京工業／東京農工／一橋／横浜国立／富山／金沢／福井／山梨／信州／静岡／愛知教育／名古屋／名古屋工業／岐阜／三重／滋賀／京都／京都工芸繊維／大阪／神戸／奈良女子／鳥取／岡山／広島／徳島／九州／佐賀／高知／琉球

【公立大学】
国際教養／東京都立／都留文科／岐阜薬科／愛知県立／愛知県立芸術／名古屋市立／滋賀県立／兵庫県立／北九州市立／大阪公立／横浜市立

【私立大学】
酪農学園／岩手医科／東北医科薬科／国際医療福祉／千葉工業／青山学院／学習院／北里／慶應義塾／工学院／芝浦工業／上智／成蹊／成城／多摩美術／中央／津田塾／東京工科／東京女子／東京農業／東京理科／東洋／日本／日本歯科／日本女子／法政／明治／立教／立正／早稲田／麻布／神奈川工科／福井工業／朝日／岐阜聖徳学園／名古屋国際工科専門職／日本赤十字豊田看護／星城／名古屋学芸／愛知／愛知学院／愛知工業／愛知淑徳／金城学院／椙山女学園／大同／中部／皇學館／名古屋外国語／名古屋学院／藤田医科／南山／日本福祉／名城／鈴鹿医療科学／四日市看護医療／京都産業／京都女子／京都薬科／京都橘／同志社／同志社女子／立命館／龍谷／大阪経済／大阪経済法科／大阪工業／関西／関西外国語／近畿／摂南／関西学院／甲南／関西福祉／兵庫医療／奈良／高野山／岡山理科／川崎医科

【各種学校】
防衛大学校／国際看護大学校／その他（語学系、海外）

文科省から令和5年度より新たに5年間、SSH（スーパーサイエンスハイスクール）事業（第Ⅲ期）の指定を受けた。
前期、後期各7回ずつ東大金曜講座を行っている。

過去2年間の倍率

普通科	年度	入学定員	前期 募集	前期 志願	前期 合格	前期 倍率	後期 募集	後期 受検	後期 合格	後期 倍率
	R5年度	240	—	—	—	—	240	156	240	0.65
	R4年度	240	—	—	—	—	240	152	240	0.63

● 後期：学力検査（5教科）、調査書

国際科学コース	年度	入学定員	前期 募集	前期 志願	前期 合格	前期 倍率	後期 募集	後期 受検	後期 合格	後期 倍率
	R5年度	80	—	—	—	—	80	202	80	2.53
	R4年度	80	—	—	—	—	80	206	80	2.58

● 後期：学力検査（5教科）、調査書

CLUB & CIRCLE

【運動部】
バスケットボール、バレーボール、硬式野球、テニス、ソフトテニス、バドミントン、柔道、剣道、陸上競技、サッカー、ハンドボール、卓球、水泳、山岳、ラグビー、体操

【文化部】
吹奏楽、SSH科学、SSH生物、SSH電氣、放送、茶道、英語、音楽、美術、書道、将棋、文芸、新聞、調理、バトン

CALENDAR

- 4月：■始業式　■入学式
- 5月：■体育大会
- 6月：■中間テスト　■クラスマッチ
- 7月：■オーストラリア語学研修
- 8月：■文化祭
- 9月：■期末テスト　■SSH小学生向け科学実験講座
- 10月：■SSH国内研修（沖縄・つくば）　■修学旅行　■遠足（京都）　■SSH講演会　■SSH白熱英語講座
- 11月：■SSH白熱英語講座　■中間テスト
- 12月：■SSH白熱英語講座
- 1月：■始業式　■実力テスト
- 2月：■四高科学の祭典（例年1〜2月に開催）　■学年末テスト
- 3月：■卒業証書授与式　■クラスマッチ

※SSH＝スーパーサイエンスハイスクール

県立 四日市南高等学校

Yokkaichi Minami High School

四日市市大字日永字岡山4917　059-345-3177　www.mie-c.ed.jp/hsyokk/index.html　四日市あすなろう鉄道八王子線「西日野」駅

普通科
6クラス(予定)。45分7限授業。1年次は基礎科目を中心に学習し、2年次に理系・文系を選択。各系列の中から将来を見据えて科目を選択し、3年次からは志望大学などに合わせて選択する。

普通科・数理科学コース
2クラス(予定)。45分7限授業。難関大学を中心に、高い目標を持って学習に取り組む人に最適のコース。1年次は、普通科と同様に基礎科目を学び、2年次に理系・文系を選択する。選択科目が多いので、文系大学への対応も十分にできる。

制服／単位制／3学期制／始業時刻 8:45／男女比率 5/5／徒歩 西日野駅から約5分

【卒業著名人】
近藤淳也(はてな取締役)
現代洋子(漫画家)

地域と連携した探究的・体験的学習による人材育成

過去3年間の合格実績

【国公立大学】
一橋／京都／大阪／名古屋／九州／北海道／神戸／筑波／千葉／お茶の水女子／横浜国立／金沢／名古屋工業／岡山／広島／東京農工／電気通信／東京学芸／帯広畜産／秋田／山形／茨城／埼玉／新潟／富山／福井／信州／静岡／愛知教育／豊橋科学技術／岐阜／三重／滋賀／大阪教育／京都教育／奈良女子／兵庫教育／和歌山／鳥取／島根／山口／徳島／愛媛／九州工業／長崎／宮崎／鹿児島／名寄市立／宮城／横浜市立／公立諏訪東京理科／岐阜薬科／名古屋市立／京都府立／大阪公立／神戸市外国語／高崎経済／富山立／公立小松／新見公立／福井県立／都留文科／静岡県立／静岡文化芸術／愛知県立／三重県立看護／滋賀県立／神戸市看護／兵庫県立／公立鳥取環境／岡山県立／県立広島／広島市立／下関市立／山陽小野田市立山口東京理科／高知工科

【私立大学・各種学校】
早稲田／慶應／東京理科／明治／青山学院／立教／中央／法政／関西／関西学院／同志社／立命／南山／愛知／名城／中京／名古屋外国語／名古屋学芸／愛知淑徳／椙山女学園／金城学院／皇學館／航空保安大学校／水産大学校 ほか

↓令和5年3月
待機者 17名
専門学校 4名
短大 3名
その他 2名
大学 284名

ほぼ100％が大学進学希望
思考力・判断力・表現力を伸ばすための
地域と連携した探究的・体験的学習

過去2年間の倍率

普通科

年度	入学定員	前期 募集	志願	合格	倍率	後期 募集	受検	合格	倍率
R5年度	240	—	—	—	—	240	189	240	0.79
R4年度	240	—	—	—	—	240	199	240	0.83

● 後期:学力検査(5教科)、調査書

数理科学コース

年度	入学定員	前期 募集	志願	合格	倍率	後期 募集	受検	合格	倍率
R5年度	80	—	—	—	—	80	194	80	2.43
R4年度	80	—	—	—	—	80	222	80	2.78

● 後期:学力検査(5教科)、調査書

CLUB & CIRCLE

【運動部】
剣道、テニス、サッカー(男女)、柔道、卓球、ソフトテニス、バスケットボール、ハンドボール、硬式野球、バレーボール、陸上競技、ワンダーフォーゲル、バドミントン

【文化部】
演劇、音楽、家庭、茶道、囲碁将棋、書道、電算無線、美術、吹奏楽、文芸、箏曲、自然科学

Winter

Summer

CALENDAR

- 4月 ■始業式 ■入学式
- 5月 ■定期テスト
- 6月 ■体育祭
- 7月 ■定期テスト ■クラスマッチ
- 8月 ■夏季課外授業
- 9月 ■文化祭 ■修学旅行 ■遠足
- 10月 ■定期テスト
- 11月 ■定期テスト
- 12月 ■定期テスト ■クラスマッチ
- 1月 ■始業式
- 2月 ■生徒大会
- 3月 ■クラスマッチ ■卒業証書授与式 ■定期テスト ■修了式

Yokkaichi West High School
県立 四日市西高等学校

四日市市桜町6100　059-326-2010　www.424hs.jp　近鉄「桜」駅

 制服　 単位制　 3学期制

 始業時刻 8:35　 男女比率 5/5　 徒歩 桜駅から約15分

普通科
3クラス（現1年生4クラス、現2年生5クラス）。1年次で、全員が基礎的な内容を、共通して同じ科目を学習する。2年次より、文系・理系に分かれ、さらに3年次で、私立文系型、国公立文系型、医療看護・生物資源系型、国公立・私立理学工学系型を選択する。

普通科／比較文化・歴史コース
1クラス。文系の進学コースで、国公立大学、難関私大への進学に力を入れている。週1回の7限授業を実施。3年次で、私立文系型、国公立文系型に細分化。英語・数学は習熟度別の少人数講座を展開する。

普通科／数理情報コース
1クラス。理系の進学コースで、国公立大学理系、難関私大への進学に力を入れている。週1回の7限授業を実施。3年次で、医療看護・生物資源系型、国公立・私立理学工学系型に細分化。英語・数学は習熟度別の少人数講座を展開する。

令和6年度より 制服がリニューアル！

ブレザーとスラックスの組み合わせも可能となりました。ネクタイとリボンも選べます。

修学旅行
- 時期 ▶ 2年生：10月
- 行き先 ▶ 九州方面（2023年・2022年）

卒業著名人
佐藤洸一（プロサッカー選手）
松本さゆき（タレント）

過去3年間の卒業後進路
↓令和5年3月
- 大学 214名（国立 17名／公立 17名／私立 180名）
- 短大 17名
- 専門学校 29名
- 就職（県内）5名
- 待機者 4名
- その他 1名

【大学】 三重／静岡／広島／福井／愛媛／帯広畜産／室蘭工業／名古屋工業／金沢／北海道／富山／岡山／愛知教育／群馬／香川／鳥取／滋賀／山梨／北見工業／山形／福井／埼玉／信州／岐阜／三重県立看護／愛知県立／名古屋市立／富山県立／静岡文化芸術／都留文科／長野／高知工科／静岡県立／秋田県立／前橋工科／高崎経済／福井県立／島根県立／名城／中京／鈴鹿医療科学／愛知淑徳／愛知学院／中部／愛知／皇學館／名古屋外国語／名古屋学院／日本福祉／四日市看護医／愛知工業／大同／近畿／南山／椙山女学院／名古屋学芸／立命館／関西／関西学院／東海学園／名古屋女子／名古屋文理／名古屋経／至学館／愛知みずほ／金城学院／修文／桜花学園／岐阜聖徳学園／名古屋商／名古屋芸／桃山学院／同朋／青山学院／東京電機／日本／帝京／龍谷／奈良／京都産業／岡山理／福岡／名古屋音 他

【短期大学】 三重／大垣女子／愛知学院大／高田／名古屋／平成医療／ユマニテク 他

【専門学校】 三重中央医療センター附属三重中央看護学校／桑名医師会立桑名看護／四日市医師会看護／ユマニテク医療福祉大学校／三重県立公衆衛生学院／東海医療科学／東海医療技術／トヨタ名古屋自動車大学校 他

【就職先】 四日市市消防／菰野町消防／四日市市事務／三重県職員警察事務／三重県職員一般事務／三重県警察官／国家公務員刑務官／国家公務員税務職員 他

CLUB & CIRCLE
【運動部】 バレーボール、バスケットボール、バドミントン、ハンドボール、サッカー、テニス、卓球、陸上競技、弓道、硬式野球
【文化部】 美術、合唱、まんが文芸研究会、吹奏楽、自然研究会、茶道、演劇、クッキング

Winter / Summer

運動設備も充実でクラブ活動が盛ん
硬式野球部、サッカー部、ハンドボール部に専用グラウンド

過去2年間の倍率

	年度	入学定員	前期 募集	前期 志願	前期 合格	前期 倍率	後期 募集	後期 受検	後期 合格	後期 倍率
比較文化・歴史コース	R5年度	80	10	24	10	2.40	60	88	60	1.47
数理情報コース			10	37	10	3.70				
比較文化・歴史コース	R4年度	80	10	33	10	3.30	60	121	60	2.02
数理情報コース			10	31	10	3.10				

●前期：集団面接（15分程度）、調査書、学力検査（数理情報コース 数学、英語／比較文化・歴史コース 国語、英語）
後期：学力検査（5教科）、調査書　※後期はくくり募集

	年度	入学定員	前期 募集	前期 志願	前期 合格	前期 倍率	後期 募集	後期 受検	後期 合格	後期 倍率
普通科	R5年度	160	—	—	—	—	160	129	157	0.81
	R4年度	160	—	—	—	—	200	103	163	0.52

●後期：学力検査（5教科）、調査書

CALENDAR
- 4月：始業式／入学式／遠足（京都方面、USJ等）
- 5月：中間テスト／体育祭
- 6月：陸上競技記録会／期末テスト
- 7月：クラスマッチ／終業式
- 9月：文化祭
- 10月：中間テスト／修学旅行／遠足（京都方面、USJ等）
- 11月：期末テスト
- 12月：終業式
- 1月：始業式
- 2月：学年末テスト
- 3月：卒業証書授与式／クラスマッチ／修了式

Asake High School

県立 朝明高等学校

四日市市中野町2216　059-339-0212　www.mie-c.ed.jp/hasake　三岐鉄道「保々」駅

制服　単位制　3学期制

8:40 始業時刻　男女比率 6/4　自転車 保々駅から約10分

修学旅行
時期 ▶ 2年生：6月
行き先 ▶ 熊本・長崎（2023）

普通科
就職・進学に対応できる学力をつけ、進路希望に応じて科目を選択できる「チャレンジコース」、基礎学力のほかにビジネスに関する知識と技術を学び就職に有利な資格取得を目指す「ビジネスコース」、ラグビー、自転車競技、レスリングの3種目に分かれ、実技とスポーツ理論を専門的に学び世界に通用する選手の育成を目指す「アスリートコース」がある。

ふくし科
平成25年から厚生労働省の認可を受けた介護福祉士養成校として、介護のスペシャリストを養成する教育を行っている。2年生から介護福祉士国家試験受験を目指す「介護福祉コース」、校外での実践を取り入れながら、幅広く福祉への学びを深める「生涯福祉コース」に分かれる。

ラグビー・自転車競技・レスリング 全国レベルの活躍！ラグビー部は11年連続13回目の全国大会出場！

{卒業著名人}
奥田啓介（プロレスラー）、小野広大、高橋信之、王授榮（ラグビー選手）、浅井康太、柴崎俊光、柴崎淳（競輪選手）

過去3年間の卒業後進路
【大学】愛知工業／青山学院／朝日／神奈川／京都産業／近畿／皇學館／周南公立／鈴鹿／鈴鹿医療科学／大同／中京学院／中部／中京／天理／東海学園／名古屋経済／名古屋商科／日本／日本福祉／名城／四日市／山梨学院　ほか
【短期大学】愛知みずほ／修文／高田／名古屋柳城／ユマニテク
【専門学校等】桑名医師会看護／国際調理師名駅校／聖十字看護／トヨタ名古屋自動車大学校／中日美容／東海工業金山校／トライデントコンピュータ／名古屋医健スポーツ／名古屋医療秘書福祉／名古屋外語ホテルブライダル／名古屋観光／名古屋工学院／名古屋情報メディア／名古屋調理師／ミエ・ヘア・アーチストアカデミー／ユマニテク医療福祉／ユマニテク調理製菓／日本競輪選手養成所　ほか
【就職】あきぺんこ／旭金属／旭電気／あづまフーズ／アヤハディオ／主体会病院／医療法人富田浜病院／村瀬病院グループ／日下病院／河村産業／キオクシア／御在所ロープウエイ／三岐鉄道／山九／サンレックス工業／鹿の湯ホテル／住友電装／大徳食品／デンソートリム／東海住電精密／東研サーモテック／東プレ東海／TOYO TIRE／豊田合成日乃出／トヨタ車体／長島観光開発／日本通運／日本郵便東海支社／福助工業／福山通運／ベステックスキョーエイ／ホンダオートボディ／本田技研工業鈴鹿製作所／マックスバリュ東海／ヤマト運輸／四日市物流サービス／YKK AP／英水会／永甲会／宏育会よっかいち諧朋苑／三重福祉会／防衛省自衛隊　ほか

過去2年間の倍率

普通科
年度	入学定員	前期募集	志願	合格	倍率	後期募集	受検	合格	倍率
R5年度	120	36	79	40	2.19	80	67	67	0.68
R4年度	160	48	112	53	2.33	107	76	76	0.71

●前期：個人面接（10分程度）、学力検査（国語）、調査書
後期：集団面接、学力検査（5教科）、調査書

ふくし科
年度	入学定員	前期募集	志願	合格	倍率	後期募集	受検	合格	倍率
R5年度	40	20	21	20	1.05	20	3	3	0.10
R4年度	40	20	34	22	1.70	18	13	13	0.72

●前期：個人面接（10分程度）、学力検査（国語）、調査書
後期：集団面接、学力検査（5教科）、調査書
※後期の受検者数、合格者数は再募集の人数も含む。

↓令和5年3月
大学 21名／短大 6名／専門学校 37名／就職 105名／その他 6名

CLUB & CIRCLE
【運動部】
レスリング、ラグビー、自転車競技、硬式野球、弓道、女子バレーボール、バドミントン、卓球
【文化部】
書道、ボランティア、吹奏楽、漫画研究会
【同好会】
女子バスケットボール、美術

Winter / Summer

令和2年度入学生より制服がマイナーチェンジ！

☑伸縮性に優れ、家庭で洗える素材に。常に清潔感を保つことができます。

☑反射材を取り入れ、夜間の認識率を高めました。

☑ネクタイは、本校の特色である千本桜をイメージした桜色を取り入れ、おしゃれな感覚を引き出します。

CALENDAR
- 4月 ■始業式 ■入学式
- 5月 ■中間テスト ■体育祭
- 6月 ■修学旅行
- 7月 ■期末テスト ■終業式
- 9月 ■始業式
- 10月 ■中間テスト ■文化祭
- 11月 ■遠足（レゴランド・ナガシマスパーランド）■2年生インターンシップ（1週間）■期末テスト
- 12月 ■大そうじ・ボランティア ■クラスマッチ ■終業式
- 1月 ■始業式 ■介護福祉士国家試験 ■3年生卒業考査
- 2月 ■マラソン大会 ■学年末テスト（1・2年生）
- 3月 ■卒業証書授与式 ■クラスマッチ

県立 四日市四郷高等学校
Yokkaichi Yogo High School

四日市市八王子町字高花1654　059-322-1145　https://sites.google.com/mie-c.ed.jp/yogoh　近鉄四日市駅より直通スクールバスあり／最寄り駅：あすなろう鉄道「西日野駅」

北部

普通科（2年生からコースが分かれます）

ビジネスコース
ビジネス、パソコンのスキルを磨き、ビジネスや情報系の仕事に就きたい人向けのコース

芸術コース
音楽・美術・書道から1つを選び、芸術の分野を深く学びたい人に最適なコース

アドバンスコースⅠ
文系科目に重点を置き、文系の4年制大学などへの進学を目指す人向けのコース

アドバンスコースⅡ
理数系科目に重点を置き、理系の4年制大学などへの進学を目指す人向けのコース

普通科 スポーツ科学コース
スポーツ活動を通じた人間形成を目指します。スポーツに関心が高く、専門性を高めたいと考えている人に最適なコース

- 制服
- 単位制
- 3学期制
- 始業時刻 8:40
- 男女比率 4/6
- 自転車 約10分（西日野駅から）

【修学旅行】
時期▶2年生：11月
行き先▶北九州（2023）

{ 卒業著名人 }
浅野雄也（プロサッカー選手）
ザブングル加藤（芸人）

あなたの**夢**を叶える、**多彩**な5コース
四郷でやりたいこと きっと見つかる！

過去3年間の主な卒業後進路

【四年制大学】
皇學館／鈴鹿医療科学／四日市／愛知／愛知学院／愛知産業／愛知淑徳／愛知東邦／愛知みずほ／朝日／桜花学園／岐阜協立／金城学院／至学館／星城／中部学院／中部／東海学院／東京国際／東京女子体育／東京福祉／東北文教／名古屋外国語／名古屋学院／名古屋経済／名古屋産業／名古屋商科／名古屋女子／名古屋造形／名古屋文理／日本福祉／福井工業／八州学園　など

【短期大学】
高田／鈴鹿／ユマニテク／愛知文教女子／愛知みずほ／至学館／修文／名古屋経営／名古屋女子／名古屋／名古屋文化／名古屋文理　など

【専門学校】
桑名医師会立桑名看護／聖十字看護／ミエ・ヘア・アーチスト・アカデミー／ユマニテク看護助産／ユマニテク医療福祉大学校／旭美容　など（記載は県内のみ）

【企業】
アイズ・コーポレーション／アクアイグニス／石原エンジニアリングパートナーズ／F-LINE中部支店／キオクシア四日市工場／小林機械製作所／コベルク／医療法人（社団）佐藤病院／志摩スペイン村／正和製薬／シンエイテクノ／大徳食品中京事業所／デンソー／デンソートリム／TOYOTIRE桑名工場／トヨタ車体／長島観光開発／生川倉庫／にいみ歯科医院／富士フィルムマニュファクチャリング鈴鹿事業所／ベステックスキョーエイ本社・本社工場／ベスポ／穂積建設／本田技研工業 鈴鹿製作所／三重交通／御幸毛織 四日市工場／ユナイテッド・セミコンダクター・ジャパン三重工場／四日市物流サービス　など

【全国大会・国際大会での活躍】
＜アーチェリー部＞　国民体育大会　少年男子　優勝（'22）
＜レスリング部＞　U17アジア選手権　個人3位（'22）

過去2年間の倍率

普通科
年度	入学定員	前期 募集	前期 志願	前期 合格	前期 倍率	後期 募集	後期 受検	後期 合格	後期 倍率
R5年度	120	36	86	40	2.39	80	73	73	0.91
R4年度	160	48	96	53	2.00	107	78	78	0.73

● 前期：個人面接（5分程度）、学力検査（国語）、調査書
　後期：面接、学力検査（5教科）、調査書

スポーツ科学
年度	入学定員	前期 募集	前期 志願	前期 合格	前期 倍率	後期 募集	後期 志願	後期 合格	後期 倍率
R5年度	40	40	43	40	1.08	—	—	—	—
R4年度	40	40	48	40	1.20	—	—	—	—

● 前期：個人面接（5分程度）、実技検査（基本的な運動）、調査書

CLUB & CIRCLE

【運動部】
野球、アーチェリー、テニス、陸上、卓球、バスケットボール（女子）、バレーボール（女子）、サッカー（男子）、バドミントン、ハンドボール、レスリング

【文化部】
写真、美術・イラスト、書道、演劇、音楽、吹奏楽、茶道、自然科学

令和5年度

↓令和5年3月
- 大学 36名
- 短大 9名
- 専門学校 57名
- 就職 59名
- その他 9名
- 専攻科 1名

Winter / Summer
スカート、スラックスのどちらも選べます

←四郷高校HP
バーチャル校内ツアーもできる！

CALENDAR

- 4月 ■始業式 ■入学式
- 5月 ■中間テスト ■体育祭
- 6月 ■期末テスト（6月下旬〜7月上旬）
- 7月 ■終業式
- 9月 ■始業式 ■文化祭
- 10月 ■中間テスト ■中学生見学会（10/7）
- 11月 ■修学旅行 ■遠足（1年：京都　3年：USJ）■期末テスト（11月下旬〜12月上旬）
- 12月 ■終業式 ■クラスマッチ ■スノーボード実習（スポーツ科学コース）
- 1月 ■始業式 ■芸術コース発表会（1/13,14）■学年末テスト（3年生）（1月下旬）
- 2月 ■学年末テスト（1・2年生）（2月下旬〜3月上旬）
- 3月 ■卒業証書授与式 ■修了式
- ■朝の読書（毎朝10分間）

地域との連携

県立 四日市商業高等学校

Yokkaichi Commercial High School

四日市市尾平町字永代寺2745　059-331-8324　www.shisho.ed.jp/　三交バス「四商前」、近鉄「伊勢松本」駅

商業科
商業科は、現代の経済社会のビジネスに関する知識と技能を習得するため、商業科目全般について幅広く学習する学科。

情報マネジメント科
情報マネジメント学科は、実務的・体験的な学習を通して専門性を深め、情報化社会をリードする人材育成を目指す学科。

制服／単位制／3学期制／始業時刻8:50／男女比率1/9／バス停から徒歩約2分

修学旅行　時期▶2年生：2月　行き先▶長崎（2023・2022）

卒業著名人　井島茂作（政治家、教育者、実業家）

こんな時代だからこそ泗商
「未来をつかめ、泗商で広がる無限の可能性」

↓令和5年3月
- その他 2名
- 私立大学 42名
- 短大 11名
- 専門学校 54名
- 就職 112名（県内102名／県外10名）
- 看護専門学校 11名

制服はネクタイ・リボン・スカート・スラックス組み合わせを自由に選択できます。衣替えを想定しておらず、夏服・冬服の区別はありません。

過去3年間の卒業後進路
【大学】 皇學館／鈴鹿医療科学／四日市看護医療／愛知／愛知学院／愛知工業／愛知淑徳／金城学院／至学館／東海学園／中京／名古屋外国語／名古屋学院／名古屋商科／南山／人間環境／名城／静岡理工科／青山学院／同志社／立命館
【短大】 高田／名古屋女子／名古屋／ユマニテク／三重
【看護学校】 桑名看護／聖十字／三重看護／ユマニテク看護助産／四日市医師会看護
【専門学校】 あいち造形デザイン／大原法律公務員／大原簿記医療観光／大原簿記情報医療／中部リハビリテーション／東京ITプログラミング＆会計／東海医療技術／トライデントデザイン／名古屋医健スポーツ／名古屋医療秘書福祉＆IT／名古屋ウェディング＆ブライダル／名古屋観光／名古屋工学院／名古屋デザイナー学院／名古屋ビューティアート／名古屋美容／名古屋ブライダルビューティー／名古屋ユマニテク歯科衛生／名古屋ユマニテク調理製菓／三重県立公衆衛生学院
【就職】 稲垣鉄工／山九／大宗建設／東万／リョーケンホールディングス／三菱マテリアルテクノ／プロテリアル（日立金属）／カネソウ／チヨダウーテ／デンソー／ジャパンマテリアル／デンソートリム／水谷モデル／コスモフーズ／石原産業／伊藤製作所／エラストミックス／キオクシア／コスモ電子／三昌物産／JSR／住友電装／四日市合成／日本カラリング／テクノヒューマンパワー／パナソニックインダストリー／御幸毛織／国光カーボン工業／本田技研工業 鈴鹿製作所／エフ・シー・シー鈴鹿工場／日東電工亀山事業所／パナソニックエレクトリックワークス電材三重／富士電機／岩崎産業／日本梱包運輸倉庫／伊勢湾倉庫／伊勢湾トランスポート／東ソー物流／日本トランスシティ／三菱ケミカル物流／エス・ディ・ロジ／F-LINE／日本通運／交洋／東京電機産業／ハート／フジショウ／三重促成／萩野メタルワークス／朝日ガスエナジー／ダイハツ三重／トヨタカローラ三重／ホンダカーズ三重東／三重トヨタ自動車／日本セロンパック／イオンリテール東海・長野カンパニー／桑名三重信用金庫／百五銀行／三十三銀行／東海地所／鹿の湯ホテル／涼仙ゴルフ倶楽部／東洋／セリオ／三重北農業協同組合／三重県商工会連合会／日本郵便／三重県警察／川越町役場

CLUB & CIRCLE
【運動部】 野球、ソフトボール、陸上競技、テニス、ソフトテニス、バスケットボール、バレーボール、バドミントン、ハンドボール、卓球、空手道、柔道、水泳
【文化部】 ギター・マンドリン、吹奏楽、簿記、珠算・電卓、ワープロ、ITC、書道、華道、ハンドメイド、写真、演劇、美術、漫画研究、英語インターアクト、放送、茶道、軽音楽、人権サークル

全国大会で活躍
★テニス部 2022年度 全国高校選抜大会 女子団体 優勝

過去2年間の倍率

商業科
年度	入学定員	前期 募集	志願	合格	倍率	後期 募集	受検	合格	倍率
R5年度	200	100	203	108	2.03	92	95	92	1.03
R4年度	200	100	174	108	1.74	92	83	84	0.90

情報マネジメント科
年度	入学定員	前期 募集	志願	合格	倍率	後期 募集	受検	合格	倍率
R5年度	40	20	28	22	1.40	18	13	13	0.72
R4年度	40	20	35	22	1.75	18	21	18	1.17

● 前期：個人面接（5分程度）、作文（45分・400～500字）
後期：学力検査（5教科）

CALENDAR
- 4月 ■始業式 ■入学式
- 5月 ■中間テスト ■ようこそ先輩
- 6月 ■体育祭 ■期末テスト
- 7月 ■クラスマッチ ■終業式
- 8月 ■高校生活入門講座
- 9月 ■始業式
- 10月 ■中間テスト
- 11月 ■文化祭 ■インターンシップ ■遠足 ■産業教育フェア ■期末テスト
- 12月 ■終業式
- 1月 ■始業式
- 2月 ■修学旅行
- 3月 ■卒業証書授与式 ■学年末テスト ■クラスマッチ

Yokkaichi NOGEI High School
県立 四日市農芸高等学校

🏠 四日市市河原田町2847　☎ 059-345-5021　🌐 www.mie-c.ed.jp/ayokka/wp/　🚉 JR関西線・伊勢鉄道「河原田」駅

4つの学科があり、2年生からコースに分かれて専門性を生かす

農業科学科
施設を利用した都市型農業や、作物、野菜、花の栽培に関する知識や技術を学ぶ。2年生から、栽培や動物飼育に興味のある人におすすめの「食料生産コース」、施設園芸、スマート農業、フラワーデザインに興味のある人におすすめの「施設園芸コース」に分かれる。

食品科学科
食の安全・安心について食品業界で求められる知識や技術の習得、地域資源を用いた商品開発について学ぶ。2年生から食品加工・食品分析分野で活躍したい人におすすめの「食品科学コース」、食品開発・販売分野で活躍したい人におすすめの「食品開発コース」に分かれる。

環境造園科
自然と人との調和を図り、庭造りや公園設計、地域の自然環境の保全や再生について学ぶ。庭造りや公園設計などの設計の分野で活躍したい人におすすめの「造園技術コース」、身近な自然に関心があり、その知識や技術を学びたい人におすすめの「自然環境コース」に分かれる。

生活文化科
衣・食・住・福祉など、日々の生活と関わりの深い分野について学び、生活関連産業における職業人の育成を目指す。2年生から「食物経営コース」「製菓衛生コース」「服飾経営コース」「生活福祉コース」に分かれる。

制服／単位制／3学期制／始業時刻 8:50／男女比率 2:8／河原田駅から徒歩約10分

【卒業著名人】
坂井克行（ラグビー選手、リオデジャネイロ五輪代表）、松永渚（女優）

修学旅行
時期 ▶ 2年生：10月
行き先 ▶ 北海道（2023）
（2022年は長崎へ）

緑豊かな丘の上　農業と家庭のスペシャリスト

制服はリボン、ネクタイ両方が選べます
スカートorスラックスの選択（両方購入も可）
ができるようになりました♪

Summer　Winter

過去3年間の卒業後進路

【大学】 三重／山形／東京農業／酪農学園／龍谷／南九州／中京／椙山女学園／愛知学院／名古屋学院／名古屋女子／中部／四日市看護医療／鈴鹿医療科学／至学館／修文／皇學館／東海学園
【短期大学】 三重／高田／ユマニテク／西日本／鈴鹿／名古屋文化
【専門学校】 四日市医師会看護／名古屋製菓／ミエ・ヘア・アーチストアカデミー／中部ファッション
【就職】 味の素食品／石原産業 四日市工場／井村屋／キオクシア 四日市工場／九鬼産業／シキボウ 鈴鹿工場／医療法人 主体会病院／鈴鹿農業協同組合／住友電装（四日市）／多摩化学工業／デンソートリム／トヨタ自動車／長島観光開発／日東電工／ニプロファーマ 伊勢工場／日本郵便／はごろもフーズ／富士電機（鈴鹿・四日市）／古河電気工業 三重事業所／本田技研工業 鈴鹿製作所／三重北農業協同組合／宮崎本店／山崎製パン／ヤマモリ

↓令和5年3月
大学 23名／短大 15名／専門学校 60名／就職 133名／その他 4名

CLUB & CIRCLE
【運動部】
ラグビー、野球、ソフトボール（女子）、テニス、バレー（女子）、バスケット、バドミントン、卓球、山岳、陸上、ダンス
【文化部】
茶道、華道、書道、放送、イラスト、生物、演劇、情報処理、吹奏楽、人権サークル

★名古屋文理短大主催 第9回高校生スイーツコンテスト 愛知県教育委員会賞
★第10国高等学校7人制ラグビーフットボール大会三重県大会　男子団体3位
★令和5年度三重県高等学校総合体育大会登山競技 女子3位
★2023年度全日本ユースナショナルチームメンバー認定（ボウリング）

CALENDAR

- **4月** ■始業式 ■入学式 ■遠足（1年：名古屋港水族館／2年：京都市内／3年：USJ）
- **5月** ■中間テスト
- **6月** ■体育祭 ■期末テスト（～7月）
- **7月** ■海洋体験（1年・マリーナ河芸） ■自然体験（2年・琵琶湖） ■終業式
- **9月** ■始業式
- **10月** ■中間テスト ■修学旅行
- **11月** ■文化祭（農芸祭） ■期末テスト（～12月）
- **12月** ■京都散策（3年） ■クラスマッチ ■芸術鑑賞 ■文化部合同発表会 ■終業式
- **1月** ■始業式 ■卒業テスト（3年）
- **2月** ■1・2年学年末テスト（～3月） ■ロードレース（1・2年＋3年有志）
- **3月** ■卒業式 ■クラスマッチ ■修了式

34

過去2年間の倍率

年度	入学定員	前期 募集	前期 志願	前期 合格	前期 倍率	後期 募集	後期 受検	後期 合格	後期 倍率
農業科学	R5年度	40	20	71	22	3.55				
食品科学		40	20	58	22	2.90	54	75	54	1.39
環境造園		40	20	41	22	2.05				
農業科学	R4年度	40	20	55	22	2.75				
食品科学		40	20	64	22	3.20	54	77	54	1.43
環境造園		40	20	34	22	1.70				

● 前期：個人面接（10分程度）、作文（50分・600字程度）、調査書
後期：面接、学力検査（5教科）、調査書　※くくり募集

年度	入学定員	前期 募集	前期 志願	前期 合格	前期 倍率	後期 募集	後期 受検	後期 合格	後期 倍率
生活文化科 R5年度	80	40	110	44	2.75	36	51	36	1.42
生活文化科 R4年度	80	40	104	44	2.60	36	52	36	1.44

● 前期：個人面接（10分程度）、作文（50分・600字程度）、調査書
後期：面接、学力検査（5教科）、調査書

農業学科を3学科に再編し、大学進学を含めて学科の特徴を生かした進路開拓に取り組んでいます。

2023・2022 体育系部活動実績 Part 1

2023年、2022年の三重県高等学校総合体育大会（高校総体）上位入賞校（団体競技）を紹介。

※データの無い所は「—」となっています。

女子ソフトボール

2023年度 県大会	学校名	2022年度 県大会	学校名
1	伊勢学園	1	津商業
2	津商業	2	伊勢学園
3	いなべ総合	3	鈴鹿
	三重		津東

女子バレーボール

2023年度 県大会	学校名	2022年度 県大会	学校名
1	三重	1	三重
2	津商業	2	津商業
3	高田	3	明野

男子硬式野球（春季東海地区高等学校野球 三重県大会）

2023年度 県大会	学校名	2022年度 県大会	学校名
1	いなべ総合	1	津商業
2	津商業	2	津田学園
3	海星	3	菰野

陸上競技（男子総合）

2023年度 県大会	学校名	2022年度 県大会	学校名
1	皇學館	1	伊賀白鳳
2	近大高専	2	皇學館
3	四日市工業	3	近大高専

男子サッカー

2023年度 県大会	学校名	2022年度 県大会	学校名
1	海星	1	四中工
2	四中工	2	宇治山田商業
3	三重	3	津工業
	津工業		四日市工業

軟式野球

2023年度 県大会	学校名	2022年度 県大会	学校名
1	高田	1	高田
2	津工業	2	伊勢
3	伊勢	3	宇治山田

陸上競技（女子総合）

2023年度 県大会	学校名	2022年度 県大会	学校名
1	松阪商業	1	宇治山田商業
2	鈴鹿	2	松阪商業
3	宇治山田商業	3	鈴鹿

女子サッカー

2023年度 県大会	学校名	2022年度 県大会	学校名
1	高田	1	神村学園
2	三重	2	三重
3	津田学園	3	高田

男子ソフトボール

2023年度 県大会	学校名	2022年度 県大会	学校名
1	四日市工業	1	四日市工業
2	松阪	2	松阪
3		3	

男子バレーボール

2023年度 県大会	学校名	2022年度 県大会	学校名
1	松阪工業	1	松阪工業
2	四日市工業	2	海星
3	海星	3	三重

相撲

2023年度 県大会	学校名	2022年度 県大会	学校名
1	宇治山田商業	1	宇治山田商業
2	明野	2	明野
3		3	

Yokkaichi Technical High School
[県立] 四日市工業高等学校

四日市市日永東三丁目4-63　059-346-2331　www.mie-c.ed.jp/tyokka　JR関西線「南四日市」駅、四日市あすなろう鉄道「南日永」駅

【修学旅行】
時 期 ▶ 2年生：10月
行き先 ▶ 沖縄（2023）
（2022年は10月に九州へ）

{ 卒業著名人 }
葛山信吾（俳優）、
桜井良太（プロバスケットボール選手）

物質工学科
物質の組成・構造・変化などの知識を習得し、化学・セラミックス・陶芸産業のエキスパートを目指す。乙種危険物取扱者をはじめとする資格試験にも力を入れている。

機械科
三重県内でも有数の設備を誇り、産業の中心となる機械工学の技術を学ぶ。「ものづくり大会」への参加や、技能士、技能士、ボイラー技士、危険物取扱者、電気工事士の資格取得に積極的に取り組んでいる。

電子機械科
電気・電子・機械工学に関する知識と技術を身に付け、電子工業、機械工業分野での活躍を目指す。さらに、機械の制御や生産設備の省力化、無人化、およびそれらの設置を計画、製作、操作管理することができる能力を養う。

電気科
電気技術者に必要な専門知識や技術を習得し、工業技術に適応できる技術者を育成する。さらに、協調性や責任感を身に付ける。電気工事士・電気主任技術者などの資格を有利に取得できる。

電子工学科
電気および電子工学の基本的な知識を学び、応用できる能力を養う。各種電気機器の機能や自動制御の理論、コンピュータの理論・利用について技術を習得。工事、電気通信、情報処理に関する資格取得を目指す。

建築科
建築に関する基礎知識と技術を習得する。設計製図や構造、計画、法規、実習（測量、材料実験、造形、木工、CAD）などの教科を学ぶ。卒業後、建築士の資格を取得できるように養成する。

自動車科
自動車に関する必要な理論や技術を習得し、将来、自動車関連産業での活躍を目指す。国交省大臣指定の自動車整備士養成施設となっており、卒業または修了時に自動車整備士技能検定の一部要件が免除される。

県内唯一のものづくり創造専攻科を設置
令和4年度卒業生14名が進学

↓令和5年3月
私立大学 45名
短大 3名
四日市工業専攻科 14名
就職 241名
県内 190名
県外 51名

過去3年間の卒業後進路

【大学】
帝京／日本工業／慶應義塾／上武／金沢学院／金沢工業／岐阜聖徳／日本福祉／愛知学院／愛知工業／愛知淑徳／愛知みずほ／大同／中京／中部／東海学園／名古屋芸術／名城／鈴鹿医療科学／大阪体育／立命館／天理／神戸学院

【専門学校ほか】
ものづくり創造専攻科／トヨタ名古屋自動車大学校／名古屋工学院／名古屋医専／名古屋医健スポーツ／トライデントコンピュータ／ホンダテクニカルカレッジ関西／三重公務員学院／ミエ・ヘア・アーチストアカデミー

【就職先】
アイシン／愛知製鋼／旭化成 鈴鹿製造所／味の素食品 東海事業所／石原産業 四日市工場／イーテック／伊藤製作所／稲垣鉄工／ＡＧＦ鈴鹿／ＮＴＮ 桑名製作所／ＮＴＮ 三重製作所／ＥＮＥＯＳ マテリアル四日市工場／奥谷組／おやつカンパニー／鹿島クレス 西日本支社／キオクシア 四日市工場／京セラ 滋賀蒲生工場／近畿日本鉄道／九鬼産業／久志本組／ＫＨネオケム 四日市工場／神戸製鋼　大安製造所／コスモ石油／佐藤工業／ＪＳＲ 四日市工場／ジェイテクト／ＣＫＤ／泗水電気／ジャパンマテリアル／昭和四日市石油／住友電装／住友電装 鈴鹿製作所／住友ファーマ 鈴鹿工場／大宗建設／ダイハツ工業／宝酒造 楠工場／中部電気保安協会／中部電力パワーグリッド／ＤＩＣ／デンソー／デンソートリム／デンソーワイズテック東員工場／東海住電精密／東海旅客鉄道／東海鉄道事業本部／東京電機産業／東ソー 四日市事業所／東邦化学工業 四日市工場／東洋化工機／ＴＯＹＯ ＴＩＲＥ 桑名工場／東レ 東海工場／東レ 名古屋事業場／トーエネック 三重支店／トヨタ自動車／豊田自動織機／トヨタ車体／トヨタホーム三重／中村組／ナブテスコ 津工場／日清オイリオグループ 名古屋工場／日東電工 亀山事業部／日本アエロジル 四日市工場／日本碍子／日本カラリング／日本製鉄 名古屋製鉄所／日本トランスシティ／パナソニックインダストリー 四日市事業所／パナソニック エレクトリックワークス社津工場／パナソニック エレクトリックワークス電材三重／ＰＦＵ ＩＴサービス／日立 ＡＳｔｅｍｏ／日立システムズフィールドサービス／フジクラ 鈴鹿事業所／富士電機 鈴鹿工場／富士電機／富士ゼロックスマニュファクチュアリング／ブラザー工業／古河電気工業 三重事業所／ホンダオートボディー／本田技研工業 鈴鹿製作所／マツダ／三重機械鉄工／三重日野自動車／三菱マテリアル／ヤマザキマザックマニュファクチャリング／山西／ユナイテッド・セミコンダクター・ジャパン 三重工場／横内建設／四日市合成

Winter

過去2年間の倍率

機械科

年度	入学定員	前期 募集	前期 志願	前期 合格	前期 倍率	後期 募集	後期 受検	後期 合格	後期 倍率
R5年度	40	20	44	22	2.20	18	23	18	1.28
R4年度	40	20	52	22	2.60	18	22	18	1.22

●前期：個人面接（7～8分）、作文（45分・500字程度）、調査書
　後期：学力テスト（5教科）、調査書

電気科

年度	入学定員	前期 募集	前期 志願	前期 合格	前期 倍率	後期 募集	後期 受検	後期 合格	後期 倍率
R5年度	40	20	36	22	1.80	18	16	18	0.89
R4年度	40	20	45	22	2.25	18	21	18	1.17

●前期：個人面接（7～8分）、作文（45分・500字程度）、調査書
　後期：学力テスト（5教科）、調査書

電子機械科	年度	入学定員	前期 募集	前期 志願	前期 合格	前期 倍率	後期 募集	後期 受検	後期 合格	後期 倍率
	R5年度	40	20	25	22	1.25	18	14	18	0.78
	R4年度	40	20	41	22	2.05	18	20	18	1.11

● 前期:個人面接（7～8分）、作文(45分・500字程度）、調査書
後期:学力テスト(5教科)、調査書

建築科	年度	入学定員	前期 募集	前期 志願	前期 合格	前期 倍率	後期 募集	後期 受検	後期 合格	後期 倍率
	R5年度	40	20	51	22	2.55	18	22	18	1.22
	R4年度	40	20	39	22	1.95	18	18	18	1.00

● 前期:個人面接（7～8分）、作文(45分・500字程度）、調査書
後期:学力テスト(5教科)、調査書

自動車科	年度	入学定員	前期 募集	前期 志願	前期 合格	前期 倍率	後期 募集	後期 受検	後期 合格	後期 倍率
	R5年度	40	20	35	22	1.75	18	15	18	0.83
	R4年度	40	20	53	22	2.65	18	22	18	1.22

● 前期:個人面接（7～8分）、作文(45分・500字程度）、調査書
後期:学力テスト(5教科)、調査書

電子工学科	年度	入学定員	前期 募集	前期 志願	前期 合格	前期 倍率	後期 募集	後期 受検	後期 合格	後期 倍率
	R5年度	40	20	38	22	1.90	18	23	18	1.28
	R4年度	40	20	33	22	1.65	18	17	18	0.94

● 前期:個人面接（7～8分）、作文(45分・500字程度）、調査書
後期:学力テスト(5教科)、調査書

物質工学科	年度	入学定員	前期 募集	前期 志願	前期 合格	前期 倍率	後期 募集	後期 受検	後期 合格	後期 倍率
	R5年度	40	20	35	22	1.75	18	22	18	1.22
	R4年度	40	20	31	22	1.55	18	16	18	0.89

● 前期:個人面接（7～8分）、作文(45分・500字程度）、調査書
後期:学力テスト(5教科)、調査書

CALENDAR
- 4月：入学式／始業式
- 5月：中間テスト／遠足
- 6月：
- 7月：期末テスト／クラスマッチ／終業式
- 8月：
- 9月：始業式／文化祭
- 10月：中間テスト／修学旅行／体育祭
- 11月：
- 12月：クラスマッチ／期末テスト／終業式
- 1月：始業式／学年末テスト(3年生)
- 2月：
- 3月：学年末テスト(1・2年生)／卒業証書授与式／修了式

CLUB & CIRCLE

【運動部】
陸上競技、野球、バレーボール、バスケットボール、ハンドボール、ラグビー、サッカー、テニス、ソフトテニス、剣道、卓球、水泳、山岳、ソフトボール、バドミントン、柔道、ウエイトリフティング、ゴルフ、空手道

【文化系】
新聞、インターアクト、写真、美術、軽音楽、陶芸、モーター、吹奏楽、将棋、放送、メカトロニクス、科学同好会

2023・2022 体育系部活動実績 Part 2

2023年、2022年の三重県高等学校総合体育大会(高校総体)上位入賞校(団体競技)を紹介。

※データの無い所は「―」となっています。

男子ソフトテニス

2023年度 県大会	学校名	2022年度 県大会	学校名
1	三重	1	三重
2	近大高専	2	近大高専
3	伊勢工業／木本	3	伊勢工業／木本

女子ソフトテニス

2023年度 県大会	学校名	2022年度 県大会	学校名
1	三重	1	三重
2	木本	2	四日市商業
3	津商業／松阪	3	亀山／木本

男子バスケットボール

2023年度 県大会	学校名	2022年度 県大会	学校名
1	四日市工業	1	四日市メリノール
2	四日市メリノール	2	四日市工業
3	津工業	3	津工業

女子バスケットボール

2023年度 県大会	学校名	2022年度 県大会	学校名
1	四日市メリノール	1	四日市商業
2	いなべ総合	2	四日市メリノール
3	四日市商業	3	いなべ総合

男子テニス

2023年度 県大会	学校名	2022年度 県大会	学校名
1	四日市工業	1	四日市工業
2	津田学園	2	津東
3	海星	3	津田学園

女子テニス

2023年度 県大会	学校名	2022年度 県大会	学校名
1	四日市商業	1	四日市商業
2	四日市西	2	宇治山田商業
3	四日市南	3	津田学園

男子卓球

2023年度 県大会	学校名	2022年度 県大会	学校名
1	白子	1	白子
2	高田	2	高田
3	伊勢	3	津

女子卓球

2023年度 県大会	学校名	2022年度 県大会	学校名
1	白子	1	白子
2	高田	2	高田
3	津	3	津

Yokkaichi Chuo Technical High School
[県立] 四日市中央工業高等学校

四日市市菅原町678番地　059-326-3100　www.mie-c.ed.jp/tcyokk　近鉄湯の山線「桜」駅

制服／単位制／3学期制／始業時刻8:35／男女比率9:1／自転車 桜駅から約10分

機械科
ものづくりを通して、人間性豊かな産業界の要求に応えられる幅広い知識をもった機械技術者の育成を目標とする。基礎的な実験や実習、機械設計や計測制御などを指導する。

電気科
電気技術やネットワーク、情報端末機器をつなぐ資格である電気工事士、工事担任者、電気主任技術者などの資格取得にも力を入れる。IT時代に活かせる実践力を習得する。

化学工学科
食品や医療、衣服、自動車、コンピュータなどの素材である化学製品の製造技術を学び、環境問題にとりくむエンジニアを育成する。

都市工学科
私たちが安全で快適に暮らすための社会基盤を造るための学問。道路や鉄道、水道、公園などで構成される「社会づくり」が都市工学の分野。人間と自然が共存できる豊かな次世代の社会づくりのスペシャリストを育成する。

設備システム科
明るい未来・楽しい生活を創るために誕生したのが設備システム科。環境を考え、快適な空間を創りだしていくことを目標にしている。建築、設備、情報、機械、電気などを幅広く学び、工業の総合学科と言える。

【卒業著名人】 浅野拓磨（プロサッカー選手）

【修学旅行】 時期▶2年生：9月　行き先▶広島・兵庫・大阪（2022年は12月に岡山・兵庫・大阪へ）

サッカー選手を多数輩出 全国大会の常連校

過去3年間の卒業後進路

【四年制大学】
愛知／愛知学院／愛知工業／大阪学院／大阪商業／神奈川／金沢工業／岐阜協立／皇學館／静岡理工科／鈴鹿／鈴鹿医療科学／大同／中京／中部／東海学園／名古屋学院／名古屋産業／日本／日本体育／日本福祉／名城／山梨学院／四日市／立命館

【専門学校】
大阪工業技術／大原法律公務員 津校／桑名看護／JAPANサッカーカレッジ／東海工業／東京法律 名古屋校／東京スポーツレクリエーション／東洋医療／名古屋観光／名古屋リゾート＆スポーツ

【高等学校専攻科】
三重県立四日市工業高等学校

【就職】
アイシン／アガタ製作所／旭化成 製造統括本部 鈴鹿製造所／朝日土木／味の素 東海事業所／アドヴィックス／石原産業 四日市工場／稲垣鉄工／上野製薬／AGF鈴鹿／NTN 桑名製作所／NTN精密樹脂製作所／NTN三重製作所／エムイーシーテクノ 中部事業所／エレック・トーコー 四日市営業所／釜屋／キオクシア 四日市工場／近畿日本鉄道／久志本組／神戸製鋼所 大安製造所／コスモテクノ四日市／コスモ電子／コベルコ／三幸土木／サンレックス工業／CKD／JSR 四日市工場／ジャパンマテリアル／昭和四日市石油／新陽工業／住友電装／住友電装 鈴鹿製作所／大同特殊鋼／住友ファーマ 鈴鹿工場／ダイハツ工業 本社／高砂建設／高橋工務店／宝酒造 楠工場／中部第一輸送／中部電力／デンソーワイテック 東員工場／デンソー／デンソートリム／東海住電精密／東芝産業機器システム 三重事業所／東ソー 四日市事業所／東邦ガス／東レ 名古屋事業場／トーエネック 三重支店／トピア／トヨタ自動車／豊田自動織機／トヨタ車体／トヨタ車体精工／西日本電信電話／日清オイリオグループ 名古屋工場／日東電工 亀山事業所／日本アエロジル 四日市工場／日本総合施設／日本トランスシティ／伯東 四日市工場／パナソニックインダストリー 四日市／PEK／日立プラントサービス／富士電機 鈴鹿工場／プライムプラネットエナジー＆ソリューションズ／古河電気工業 三重事業所／ホンダカーズ三重東／本田技研工業 鈴鹿製作所／丸谷建設／三重機械鉄工／雅断熱／名光精機 津島工場／名菱テクニカ／明和製作所／諸岡建設／ヤマザキマザックマニュファクチャリング いなべ製作所／ユナイテッド・セミコンダクター・ジャパン 三重工場／四日市合成／YKK AP 三重工場／四日市市（土木）／川越町（土木）

↓令和5年3月

大学 41名／専門学校 14名／就職 139名（県内119名・県外20名）／四日市工業専攻科 2名

公式インスタ

CALENDAR
- 4月　■始業式　■入学式　■遠足
- 5月　■中間テスト
- 6月　■体育祭
- 7月　■クラスマッチ　■期末テスト　■終業式
- 9月　■始業式　■修学旅行
- 10月　■中間テスト　■文化祭
- 11月　■インターンシップ（2年全員）
- 12月　■期末テスト　■クラスマッチ　■終業式
- 1月　■始業式　■テスト
- 3月　■卒業証書授与式　■学年末テスト

4月校門風景　体育祭　修学旅行　全国ロボット相撲大会

CLUB & CIRCLE
【運動部】
サッカー、野球、柔道、水球、ウエイトリフティング、ソフトテニス、テニス、バレーボール、バドミントン、陸上、卓球、剣道、バスケットボール

【生産系】
ロボット研究、木工

【文化系】
美術、放送、理科、将棋、料理研究

過去2年間の倍率

機械科	年度	入学定員	前期				後期			
			募集	志願	合格	倍率	募集	受検	合格	倍率
	R 5 年度	40	20	28	22	1.40	18	16	16	0.89
	R 4 年度	40	20	37	22	1.85	18	22	18	1.22

● 前期：個人面接（7分程度）、作文（45分・400字程度）、調査書
　後期：面接、学力検査（5教科）、調査書

電気科	年度	入学定員	前期				後期			
			募集	志願	合格	倍率	募集	受検	合格	倍率
	R 5 年度	40	20	22	18	1.10	22	13	13	0.59
	R 4 年度	40	20	38	22	1.90	18	19	18	1.06

● 前期：個人面接（7分程度）、作文（45分・400字程度）、調査書
　後期：面接、学力検査（5教科）、調査書

化学工学科	年度	入学定員	前期				後期			
			募集	志願	合格	倍率	募集	受検	合格	倍率
	R 5 年度	40	20	26	22	1.30	18	9	9	0.50
	R 4 年度	40	20	29	22	1.45	18	17	18	0.94

● 前期：個人面接（7分程度）、作文（45分・400字程度）、調査書
　後期：面接、学力検査（5教科）、調査書

都市工学科	年度	入学定員	前期				後期			
			募集	志願	合格	倍率	募集	受検	合格	倍率
	R 5 年度	40	20	30	22	1.50	18	14	14	0.78
	R 4 年度	40	20	39	22	1.95	18	21	18	1.17

● 前期：個人面接（7分程度）、作文（45分・400字程度）、調査書
　後期：面接、学力検査（5教科）、調査書

設備システム科	年度	入学定員	前期				後期			
			募集	志願	合格	倍率	募集	受検	合格	倍率
	R 5 年度	40	20	38	22	1.90	18	16	16	0.89
	R 4 年度	40	20	29	22	1.45	18	18	18	1.00

● 前期：個人面接（7分程度）、作文（45分・400字程度）調査書
　後期：面接、学力検査（5教科）、調査書

> **【部活動の充実】**
> サッカー・水球・ウエイトリフティング・柔道・野球のスポーツ系だけでなく、ロボット研究部・化学工学研究部などの文化系においても全国レベルの活躍をしている。

2023・2022 体育系部活動実績

Part 3

2023年、2022年の三重県高等学校
総合体育大会（高校総体）上位入賞校（団体競技）を紹介。

※データの無い所は「—」となっています。

男子空手道（団体組手）

2023年度		2022年度	
県大会	学校名	県大会	学校名
1	川越	1	川越
2	四日市工業	2	四日市工業
3		3	桑名

女子空手道（団体組手）

2023年度		2022年度	
県大会	学校名	県大会	学校名
1	川越	1	川越
2	四日市商業	2	四日市商業
3	四日市工業	3	桑名

ラグビー

2023年度		2022年度	
県大会	学校名	県大会	学校名
1	朝明	1	朝明
2	四日市工業	2	四日市工業
3	木本	3	木本

ラグビー

2023年度		2022年度	
県大会	学校名	県大会	学校名
1	朝明	1	朝明
2	四日市工業	2	四日市工業
3	木本	3	木本

男子柔道

2023年度		2022年度	
県大会	学校名	県大会	学校名
1	名張	1	名張
2	四中工	2	四中工
3	亀山	3	高田
	皇學館		皇學館

女子柔道

2023年度		2022年度	
県大会	学校名	県大会	学校名
1	高田	1	名張
2	四日市商業	2	四日市商業
3	名張・津田学園	3	高田

男子ボート

2023年度	
県大会	学校名
1	津
2	相可
3	昴学園

女子ボート

2023年度	
県大会	学校名
1	津
2	津商

男子スキー

2023年度	
県大会	学校名
1	海星
2	暁
3	津田学園

女子スキー

2023年度	
県大会	学校名
1	名張青峰
	暁

※ 2023 年 1 月開催

男子水泳（競泳）

2023年度		2022年度	
県大会	学校名	県大会	学校名
1	尾鷲	1	尾鷲
2	津田学園	2	津田学園
3	高田	3	三重

女子水泳（競泳）

2023年度		2022年度	
県大会	学校名	県大会	学校名
1	尾鷲	1	尾鷲
2	四日市商業	2	津田学園
3	津田学園	3	桑名

男子水泳（飛込）

2023年度	
県大会	学校名
1	海星

女子水泳（飛込）

2023年度	
県大会	学校名
1	鈴鹿
2	相可

男子水泳（水球）

2023年度	
県大会	学校名
1	四中工
2	稲生

カヌー

2023年度	
県大会	学校名
1	桑名西

ヨット

2023年度	
県大会	学校名
	津工業

komono High School
【県立】菰野高等学校

三重郡菰野町大字福村870　059-393-1131　www.mie-c.ed.jp/hkomon　近鉄湯の山線「菰野」駅

※2、3年生は8:50

普通科
少人数で授業を行う選択講座を開設（エリア制）。生徒一人ひとりの進路の目標や興味・関心に合わせて科目が選べるようになっており、3つのエリアを設けている。「ステップアップエリア」（四年制大学等への進学を目指す）、「キャリアデザインエリア」（情報、商業などに関する各種の資格の取得と即戦力の育成を目指す）、「ヒューマンサポートエリア」（スポーツ、芸術、家庭などの体験学習により、豊かな心の育成を目指す）がある。「地域体験学習（保育園や福祉センターなどでの実習）」のような特色ある科目も。全員共通の必修科目で基礎学力をしっかり身につけ、エリアの選択授業で進路の目標や興味・関心に合わせた学習活動に思い切り取り組めるようになっている。

修学旅行
- 時期▶2年生：11月
- 行き先▶沖縄（2023）

卒業著名人
- 西勇輝（阪神タイガース）
- 市川卓（北海道日本ハムファイターズ・ベースボールアカデミーコーチ）
- 岡林勇希（中日ドラゴンズ）

硬式野球強豪校　3度の甲子園出場！
弓道・水泳・少林寺拳法全国大会出場！

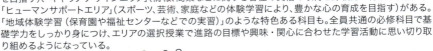

↓令和5年3月
- 大学 17名（公立1名／私立16名）
- 短大 10名
- 専門学校 30名
- 就職 84名
- その他 9名

Summer　Winter

過去2年間の卒業後進路
【大学】（公立）高崎経済／（私立）鈴鹿／鈴鹿医療科学／四日市／愛知／愛知学院／愛知学泉／愛知工業／愛知東邦／中京／中部／東海学園／同朋／名古屋経済／名古屋学院／名古屋学芸／名古屋商科／日本福祉／名城／中部学院／大阪体育
【短大】（公立）三重／（私立）高田／ユマニテク／愛知文教女子／中日本自動車／名古屋文化／奈良芸術
【専門学校など】三重県立津高等技術／三重県農業／東海工業／名古屋工学院／旭美容／ミエ・ヘア・アーチストアカデミー／伊勢理容美容／中日美容／名古屋ビューティーアート／名古屋こども／日本児童教育／ユマニテク医療福祉／名古屋医専／四日市医師会看護／桑名医師会立看護／聖十字看護／名古屋スクールオブビジネス／東京ITプログラミング＆会計　ほか多数
【就職】アガタ製作所／内田鍛工／松南／誠文社／ホンダカーズ三重／ホンダ四輪販売三重北ホンダカーズ三重北／あづまフーズ／泉鋳造／植田アルマイト工業／エイベックス／オークテック／釜屋／河村産業／キオクシア工場／キオクシアエンジニアリング／KYOTSU／グリーンテック／神戸製鋼所大安製造所／コスモフーズ／三幸電機／三扇／サンレックス工業／JMエンジニアリングサービス／シンコーワ／鈴鹿インター／鈴秀工業／住友電装／ダイワワークス／デンソー／デンソートリム／トナミ運輸／トヨタ自動車／トヨタ車体／日立金属／フジ技研／フセラシ／フレッシュ物流／穂積建設／本田技研工業鈴鹿製作所／Man to Man Assist／三重西濃運輸／三重執鬼／モバイルアド／ユナイテッド・セミコンダクター・ジャパン三重工場／ロータス（オートバックス）／川島学童保育所／グリーンホテル／スタッフブリッジ／ナガシマゴルフ／三重北農業協同組合／三重トヨタ自動車／横綱（ラーメン横綱）／ライフプラン／リブ・マックス／ワンアンドオンリー／邁進エンジニアリング所／菰野町社会福祉協議会／主体会／富田浜病院／佐藤病院

★地域とのつながりを大切にした学校
★情報・商業系の資格取得ができる

過去2年間の倍率

普通科 年度	入学定員	前期 募集	志願	合格	倍率	後期 募集	受検	合格	倍率
R5年度	160	48	125	53	2.60	107	110	107	1.03
R4年度	160	48	100	53	2.08	107	80	80	0.75

●前期：集団面接（1グループ20分程度）、学力検査（数学）
後期：学力検査（5教科）、集団面接

CLUB & CIRCLE
【運動部】硬式野球、陸上競技、バレーボール（女子）、バスケットボール、弓道、硬式テニス（男子）、卓球、バドミントン、水泳、山岳
【文化部】吹奏楽、家庭、書道、茶道、着付け、美術、イラスト、軽音楽
【愛好会】少林寺拳法愛好会

CALENDAR
- 4月　■始業式　■入学式
- 5月　■1学期中間考査　■体育祭
- 7月　■1学期期末考査（6〜7月）　■クラスマッチ　■終業式
- 8月　■始業式
- 10月　■2学期中間考査　■文化祭
- 11月　■遠足　■修学旅行（沖縄）
- 12月　■2学期期末考査　■終業式
- 1月　■始業式　■3年生卒業考査
- 3月　■学年末考査（2〜3月）　■クラスマッチ　■卒業証書授与式　■修了式

少人数で授業を行う選択講座（エリア制）

ヒューマン　キャリア　ステップ

▲菰野高校ウェブサイト

Kawagoe High School
県立 川越高等学校

三重郡川越町豊田2302-1　059-364-5800　www.mie-c.ed.jp/hkawag　JR「朝日」駅、近鉄「伊勢朝日」駅、「川越富洲原」駅または近鉄「富田」駅から直通バス

普通科
幅広い教科をバランスよく学び、得意分野を伸ばしながら真の学力を身につける。2年次から文系・理系のコースに分かれ、3年次で文系3教科型、文系5教科型、理系3教科型、理系5教科型を選択する。国立大学、私立大学を含め、幅広い進路に対応している。

国際文理科
広く国際舞台で活躍できる人材を育成する学科。英語教育の特色をいかし、文系理系どちらの進路も可能なカリキュラムになっている。2年次から国際文系・国際理系コースに分かれ、進学先も、難関国公立大などを視野に入れ、高い学力と英語運用能力を3年間で身につけられるよう、多彩な授業やコース選択を用意している。

   ※令和3年度から 学期制 3
 始業時刻 8:40　男女比率 5/5　直通バスで富田駅から約10分

修学旅行
時期 ▶ 2年生：10月
行き先 ▶ 沖縄（普通科）
シンガポール（国際文理科）（2023）

卒業著名人
やついいちろう（エレキコミック・お笑い芸人）、
松井勝法（漫画家）、
3代目林家菊丸（落語家）

先進的な英語教育に取り組む進学校

↓令和5年3月
就職2名　待機者13名
短大5名　専攻科1名
専門学校3名　その他3名
大学286名
国立72名
公立31名
私立183名

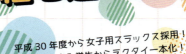
平成30年度から女子用スラックス採用！
令和5年度入学生からネクタイ一本化

Summer　Winter

過去3年間の卒業後進路
【国立】
大阪大学／名古屋大学／東京外国語大学／筑波大学／金沢大学／神戸大学／三重大学／愛知教育大学／愛名古屋工業大学／東京学芸大学／茨城大学／信州大学／静岡大学／岐阜大学／富山大学／福井大学／山梨大学／大阪教育大学／京都教育大学／奈良女子／鳥取大学／広島大学／
【公立】
高崎経済大学／都留文科大学／富山県立大学／静岡文化芸術大学／名古屋市立大学／愛知県立大学／愛知県立芸術／三重県立看護大学／滋賀県立大学／奈良県立大学／神戸市外国語大学
【私立】
東京理科大学／明治大学／青山学院大学／中央大学／法政大学／南山大学／愛知大学／中京大学／名城大学／藤田医科／愛知淑徳大学／金城学院大学／椙山女学園大学／皇學館大学／鈴鹿医療科学大学／四日市看護医療大学／同志社大学／立命館大学／関西大学／関西学院大学

CLUB & CIRCLE
【運動部】
陸上競技、バレーボール男女、バスケットボール男女、テニス、野球、サッカー、ハンドボール、柔道、空手、バドミントン
【文化部】
美術、英語インターアクト、家庭、茶道、放送、吹奏楽、イラスト、クイズ研究所、演劇、自然科学、書道
【同好会】ラグビー

国際交流の受入れを実施♪

空手（全国大会出場）
陸上競技（東海大会出場）

川越高校キャラクター「ゴエゴエ」

過去2年間の倍率

普通科
年度	入学定員	前期 募集	志願	合格	倍率	後期 募集	受検	合格	倍率
R5年度	200	―	―	―	―	200	197	200	0.99
R4年度	240	―	―	―	―	240	201	240	0.84

● 後期：学力検査（5教科）、調査書

国際文理科
年度	入学定員	前期 募集	志願	合格	倍率	後期 募集	受検	合格	倍率
R5年度	80	40	127	40	3.18	40	107	40	2.68
R4年度	80	40	142	40	3.55	40	141	40	3.53

● 前期：学力検査（数学、英語）／後期：学力検査（5教科）、調査書

CALENDAR
- **4月** ■始業式　■入学式　■遠足（1年：リトルワールド、2年：奈良市、3年：伊勢志摩）
- **5月** ■中間テスト
- **6月** ■期末テスト（～7月）　■終業式　■クラスマッチ
- **7月** ■かがやき学習　■夏期課外補習（～8月）
- **8月** ■かがやき学習　■宿題・実力テスト
- **9月** ■始業式　■文化祭　■体育大会
- **10月** ■遠足（1年：名古屋港水族館、3年：長島リゾート）■中間テスト　■沖縄への修学旅行（2年普通科）　■シンガポールへのスタディツアー（2年国際文理科）
- **11月** ■学校見学会　■期末テスト（～12月）
- **12月** ■終業式
- **1月** ■始業式　■宿題テスト
- **2月** ■学年末テスト
- **3月** ■卒業証書授与式　■クラスマッチ　■修了式

清水先生の入試なんでもQ&A

志望校はいつ頃から考え、決めればいいでしょうか。

　現在中3であれば、例年開催されている県立高校の「高校生活入門講座」や私立高校の「オープンスクール」に参加するなどして、少しでも興味のある高校の情報収集をしてください。それらの開催時期でなくても「ちょっと気になるな」という高校があったらまずはその学校へ足を運んでみましょう。できれば自転車や電車など自力で行ってみることをお勧めします。パンフレットやネットの情報では分からない事がたくさんあります。また、事前に連絡すれば個別に説明をしてくれる高校もあるかもしれません。そのあたりは一度中学校の先生に相談してみてください。

　志望校の決定時期ですが、早い人は小学生の頃から「○○高校へ入学する！」を目標に頑張っている人もいますが、大半は中3になってからではないでしょうか。決め方も「行きたい高校」を目指す人、「行ける高校」を志望する人とそれぞれです。時期が遅い人ほど「いける高校」になってしまっています。できれば、目標も持って「行きたい高校」を志望校にしてほしいですね。そのためにも中1や中2の段階から実際の高校を見に行くことをお勧めします。

入試問題は1・2年生の学習範囲からも出題されますか？また3年生のこれからの授業の勉強とどうバランスをとって望んでいけばよいでしょうか？

　結論から言うと入試問題は、全学年から出題されます。社会や理科を考えると分かりやすいでしょう。社会は主に1年生と2年生で地理と歴史、2年生と3年生で歴史と公民を勉強します。そして、入試には地理・歴史・公民の3分野がほぼ均等に出題されますので、1年生で学習した内容も3年生で学習した内容も同じように出題されるということです。

　3年生のこれから学習する範囲も当然入試にはしっかりと出ますので、受験勉強と新出事項の勉強とのバランスが大切になってきます。たとえば、冬休み前までを目途に、平日は学校の授業もあるので新出単元を中心に勉強し定期試験に備える。そして、週末は1年から3年一学期までの内容を集中して学習する。または、一日の中で時間を区切って新出事項と受験勉強を平行するという方法もありますね。受験の直前期は効率的な学習が必要ですので、学習塾や家庭教師などを利用して短期間に実力が付くような学習も必要かもしれません。

　受験勉強は自分の学習スタイルを早く見つけた者勝ちです。一刻も早く「自分スタイル」を確立してください。

National Institute of Technology (KOSEN), Suzuka College
【国立】鈴鹿工業高等専門学校

鈴鹿市白子町 　059-368-1739 　www.suzuka-ct.ac.jp/ 　近鉄「白子」駅、三交バス「東旭が丘3丁目」

制服／学期制 2／始業時刻 8:50／男女比率 3:1／冷暖房／駅から自転車約10分／携帯電話

機械工学科	40人 6年度募集
電気電子工学科	40人 6年度募集
電子情報工学科	40人 6年度募集
生物応用化学科	40人 6年度募集
材料工学科	40人 6年度募集

鈴鹿高専ならできること、こんなにいっぱい。

- 自ら実行・実践できる!
- 専門的な勉強ができる!
- 有名企業に就職できる!
- 国立大学などに進学できる!
- 世界で活躍できる!
- 生涯の友人ができる!

在校生 Voice

機械工学科2年　大川大和さん
自分で設計図を描いたり、工作機械でモノづくりをしたりする中にはたくさんの感動と達成感があります。そんな授業で身につけた知識は多くの課外活動で活かすことができます。先生や先輩が困った時には丁寧に教えてくださるので安心して学ぶ環境も整っています。

生物応用化学科3年　八幡ゆずきさん
実験を通して化学や生物に関する知識や技術を身につけます。卒業後は学んだ知識や技術をふまえて大学でさらに勉強したり、就職した企業等で活かしたりすることができます。専門科目や理系科目でわからないところがあった時に、先輩や先生に気軽に質問できる環境も魅力です。

難関国立大学の3年へ編入!

↓令和4年度
- 鈴鹿高専専攻科 29名
- 就職 114名
- 国立大学工学部等 67名

【最近の主な就職先】
旭化成／アステラス製薬／出光興産／エスユーエス／エーザイ／ENEOS中央技術研究所／NTT西日本-南関東／カゴメ／川崎重工／関西電力／協同油脂／近畿日本鉄道／キリンビール／サントリースピリッツ／サントリーホールディングス／JNシステムパートナーズ／ジャパンマリンユナイテッド／昭和四日市石油／スズキ／住友電装／ダイキン工業／第一工業製薬／第一三共プロファーマ／太陽化学／中部電力／DeNA／東海旅客鉄道／ドコモCS東海／トヨタシステムズ／ナブテスコ／日東電工／パナソニック くらしアプライアンス社／パナソニック インダストリー社／パナソニック エレクトリックワークス社／ファインディックス／ファナック／FIXER／日立社会情報サービス／富士通／富士電機／武州製薬／扶桑工機／本田技研工業／三菱電機ビルソリューションズ／美和ロック／村田機械／村田製作所／森永乳業／雪印メグミルク／LIXIL

【令和4年度 大学別編入学等合格状況】

大学等名	試験区分	機械工学科	電気電子工学科	電子情報工学科	生物応用化学科	材料工学科	合計
鈴鹿高専専攻科	推薦	5	6	1	3	5	20
	学力	11	5	6	2	4	28
鈴鹿高専・豊橋技科大連携教育プログラム	推薦	1					1
北海道大学（工）	推薦		1				1
	学力		1	1			2
東北大学（工）	学力	2	1				3
筑波大学（理工）	学力	1	1			1	3
筑波大学（情報）	学力			2			2
千葉大学（工）	推薦	1		1		1	3
千葉大学（工）	学力			1			1
東京大学（工）	学力		1				1
東京農工大学（工）	推薦				1		1
	学力		1				1
東京農工大学（農）	学力				1		1
東京工業大学（工）	学力		1				1
東京工業大学（生命理工）	推薦				1		1
東京工業大学（物質理工）	学力					1	1
新潟大学（工）	学力	1					1
長岡技術科学大学（工）	学力		1		3		4
金沢大学（理工）	学力				1		1
福井大学（工）	学力	2				1	3
山梨大学（工）	学力		1			2	3
信州大学（工）	推薦				1		1
	学力	1	1				2
信州大学（農）	学力				1		1
信州大学（繊維）	学力				1		1
岐阜大学（工）	推薦				1		1
岐阜大学（工）	学力				1		1
名古屋大学（工）	学力	2	1			3	6
名古屋工業大学（工）	学力	1	1			1	3
愛知教育大学（教員）	学力	1				1	2
豊橋技術科学大学（工）	推薦			2	1		3
	学力	2			7	1	10
三重大学（工）	推薦	1	1				2
	学力	3	4				7
三重大学（生物資源）	学力				1	1	2
京都工芸繊維大学（工芸）	推薦	1					1
	学力	1					1
大阪大学（工）	学力				2		2
大阪大学（基礎工）	学力	1	1				2
神戸大学（工）	学力		1	1			2
神戸大学（理）	学力				2		2
神戸大学（海洋政策）	学力					1	1
奈良女子大学（生活環境）	学力				1		1
岡山大学（工）	学力				2		2
岡山大学（理）	学力				2		2
広島大学（工）	学力				1	1	2
広島大学（生物生産）	学力				1		1
九州大学（工）	学力					1	1
九州大学（芸術工）	学力				1		1
東京都立大学（システムデザイン）	学力			3			3
東京都立大学（都市環境）	学力				1		1
大阪府立大学（工）	学力		1			1	2
大学 計（延べ人数）	推薦	9	8	4	8	6	35
	学力	34	24	13	34	26	131
	計	43	32	17	42	32	166

【入学者選抜】

◆推薦による入学者の選抜
- 募集人員：各学科18名程度
- 願書の受付：令和6年1月4日(木)〜1月9日(火)
- 検査日：令和6年1月13日(土)
- 検査会場：鈴鹿工業高等専門学校
- 選抜出願資格：内申点が110点以上
- 選抜の方法：調査書および面接等により総合的に判定します。
- 合格者発表：令和6年1月19日(金)

※推薦で不合格となったとき、出願書類の再提出及び検定料の再納付をすることなく、学力検査を受けることができます。

◆学力検査による入学者の選抜
- 願書の受付：令和6年1月29日(月)〜2月1日(木)
- 検査日：令和6年2月11日(日)
- 検査会場：鈴鹿工業高等専門学校
- 選抜の方法：学力検査(理科、英語、数学、国語、社会)及び調査書の結果で判定します。
- 合格者発表：令和6年2月22日(木)

※帰国生徒特別選抜、最寄り地受験、追試験、WEB出願、その他詳細については、学生募集要項をご確認ください。

機械工学科

産業の発展を力強く支えている機械工学
豊かな発想に基づき、知識や科学技術を結集・統合して「現実の形」としてのモノを創り上げていくのが魅力。

電気電子工学科

エネルギーからエレクトロニス産業まで
電気とは何か、電気を安全に無駄なく活用するためには、どうしたらよいか。これらを正しく理解するため、基礎から応用まで学ぶ。

電子情報工学科

ソフト（情報）とハード（電子）で創る学科です
コンピュータは私たちの生活に欠かせない存在。「電子」「情報」「通信」「制御」の知識と技術をバランス良く学ぶ。

生物応用化学科

工業化学とバイオテクノロジーを学ぶ2コース制
私たちの生活を支えている物質を化学的な方法や生物の持つ能力や性質を利用する方法で作り出す知識や技術を学ぶ。

材料工学科

多種多様な材料の知識を駆使して技術革新
「水や空気をきれいにしたい」「クリーンなエネルギーを創る」多種多様な材料の性質や用途、設計生産法や分析法が学べる。

CLUB & CIRCLE

陸上競技部、バドミントン部、硬式野球部、ソフトテニス部、テニス部、バスケットボール部、W・V部、柔道部、剣道部、男子バレーボール部、女子バレーボール部、弓道部、卓球部、空手道部、ハンドボール部、サッカー部、水泳部、ラグビー部、音楽部、ESS、写真部、美術部、文芸部、囲碁将棋部、茶道部、アコースティックギター部

PROJECT
ロボコン、プロコン、エコカー、デザコン、GCON

放課後、授業で学んだ知識を応用して、実際に「ものづくり」を行う。各コンテストや競技会に参加して、好成績を収めている。

CALENDAR

あなたの「夢」を叶えます！

- **4月**　■入学式　■新入生研修
- **5月**　■三重県高校総合体育大会
- **6月**　■前期中間試験
- **7月**　■東海地区高専体育大会　■Ene-1 SUZUKA Challenge
- **8月**　■前期末試験　■夏季休業　■全国高専体育大会　■学校説明会
- **9月**　■オープンキャンパス　■夏季休業　■Hondaエコマイレッジ全国大会
- **10月**　■高専ロボコン東海北陸地区大会　■体育祭　■全国高専プロコン　■高専祭　高専祭にて入試説明会
- **11月**　■全国高専デザコン　■全国高専ロボコン　■後期中間試験
- **12月**　■冬季休業
- **1月**　■技術英語検定　■入学者選抜（推薦）
- **2月**　■学年末試験　■学年末休業　■入学者選抜（学力）
- **3月**　■学年末休業　■卒業式

45

私立 鈴鹿高等学校
Suzuka High School

鈴鹿市庄野町1260　059-378-0307　http://suzukakyoei.ed.jp/suzukah/

近鉄「平田町」駅、JR「加佐登」駅

制服／3学期制／男女比率5:5／冷暖房／始業時刻8:40／JR加佐登駅から徒歩約15分／近鉄平田町駅から徒歩約18分／アルバイト※条件付許可制

{卒業著名人}
有沙瞳（宝塚歌劇団）
豊田清（埼玉西武ライオンズ一軍投手コーチ）

特進コース	30人（R6年度募集）
探究コース	90人（R6年度募集）
総合コース	210人（R6年度募集）

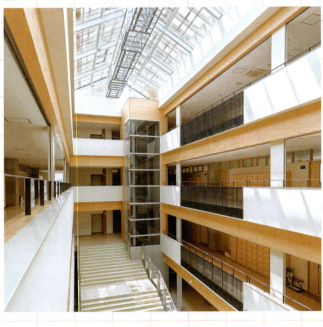

【入試情報】
出願期間：令和5年12月1日(金)〜25日(月)予定

書類・面接重視

推薦入試（一般推薦）（クラブ推薦）（奨学生推薦）　／　**自己推薦入試**

- 1/20(土)：
  - 推薦：書類選考（調査書）
  - 自己推薦：書類選考（調査書・活動記録シート）・面接
- 1/22(月)：書類・面接選考の結果通知（合格発表ではありません）
- 1/27(土)：5教科マーク試験受験（一般入試と同一問題）
- 1/31(水)：合否結果発表

一般入試
- 試験日：令和6年1月27日(土)
- 試験科目：国語・数学・社会・英語・理科　マークシート方式各教科45分　※英語はリスニング無
- 合格発表：令和6年1月31日(水)

【コース併願制度】 受験したコースの合格点に満たなかった場合、合格点に達しているコースで合格する制度。特進→探究→総合 でスライドします。

【コース選択】 合格したコースから変更が可能。合格者登校日3/20(水・祝)に希望コースを最終申告。

情報メディア教育センター
Educational Media Center (EMC)

およそ2,012㎡の図書館併設型の空間に、生徒の知的探究心を育むためにさまざまな教育設備を配置し、自ら主体的に考え、学び、実践し、そして成長を遂げる場にするための自主学習空間です。

コンビニ併設イートインコーナー

新たなICT教育を展開
遠隔授業体制を確立し、HR活動・面談・クラブミーティングなど、新たなICT教育を展開。電子黒板8機を備えた「プレゼンテーション空間」を新設。全館にWi-Fiを設置し、課題の配信や提出などもICT機器を活用。

総合コースで「幼児教育系」を目指す生徒のためにピアノルームを設置。

特進コース
目標を実現する進路・学習指導／社会で活躍できる人材の養成 （3年間 7限授業）

目標を実現する進路・学習指導
2022年度卒業生（1期生）33人中15人が国公立大学に合格
定員30人という規模を活かした丁寧な指導
分からないことは分かるように、出来ないことは出来るように成長できる！

3つの教育コンセプト
- 「知恵を絞る」…社会の変化に対応するために自ら考え、自らの答えを出す生徒を育成
- 「他者との共生・協働」…他者を思いやり、多様な社会の中での自分という考えを大切にする
- 「大変・失敗の経験」…成功裏の数多くの試行錯誤を経験し、体と心に残る教育活動を展開

探究コース
探究活動で、社会で必要とされる「思考力」「判断力」「主体性」「多様性」「協働性」を育成 （3年間 7限授業）

生徒の進路希望に応じたカリキュラム編成
1年次は文理共通、2年次に文系・理系、3年次は5教科型とF型（3〜4教科型）で編成

学校設定科目「論理コミュニケーション」
論理的思考力、表現力を強化しコミュニケーション能力を向上させる

探究活動
課題発見から課題解決する間にある壁をクリアしていく活動
- BP（ビジネスプラン）…課題について、ビジネス（社会活動）によって解決を目指す
- SR（科学研究）…課題について、データに基づいた実験・調査によって考察

総合コース
高い専願立！高いクラブ加入率！／幅広い進路が実現可能な活気に満ちたコース （3年間 6限授業）

1年次は、全生徒共通のカリキュラム
2年次より下記に分かれて学習
- ■看護・医療系（数多くの実習、医療公民などの専門教科が学べます）
- ■幼児教育系（大学と連携した保育の講義。3年間学べる芸術の授業）
- ■総合進学系（2年次より文系、理系に分かれてそれぞれの進路を実現）
⇒4年制大学、短大、専門学校、就職など幅広い進路希望に対応します。
※看護・医療、保育などの資格は進学後に取得することとなります。

CLUB & CIRCLE

【運動部】剣道、硬式野球、陸上、硬式テニス、柔道、サッカー、山岳スキー、女子ソフトボール、バスケットボール、ラグビー、ソフトテニス、軟式野球、バレーボール、ストリートダンス、バドミントンサークル
【文化部】写真、放送、太鼓、書道、吹奏楽、くお〜れ（ボランティア・インターアクト）、情報処理、自然科学、文芸、イラストデザイン、美術、茶華道、合唱

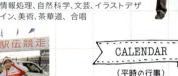

2022 全国女子駅伝競走大会初出場！（三重県代表）
2023 全国高校総体出場！

2022 全国高校総体個人準優勝！
2023 全国高校総体出場！

多くのクラブが県上位
東海、全国大会に進出しています

CALENDAR （平時の行事）
多彩な行事の多くは生徒が企画・運営

- 4月：■入学式／■新入生オリエンテーション／■校外研修
- 5月：■1学期中間試験
- 6月：■クラスマッチ（3年）
- 7月：■1学期期末試験／■夏期講座
- 8月：■夏期講座
- 9月：■競技会
- 10月：■2学期中間試験／■文化祭
- 11月：■研修旅行
- 12月：■2学期期末試験／■冬期講座
- 1月：
- 2月：■スキー研修（総合コース）
- 3月：■卒業式／■学年末試験／■クラスマッチ（1・2年）

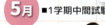

Takada High School
[私立] 高田高等学校

津市一身田町2843 　059-232-2004 　www.mie-takada-hj.ed.jp 　JR「一身田」駅、近鉄「高田本山」駅、三交バス「高田高校前」

 制服 3学期制 8:50 始業時刻 男女比率 5/5 冷暖房 徒歩約5分 JR一身田から

募集定員 560人 内部進学者含む 6年度募集

教育方針
真宗高田派の宗門立学校として、仏教教育によって豊かな人間性を育み、規律のある行動力の育成と学力の充実練磨につとめ、広い視野から社会に貢献できる人材の育成をめざします。

Instagram
TAKADAKOUKOU

TAKADA OPEN SCHOOL
ともに未来を描こう！

2023 個別見学会

回	日程	申込期間
第1回	10/21(土)	10/6(金)9:00〜10/12(木)
第2回	11/4(土)	10/20(金)9:00〜10/26(木)
第3回	11/18(土)	11/2(木)9:00〜11/8(水)

内容は各日程共通
QRコードからもアクセスできます

定員 各日程200名 ※会場の都合上、保護者の方は1名様まででお願いします。
申込方法 Webにて申し込み
高田中・高等学校Webページアドレス https://www.mie-takada-hj.ed.jp/hj4/
「Webページ」➡「受験生のみなさま」➡申込フォームへ必要事項・希望コース・見学したい部活動を入力してください。

※見学会開催の可否はホームページでご確認ください。
※申し込み期間内でも定員になり次第、終了とさせていただきます。

過去3年間の卒業後進路（3年制のみ）

国公立大学
	R3	R4	R5
弘前大学			1
山形大学		1	
茨城大学		2	
東京芸術大学			1
富山大学	1		
金沢大学			1
信州大学			1
静岡大学		1	2
愛知教育大学		1	
名古屋大学	1		1
名古屋工業大学		1	
三重大学	9	6	15
大阪大学		1	1
神戸大学			1
奈良教育大学		1	
和歌山大学	2		
鳥取大学	1		1
岡山大学			1
広島大学		1	
香川大学			1

国公立大学
	R3	R4	R5
九州大学	1		
宮崎大学			1
高崎経済大学	1		
富山県立大学		1	
福井県立大学			1
都留文科大学			1
公立諏訪東京理科大学	1	1	1
長野大学			1
静岡県立大学		1	
愛知県立大学			1
名古屋市立大学	2		
三重県立看護大学	1	2	2
京都府立大学		2	
奈良県立大学	1		
公立鳥取環境大学			1
岡山県立大学	1		
県立広島大学	1		1
山陽小野田市立山口東京理科大学			1
合計	22	25	36

私立大学
	R3	R4	R5
慶應義塾大学			1
芝浦工業大学			4
上智大学			2
東京理科大学	3		
明治大学	2		1
駒澤大学		3	
中央大学		2	1
日本大学		5	4
立教大学			1
早稲田大学			1
愛知大学	21	14	7
愛知学院大学	18	20	19
愛知工業大学	5	4	7
愛知淑徳大学	7	11	6
金城学院大学	2	9	6
椙山女学園大学	3	4	6
中京大学	24	34	15
中部大学	8	14	16
名古屋外国語大学	3	2	4
名古屋学院大学	23	22	26

私立大学
	R3	R4	R5
名古屋学芸大学	4		5
南山大学	1	7	10
藤田医科大学	3	1	
名城大学	14	11	23
皇學館大学	66	48	66
鈴鹿医療科学大学	58	53	56
四日市看護医療大学	7	6	15
京都産業大学	6	14	7
同志社大学	4	3	6
龍谷大学	7	22	8
立命館大学	11	10	9
大阪体育大学	5	2	3
関西学院大学	4		4
関西大学	3	6	5
関西外国語大学	1	6	10
近畿大学	13	18	24
甲南大学	4	1	2
その他	116	159	140
合計	446	511	520

短期大学
	R3	R4	R5
高田短期大学	43	40	29
三重短期大学	19	11	9
その他	14	5	8
合計	76	56	46

令和5年3月卒業生の進路先（のべ人数）

就職 10名
国公立大学 36名
専門学校 56名
短大 46名
私立大学 520名

コース編成

I類 進学クラス
四年制大学を始めとして、短期大学、専門学校など、幅広い進路を希望し、進学するコース

II類 進学クラス
国公立大学や私立大学などの高い進学目標に向けて、基礎はもちろん、応用力を養うコース

II類 特別選抜クラス
国公立大学への現役合格を目指して、特に数学、英語の力を伸ばし、実践力を養うコース

```
I類進学クラス ─1年生─ II類進学クラス ─1年生─ II類特別選抜クラス
```

入学後に目標とする進路が変わっても、I類進学クラスからII類進学クラスへ、II類進学クラスからII類特別選抜クラスへ、変更が可能です。 ※変更希望者の中から選抜されます。

```
I類進学クラス 文系・理系 ─2年生─ II類進学クラス 文系・理系 ─2年生─ II類特別選抜クラス 文系・理系
I類進学クラス 文系・理系 ─3年生─ II類進学クラス 文系・理系 ─3年生─ II類特別選抜クラス 文系・理系
```

| 四年制大学・短期大学 専門学校 | 国公立大学 私立大学 | 国公立大学 |

令和4年度実施 高大連携講座
- 三重大学（工・生物資源・医・人文・教育学部）
- 三重県立看護大学（看護学部）
- 名古屋市立大学（総合理工・経済・薬・人文社会学部）
- 皇學館大学（文学部）
- 豊田工業大学（工学部）
- 大阪体育大学（スポーツ科学部）
- 高田短期大学（子ども学科 オフィスワーク・介護福祉コース）

「知識・技能」「思考力・判断力・表現力」「主体的に学習に取り組む態度」を養成

タブレットを活用した教育活動
デジタル教科書とデジタル副教材、各教科アプリケーションを使用し、学校で貸与するタブレットを活用した授業や課題の配信及び回収を行い、自宅での自学自習も助けます。また、教育用アプリケーションを利用して学習の振り返りを行ったり、学校行事や部活動における活動履歴を蓄積したり、日常のツールとしても活用しています。

総合的な探究の時間
本校独自のプログラムで、世界と社会を変えるために「知る」「考える」「行動する」ことをテーマとし、3年間を通した活動を行います。

- 社会問題を身近にとらえる
- 世界と社会を変えるという視点で見る
- 探究課題を見つける
- 物事を客観的かつ科学的に見る
- 問題・テーマを決定し、目標を設定する
- 計画を立て、調査・活動を行う
- 世界と社会を変えることを目指し、提案や企画書を作成する
- 未来の社会と繋げてまとめ、表現する
- 個人から外の世界に向かって発信する

1年次「知る」 → 2年次「考える」 → 3年次「行動する」

英語教育の充実 「読む・聞く・書く・話す」4技能を養成
- 5人のネイティブによる英会話指導
- 「スタディサプリ ENGLISH」導入
- イングリッシュフェスティバル
- 英検資格取得人数
  - 準1級取得　2年1名
  - 2級取得　2年21名・1年7名
  - 準2級取得　2年111名・1年56名

隔週（第1・第3・第5）土曜授業の実施
土曜日に授業を行うことで、授業時間を確保しています。授業日の放課後を有効活用できます。

CLUB & CIRCLE

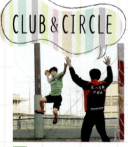

運動部の主な成績

【三重県高等学校強化指定運動部】馬術部（男女） とちぎ国体 少年二段階障害飛越競技2位、少年リレー競技5位、少年ダービー競技4位、全日本高校生自馬選手権大会 7年連続団体総合優勝

【全国大会】卓球部（男子） 世界ユース卓球選手権大会 団体ベスト8、アジアジュニア選手権大会 団体2位、シングルスベスト16／**卓球部（女子）** 国民体育大会5位

【全国総体】柔道部（女子） 個人5位／**なぎなた部**／**卓球部（男子）**／**新体操部（男子）** 出場

【全国選抜大会】なぎなた部／卓球部（女子） 出場

【東海総体】なぎなた部 個人・団体総合優勝／**柔道部（女子）** 個人3位／**陸上競技部（男女）**／**新体操部（男子）**／**剣道部（男子）**／**柔道部（男子）**／**軟式野球部**

【東海大会】馬術部 東海馬術王座決定戦 団体優勝、個人馬場優勝／**バレーボール部（女子）** 東海選抜大会 Bグループ3位／**陸上競技部（男子）** 東海選手権大会 1500m7位、東海駅伝競走大会 8位／**軟式野球部** 全国選手権東海地区大会 ベスト4

【三重県高校総体】新体操部（男子） 個人総合優勝、3位、4位／**サッカー部（女子）** 3位／**バドミントン部** 男子団体5位、女子団体3位／**剣道部** 男子団体5位、女子団体3位、男子個人3位／**柔道部** 男子団体3位、男子個人準優勝、女子団体3位、女子個人優勝／**卓球部** 男子シングルス1位、ダブルス2位、学校対抗2位／**陸上競技部** 男子 800m3位、1500m3位・6位、400mH準優勝、4×400mR5位、女子 5000m競歩3位／**軟式野球部** 優勝

文化部の主な成績

書道部 国際高校生美術展書道部門 奨秀賞、全日本高校・大学生書道展 優秀賞、全国書道展 準大賞、日本学書展 特選、全国書道展覧会 文部科学大臣賞
科学部電気班 宇宙エレベーターロボット競技会 出場、FLL Challenge 出場
文芸部 全国高校文芸コンクール 詩部門・短歌部門 最優秀賞、短歌甲子園 団体優勝
放送部 NHK杯全国高校放送コンテスト テレビドキュメント部門準優勝
クイズ研究部 ニュース博識甲子園春の選抜大会 準優勝
【全国高文祭】将棋部（男女）／文芸部／放送部／囲碁同好会 出場

多彩な部活動　44団体

【運動部】 卓球、馬術、新体操男子、硬式テニス、柔道、ソフトテニス、なぎなた、バドミントン、バレーボール、ハンドボール、陸上競技、剣道、硬式野球男子、軟式野球、サッカー、ソフトボール女子、バスケットボール、バトン、クリケット

【文化部】 吹奏楽、書道、演劇、箏曲、将棋、文芸、放送、英語、応援、音楽、数研、茶道、写真、生花、地歴、天文、俳句、美術、家庭、科学（生物）（化学）（電気）、仏青インターアクト、漫画アニメ、フレンドシップ、鉄道同好会、囲碁同好会、クイズ研究会

CALENDAR

- **4月** ■入学式 ■校外学習
- **5月** ■1学期中間考査 ■宗祖降誕会
- **6月** ■体育祭 ■花まつり ■芸術鑑賞
- **7月** ■1学期期末考査 ■クラスマッチ ■イギリス語学研修（〜8月）※令和6年度再開予定
- **8月** ■夏季セミナー ■高大連携講座
- **9月** ■文化祭 ■追弔会 ■オーストラリア交換留学（来日）※令和6年度再開予定
- **10月** ■校外学習 ■校外宿泊学習 ■2学期中間考査
- **11月**
- **12月** ■2学期期末考査
- **1月** ■報恩講
- **2月** ■主権者教育講演会
- **3月** ■卒業証書授与式 ■学年末考査 ■クラスマッチ ■オーストラリア交換留学（訪豪）

私立 近畿大学工業高等専門学校
Kindai University Technical College

名張市春日丘7番町1番地　0595-41-0111　www.ktc.ac.jp　近鉄「名張」駅、三交バス「近大高専前」

中学校卒業後入学する5年制の高等教育機関

【近大高専の一貫教育システムとは】
全員が総合システム工学科に入学し、1・2年次で工学基礎共通科目や実験・実習、一般科目を履修。3年次に専門コースを選択し、卒業まで各専門分野を学びます。

3年次で専門コースを選択

機械システムコース｜電気電子コース｜制御情報コース｜都市環境コース（土木・建築系）

制服｜2学期制｜始業時刻 8:50｜冷暖房｜駅からバスで約8分

ここでみつける「自分らしさ」

Winter / Summer

過去5年間の卒業後進路

【国公立大学】筑波／三重／岐阜／和歌山／豊橋技科大／長岡技科大／福井／佐賀／京都工芸繊維／名古屋／岡山／富山／奈良高専専攻科／鈴鹿高専専攻科

【近畿大学】理工学部／建築学部／生物理工学部／通信教育学部／近大高専専攻科

【私立大学】立命館／東京電機／京都美術工芸／名古屋国際専門職／関西／名城／神奈川工科／早稲田

【就職先】サントリーホールディングス㈱／パナソニック㈱／㈱JALエンジニアリング／東海旅客鉄道㈱／住友ゴム工業㈱／アイリスオーヤマ㈱／ダイキン工業㈱／本田技研工業㈱／コクヨ㈱／富士電機㈱／関西電力㈱／大阪ガス㈱／㈱日立ビルシステム／京セラ／キヤノン㈱／三菱電機システムサービス㈱／出光興産㈱／富士通㈱／ENEOS㈱／西日本旅客鉄道㈱／㈱熊谷組／名張市役所　など

CLUB & CIRCLE

【体育系】
柔道部、ソフトテニス部、陸上競技部、バスケットボール部、サッカー部、硬式テニス部、野球部（高専・大学）、野球部（高校）、バドミントン部、剣道部、バレーボール部、卓球部、空手道部、山岳部（スポーツクライミング）

【文化系】
吹奏楽部、ESS部、イラスト部、日本文化研究部、プログラミング技術部、エコラン、ソーラーカー、園芸同好会、モータースポーツ部、サイエンス気象部、ロボット技術部、軽音楽部

【ボランティア活動】
ボランティアグループ good job

CALENDAR

4月
- 入学式
- 新入生オリエンテーション
- 前期始業式／対面式クラブ紹介
- 身体測定

5月
- 寮避難訓練
- 内科検診
- 寮生親睦会

6月
- 近畿地区高専体育大会
- 前期中間考査
- 歯科検診
- Kutc No.1グランプリ

7月
- 夏期休暇
- 夏期補講
- 第1回オープンキャンパス

8月
- 全国高専体育大会
- 全国体育総体

9月
- 前期期末考査

10月
- 後期始業式
- 第2回オープンキャンパス
- 高専名張祭
- 高専ロボコン近畿大会

11月
- 創立記念日
- 高専ロボコン全国大会
- 高専デザコン大会
- 4年生工場見学
- 第3回オープンキャンパス

12月
- 第4回オープンキャンパス
- 後期中間考査
- 冬期休暇

1月
- 5年生後期考査
- 全国高専英語プレゼンテーションコンテスト

2月
- 後期期末考査
- 卒業研究発表会

3月
- 卒業証書授与式

Saint Joseph Joshi Gakuen
[私立] セントヨゼフ女子学園高等学校

津市半田1330　059-227-6465　sjjg.ac.jp　近鉄「津新町」駅からスクールバス、JR「阿漕」駅

SAC（スーパーアドバンスコース）
発展的な学習により、思考力・判断力・表現力や課題に向かって主体的に学ぶ力を身につけるコースです。国際感覚を身につけて、しなやかなリーダーシップを発揮し、国際社会で活躍できる女性を育てます。

AC（アドバンスコース）
じっくりこつこつ学ぶことで、学力の3要素の土台となる「知識・技能」を培い学ぶ姿勢を育てるコース。本校での日常生活や様々な体験学習を通して、主体的に学ぶ姿勢や自らを社会のなかで役立てようとする精神を育てます。

 制服　 2学期制　 始業時刻 9:00
 男女比率 0/10　 冷暖房　 スクールバスで駅から約10分
 携帯電話

三重県内で唯一の女子校

Summer　Winter

卒業著名人
萩美香（2007年度ミス日本グランプリ）、本田恵美（元アナウンサー）

過去3年間の卒業後進路
↓令和5年3月卒業生

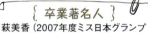

専門学校 8.5%　その他 1.4%　四年制大学 87.3%

【国公立大学】
東北／金沢／筑波／名古屋／三重／奈良女子／広島／静岡文化芸術／愛知県立／愛知県立芸術／岐阜薬科／三重県立看護／京都府立／大阪公立／徳島

【私立大学】
青山学院／駒澤／上智／中央／東京女子／東京理科／日本／法政／立教／早稲田／愛知／愛知医科／愛知学院／愛知淑徳／金城学院／椙山女学園／名古屋外国語／南山／藤田医科／名城／皇學館／鈴鹿医療科学／四日市看護医療／京都産業／京都女子／京都薬科／同志社／同志社女子／龍谷／立命館／大阪薬科／関西／近畿／関西学院／甲南／神戸薬科

CLUB & CIRCLE

【宗教奉仕部】
YMG、ハンドベル

【文化部】
茶道、合唱、G・C・U、美術、書道、ギターマンドリン、箏、料理

【運動部】
バレーボール、バスケットボール、陸上、バドミントン、ソフトボール、テニス

CALENDAR

4月
- 入学式
- 遠足
- 宿泊研修（高1）
- 担任面談

5月
- 定期試験（高3）
- マリア祭
- 修養会

6月
- ヨゼフィンピック
- 授業参観
- 研修旅行（高2）

7月
- 定期試験
- 三者面談
- 夏期課外講座

8月

9月
- 担任面談
- ヨゼフ祭

10月
- 定期試験
- ウォーカソン
- 芸術鑑賞

11月
- 追悼ミサ
- 授業参観

12月
- 定期試験
- クリスマスキャロル合唱コンクール
- クリスマスページェント
- 三者面談

1月
- 学園会役員選挙
- ターム留学出発

2月
- 定期試験

3月
- 高校卒業式
- 聖ヨゼフの日のミサ
- 海外研修

Aoyama High School
[私立] 青山高等学校

津市白山町八対野2739　059-262-4321　aoyama-h.ed.jp/　近鉄大阪線「榊原温泉口」駅

中部

特進Sコース
国公立大学を目指すコース。ゼミや個別指導を含めて学習指導をします。将来、グローバルな舞台で活躍するために、必要な英語力が身につきます。

特進コース
慶應・関関同立などの難関大学を目指すコース。ゼミや個別指導を含めて学習指導を行います。早い時期から全国模試などにも挑戦し、実力を養います。

進学コース
幅広い大学入試のスタイルに対応したカリキュラムで、受験に必要な学力が培われます。小論文や面接対策を行い、英検・漢検などの資格試験対策にも力を入れます。

制服	3学期制	8:40 始業時刻
男女比 2:1	冷暖房	自動車 約15分 駅から

携帯電話　学校指定のiPhoneのみ可
※寮生のみ募集

16年連続 Nコンの三重県代表校

Summer / Winter

過去3年間の卒業後進路
↓令和5年3月卒業生

【国公立大学】
千葉／信州／金沢／富山／岐阜／三重／名古屋工業／大阪教育／岡山／鳥取／徳島／高知／宮崎／都留文科／奈良女子／下関市立

【私立大学】
早稲田／上智／日本／専修／成蹊／藤田医科／明治／亜細亜／神奈川／千葉工業／芝浦工業／東北芸術工科／金沢工業／獨協／帝京／東海／名城／豊田工業／愛知／愛知学院／愛知淑徳／愛知工業／名古屋外国語／中京／中部／金城学院／皇學館／関西／関西学院／同志社／立命館／京都産業／近畿／龍谷／甲南／大阪芸術　ほか

大学 56名／専門学校 10名／就職 9名／その他 8名

CLUB & CIRCLE

【体育系】サッカー、テニス(硬式)、柔道、硬式野球、卓球、バスケットボール、弓道、ダンス
【文化系】美術、放送、和太鼓、吹奏楽、書道
【サークル】ミュージックアカデミー、フラワーアレンジメント、軽音楽、サイエンス、まんが、バレーボール、陸上、ゴルフ、自転車競技

16年連続 NHK杯全国高校放送コンテスト 三重県代表

CALENDAR

4月
- 入学式
- 新入生歓迎会
- 遠足
- ルーキーステージ

5月
- 中間考査
- 進路ガイダンス
- リーダー研修

6月
- 夏の文化祭(青山祭)
- 漢字、英語検定
- 大学見学ツアー
- キャリア研修
- スポーツ大会

7月
- サマーフェスティバル
- 期末考査
- 数学検定
- プレゼン研修

8月
- 夏休み
- 校外リーダー研修

9月
- キャリア研修
- グローバル探究　研究発表会
- 英語検定
- 海外研修旅行

10月
- 中間考査
- 漢字、文章検定
- リーダー研修
- 秋の文化祭(楓フェスティバル)

11月
- 進路ガイダンス
- リーダー研修
- 数学、文章検定

12月
- クリスマス会
- スポーツ大会
- 期末考査

1月
- 三送会
- 卒業考査
- 英語、文章検定
- リーダー研修

2月
- 漢字、数学検定
- 公開授業
- 学年末考査

3月
- 卒業式
- 進路ガイダンス
- 春の文化祭(迎春祭)
- グローバル探究　研究発表会

Sakuragaoka High School
[私立] 桜丘高等学校

伊賀市下神戸2756　0595-38-1201　sakura-gaoka.ed.jp/　近鉄大阪線「青山町」駅

普通科
勉強だけに片寄りがちな日本の進学教育において、学校行事を通じての人間育成と勉強を通じての知力育成の両面から教育を行っている。年間5回以上の文化祭行事を企画し、すべての行事で舞台に立ったり、裏方として働いたりする事で、自分の能力・適性を知り、まだ見ぬ個性を発見してもらいます。さらに行事の実行委員として活動することで、コミュニケーション力・企画力・実行力・分析力・責任力を高められます。

制服／3学期制／始業時刻8:35／男女比率6:4／冷暖房／駅からスクールバスで約5分／携帯電話／アルバイト

多種多様なクラブあり　多彩な活動が行える

過去3年間の卒業後進路
【国公立大学】
東京／京都／大阪／名古屋／徳島／国際教養／筑波／東京都立／東京農工／東京海洋／名古屋工業／宇都宮／新潟／三重／京都教育／富山／山口／高崎経済／福井県立／名古屋市立／神戸市立外国語

【準大学】
防衛医科大学校／防衛大学校

【私立大学】
慶應義塾／早稲田／国際基督教／同志社／立命館／関西学院／関西／東京理科／明治／青山学院／上智／立教／中央／法政／南山

【医学部系】
愛知医科／金沢医科／大阪医科薬科／兵庫医科／近畿

CLUB & CIRCLE

【体育系】
野球、ゴルフ、サッカー、テニス、バスケットボール、卓球、剣道、陸上

【文化系】
放送、クイズ研究、バイオサイエンス、ロボット・アプリ研究、合唱、ハンドベル、園芸、吹奏楽、美術、陶芸、英会話、写真、ダンスサークル

☆放送部☆
NHK杯全国高校放送コンテスト
全国大会出場！

CALENDAR

- 4月　■入学式　■新入生歓迎遠足
- 5月　■生徒会選挙
- 6月　■体育祭
- 7月
- 8月
- 9月　■海外研修旅行
- 10月
- 11月　■桜丘祭　■生徒会選挙
- 12月　■クリスマス会
- 1月　■マラソン大会
- 2月
- 3月　■卒業式

53

私立 愛農学園農業高等学校
Aino Gakuen Agricultural High School

伊賀市別府690　0595-52-0327　www.ainogakuen.ed.jp　近鉄「青山町」駅

農業科
敷地内に、水田や畑、果樹園、牛舎、養豚場、養鶏場、演習林などがあり、全国の農業高校の中でもひときわ豊かなフィールドを備えている。「持続可能な農業」を教育の柱にしており、家畜の糞尿は堆肥として利用し、畑等には化学的な肥料や化学農薬は一切使用しない。

二年生からは部門を選択し、実習や農場当番を通して、専門的に農業を学ぶ。卒業後には一年間農家に住み込んで農業実習を行う専攻科も選択できる。

- 制服
- 単位制
- 学期制 3
- 始業時刻 8:20
- 男女比率 4/6
- 青山町駅から徒歩約15分
- アルバイト：近隣農家より依頼あった場合、研修を兼ねてやむを得ない場合届出制

当番制で毎日朝夕農場の世話

過去3年間の卒業後進路
【大学】国際基督教／酪農学園／日本社会事業／明治国際医療／名古屋文理

【大学校】三重県農業大学校／愛知県立農業大学校／なら食と農の魅力創造国際大学校／岐阜県立国際園芸アカデミー／東京バイオテクノロジー専門学校／岐阜県立森林文化アカデミー／大分県立竹工芸訓練センター

↓令和5年3月
- 大学 2名
- 専門学校 4名
- 就職 2名
- 専攻科 3名
- 研修 10名

CLUB & CIRCLE
【運動部】ラグビー部、バドミントン部
【文化部】軽音部、合唱部
【同好会】調理、サッカー、バスケット、野球 他

1学年1クラス25人。全国から集まった生徒全員が、男子寮と女子寮に分かれて生活を送る。教職員も同じキャンパスで共に生活。

2023・2022 体育系部活動実績 Part 4

2023年、2022年の三重県高等学校総合体育大会（高校総体）上位入賞校（団体競技）を紹介。
※データの無い所は「―」となっています。

男子バドミントン
2023年度 県大会	学校名	2022年度 県大会	学校名
1	伊勢工業	1	伊勢工業
2	暁	2	暁
3	皇學館	3	皇學館

女子バドミントン
2023年度 県大会	学校名	2022年度 県大会	学校名
1	皇學館	1	皇學館
2	暁	2	暁
3	伊勢	3	伊勢

男子剣道
2023年度 県大会	学校名	2022年度 県大会	学校名
1	鈴鹿	1	三重
2	三重	2	白子
3	四日市工業／津西	3	桑名

女子剣道
2023年度 県大会	学校名	2022年度 県大会	学校名
1	鈴鹿	1	鈴鹿
2	三重	2	三重
3	四日市工業／いなべ総合学園	3	高田

男子器械体操
2023年度 県大会	学校名	2022年度 県大会	学校名
1	暁	1	暁
2	いなべ総合学園	2	いなべ総合学園
3	木本	3	木本

女子器械体操
2023年度 県大会	学校名	2022年度 県大会	学校名
1	暁	1	暁
2	久居	2	久居
3	いなべ総合学園	3	木本

男子新体操
2023年度 県大会	学校名
1	高田

女子新体操
2023年度 県大会	学校名
1	津東
2	四日市メリノール
3	名張

Kambe High School
県立 神戸高等学校

鈴鹿市神戸四丁目1番80号　059-382-0071　www.kambe.ed.jp　近鉄「鈴鹿市」駅

 制服　 単位制　 2学期制

 始業時刻 8:40　 男女比率 4/6　 鈴鹿市駅から徒歩約8分

理数科
2クラス編成で、国公立大学を目指すための特別進学クラス。英語・数学は、習熟度別少人数の授業を実施。2年次から理系と文系にクラスが分かれるが、各自が科目を選択でき、3年次から理系・文系に分かれて学習をすすめる。入学早々に、宿泊研修や名古屋大学などのオープンキャンパスに参加。課題研究など理数科独自の行事が多数。

普通科
6クラス編成。四年制大学への進学を目指す。2年次より、文系・理系に分かれて学習。3年次より、進路希望に応じて必要な科目を選択。国公立文系・理系、私立文系・理系いずれにも対応できる。英語と数学で、少人数や習熟度別授業を導入。学習意欲や学習内容の定着度を高め、きめ細かい指導を行っている。

「自らを知り、自分の目標に向かって挑戦しつづける生徒」の育成

卒業著名人
北川正恭（政治学者）、中村晋也（彫刻家）、伊藤清（数学者）

修学旅行
時期▶2年生：10月
行き先▶九州北部（2022・2023）

↓令和5年3月
- 大学 255名（国立45名／公立20名／私立190名）
- 短大 16名
- 専門学校 17名
- 就職 2名
- その他 2名
- 待機者 15名

夏服はオーバーブラウスも選択可能！

過去3年間の卒業後進路
【国立】三重／愛知教育／名古屋／名古屋工業／岐阜／静岡／山形／筑波／一橋／信州／富山／金沢／福井／滋賀／京都／大阪教育／神戸／岡山／広島／鳥取／山口／香川／愛媛／高知など
【公立】三重県立看護／愛知県立／名古屋市立／静岡県立／高崎経済／東京都立／都留文科／諏訪東京理科／富山県立／滋賀県立／大阪公立／神戸市外国語／県立広島／広島市立／鳥取環境／高知工科など
【私立】南山／愛知／名城／中京／愛知学院／中部／名古屋外国語／愛知淑徳／金城学院／椙山女学園／愛知工業／大同／東海／東海学園／名古屋学芸／藤田医科／皇學館／鈴鹿医療科学／四日市看護医療／早稲田／東京理科／中央／法政／日本／東洋／駒澤／専修／関西／関西学院／同志社／立命館／京都産業／近畿／甲南／龍谷など
【短期大学】三重／名古屋／高田など
【専門学校】国立三重中央医療センター看護／三重県立公衆衛生／四日市医師会看護など

CLUB & CIRCLE
【運動部】
陸上競技、硬式野球、サッカー、ソフトボール、バレーボール、卓球、ソフトテニス、水泳、バスケットボール、山岳、剣道、柔道、バドミントン

【文化部】
書道、茶道、美術、手芸調理、写真、箏曲、合唱、ESS、総合科学、ボランティア、漫画研究、演劇、吹奏楽

「自らを知り、自分の目標に向かって挑戦しつづける生徒を育てます」
神戸高校では、どのような状況においても輝くことができる生徒を育てることをめざしています。そのためには、自分自身をよく知り、自らの目標を見極めることがとても重要であると考えています。神戸高校には、みなさんが「自分のがんばりたいこと」を見つけ、その夢や目標に向かって、主体的に挑戦できる環境が整っています。自らの夢の実現や目標の達成のために仲間と切磋琢磨し、自分自身の可能性を信じ、充実した3年間を過ごしてもらうことを願っています。

CALENDAR
- 4月 ■始業式 ■入学式
- 5月 ■中間テスト
- 6月 ■体育祭
- 7月 ■中間テスト ■クラスマッチ
- 9月 ■文化祭 ■期末テスト
- 10月 ■遠足（1年：京都、3年：USJ）■修学旅行
- 12月 ■中間テスト
- 2月 ■マラソン大会
- 3月 ■クラスマッチ ■学年末テスト ■卒業証書授与式 ■終業式 ■理数科宿泊研修

過去2年間の倍率

普通科

年度	入学定員	前期 募集	志願	合格	倍率	後期 募集	受検	合格	倍率
R5年度	200	—	—	—	—	200	157	200	0.79
R4年度	240	—	—	—	—	240	169	240	0.70

● 後期：学力検査（5教科）、調査書

理数科

年度	入学定員	前期 募集	志願	合格	倍率	後期 募集	受検	合格	倍率
R5年度	80	40	117	40	2.93	40	131	40	3.28
R4年度	80	40	114	40	2.85	40	147	40	3.68

● 前期：集団面接（30分程度）、学力検査（英語・数学）、調査書
　後期：学力検査（5教科）、調査書

Iino High School

[県立] 飯野高等学校

鈴鹿市三日市町字東新田場1695　059-383-3011　http://www.mie-c.ed.jp/hiino/　近鉄「平田町」駅

制服　単位制　3学期制

始業時刻 8:40　男女比率 3/7　平田町駅から徒歩約20分

応用デザイン科
1年次で美術とデザインの基礎学習をした後、2年次から「ビジュアルデザイン」「服飾デザイン」「美術（油彩画・日本画・彫刻）」のコースに分かれ、専門的な学習を行う。各学年で素描（デッサン）力を育成。1、2年次の作品展をはじめ、3年間の総まとめとして卒業制作展を開催する。

英語コミュニケーション科
卒業までに、「英検2級・準1級以上の取得」「英語を使ってスピーチ、プレゼンテーションができる」「卒業後も自ら英語学習ができる」を目標とする。5領域〔読む・聞く・話す（やり取り、発表）・書く〕をバランスよく学習し、スピーチやプレゼンテーションをすることで、英語で表現する力を身につける。ＡＬＴが2名常駐。

応用デザイン、英語コミュニケーション　あなたの「好き」を伸ばそう

女子スラックスはサマーベストと合わせると可愛い♡

↓令和5年3月
- 大学 33名（国立1名、公立1名、私立31名）
- 短大 8名
- 専門学校 44名
- 就職 28名（県内26名、県外2名）
- 待機者 3名
- その他 26名

過去3年間の卒業後進路

【大学】
筑波／東京藝術／長岡造形／愛知県立芸術／愛知県立／叡啓／京都外国語／金城学院／皇學館／鈴鹿医療科学／鈴鹿／東海学園／名古屋外国語／愛知／名古屋学院／名古屋経済／名古屋商科／広島市立／金沢美術工芸／大阪芸術／京都精華／京都芸術／多摩美術／名古屋芸術／名古屋造形／愛知学院／愛知文教／帝塚山／奈良／日本／文化学園／四日市／嵯峨美術 ほか

【短期大学】
三重／名古屋／名古屋文化／鈴鹿大学／高田／奈良芸術／ユマニテク／京都外国語／嵯峨美術／至学館／女子美術／創価女子／愛知学泉／愛知文教女子 ほか

【専門学校】
あいち造形デザイン／旭美容／上田安子服飾／名古屋ウェディング・ブライダル／名古屋外語・ホテル・ブライダル／トライデントデザイン／名古屋デザイナー学院／日本デザイナー学院／三重県農業大学校／日産愛知自動車大学校／ミエヘアーアーティストアカデミー／HAL名古屋校／名古屋辻学園調理／名古屋スクールオブミュージック＆ダンス／ユマニテク看護助産 ほか

【就職】
エクセディ／カメヤマ／本田技研工業／シキボウ／ホンダカーズ三重／日商／ニプロファーマ／わたせい／都ホテル四日市／ウエキコーポレーション／ベストロジ三重／エースパック／村瀬病院／キオクシア／三扇／太田工業／オークワ／三重執鬼／タチエス ほか

過去2年間の倍率

応用デザイン科
年度	入学定員	前期募集	志願	合格	倍率	後期募集	受検	合格	倍率
R5年度	80	80	98	80	1.23	—			
R4年度	80	80	102	80	1.28	—			

● 前期：集団面接、実技試験、学力検査（国語・英語）、調査書

英語コミュニケーション科
年度	入学定員	前期募集	志願	合格	倍率	後期募集	受検	合格	倍率
R5年度	80	40	70	44	1.75	36	32	32	0.89
R4年度	80	40	90	44	2.25	36	44	36	1.22

● 前期：個人面接（日本語と英語による面接、10分程度）、学力検査（英語）、調査書
　後期：面接、学力検査（5教科）、調査書

【応用デザイン科】
国公立や有名私立美大進学を、英語等の一般教科とあわせて積極的にバックアップ

【英語コミュニケーション科】
様々な国の生徒が集まり、英語力・スピーチ力を身につけて、自己表現と進路実現に繋げる

CLUB & CIRCLE

【運動系】
新体操、ソフトテニス、バスケットボール、バドミントン

【文化クラブ】
ESS、園芸、演劇、軽音楽、写真、吹奏楽、調理、美術、ボランティア、OMC、自然科学、茶道、CG

【同好会】
人権、放送

CALENDAR

- 4月　■始業式　■入学式　■遠足
- 6月　■体育祭　■定期テスト（6〜7月）
- 7月　■クラスマッチ　■終業式
- 8月　■オーストラリア語学研修（隔年）
- 9月　■始業式　■応用デザイン科ファッションショー
- 10月　■定期テスト　■文化祭
- 11月　■修学旅行　■定期テスト（11〜12月）
- 12月　■応用デザイン科卒業制作展　■芸術鑑賞　■英語コミュニケーション科英語表現演習発表会　■終業式
- 1月　■始業式　■定期テスト（3年）
- 2月　■定期テスト（2〜3月　1・2年）
- 3月　■卒業証書授与式　■クラスマッチ　■修了式

Shiroko High School

県立 白子高等学校

🏠 鈴鹿市白子4丁目17-1　📞 059-386-0017　🌐 www.mie-c.ed.jp/hsirok/　🚃 近鉄「白子」駅

制服（※男女の区別なし）／単位制／3学期制

始業時刻 8:35／男女比率 4:6／白子駅から徒歩約10分

修学旅行
時期 ▶ 2年生:9月
行き先 ▶ 北海道（2022・2023）

卒業著名人
西飯美幸、西飯由香（卓球）

過去3年間の卒業後進路

【四年制大学】（国立）三重／（公立）愛知県立芸術／高知工科／（私立）皇學館／鈴鹿／鈴鹿医療科学／四日市／四日市看護医療／愛知／愛知学院／愛知工科／愛知工業／愛知淑徳／金城学院／至学館／大同／中京／中部／東海学園／名古屋女子／名古屋音楽／名古屋学院／名古屋学芸／名古屋芸術／日本福祉／人間環境／名城／岐阜聖徳／大阪音楽／大阪芸術／京都産業／国立音楽／順天堂／昭和音楽／日本／東海　など

【短期大学】三重／鈴鹿／高田／ユマニテク／名古屋女子／愛知学泉／名古屋／大阪音楽／名古屋文化／大阪芸術／京都光華女子／愛知医療学院　など

【専門学校】桑名看護／三重中央看護／三重看護／伊勢保健衛生／四日市医師会看護／津看護／ユマニテク看護助産／三重県立公衆衛生学院／ユマニテク医療福祉大学校／三重調理／ユマニテク調理製菓／旭美容／ミエヘアアーチストアカデミー／中日美容／名古屋ファッション／三重県立津高等技術学校／トヨタ名古屋自動車大学校／大原法律公務員 津校　など

【就職】トヨタ自動車／トヨタ車体／豊田自動織機／本田技研工業／キオクシア／協和ガス／近畿日本鉄道／コスモ石油／住友電装／日東電工／ニプロファーマ／パナソニックエレクトリックワークス電材／日立Astemo／富士フィルムマニュファクチュアリング／三重交通／八千代工業／カメヤマ／エクセディ／コスモ電子／シキボウ／シャープディスプレイテクノロジー／正和製菓／住友ファーマ／セコム三重／山崎製パン／志摩スペイン村／鈴鹿サーキット／ナガシマリゾート／マックスバリュ東海／イエローハット　など

【公務員】三重県警／愛知県警／大阪府警／自衛官　など

学科紹介

普通科
1年次は基本的な内容について学習し、2、3年次で「就職」「文系進学」「理系進学」のコース別授業に分かれ、各人の進路に応じた教科を学習。全学年において進学課外授業、補習授業を実施。

普通科文化教養（吹奏楽）コース
普通科のカリキュラムをベースに、専門的な楽器の技術を習得できる授業が充実。また、吹奏楽や演奏研究、音感身体表現、舞台芸術といった特色ある授業も豊富。音楽系大学や文化系大学への進学、就職にも幅広く対応。

生活創造科
家庭に関する知識やマナーを学習。2年次からは「食彩」「服飾」の2コースに分かれる。地域交流・貢献を体験的に学ぶカリキュラムで、地域のプロフェッショナルを招いての特別講義も多く実施。

全国的にも珍しい吹奏楽コースがある

↓令和5年3月
- 就職 61名
- 大学 55名
- 短大 20名
- 専門学校 68名

CLUB & CIRCLE

【運動系】
硬式野球、陸上競技、サッカー、テニス、バレーボール、バスケットボール、ハンドボール、卓球、剣道、ダンス

【文化系】
吹奏楽、合唱、美術、茶道、手芸、写真、ボランティア、新聞、声優、料理、軽音楽、書道、着付け

Winter / Summer

過去2年間の倍率

普通科

年度	入学定員	前期 募集	前期 志願	前期 合格	前期 倍率	後期 募集	後期 受検	後期 合格	後期 倍率
R5年度	160	48	140	53	2.92	107	107	107	1.00
R4年度	160	48	173	53	3.60	107	134	107	1.25

● 前期：面接、学力検査（国語）、調査書／後期：面接、学力検査（5教科）、調査書

文化教養（吹奏楽）

年度	入学定員	前期 募集	前期 志願	前期 合格	前期 倍率	後期 募集	後期 受検	後期 合格	後期 倍率
R5年度	40	40	25	25	0.63	ー	ー	ー	ー
R4年度	40	40	27	26	0.68	ー	ー	ー	ー

● 前期：自己表現、学力検査（国語）、調査書

生活創造科

年度	入学定員	前期 募集	前期 志願	前期 合格	前期 倍率	後期 募集	後期 受検	後期 合格	後期 倍率
R5年度	40	20	39	22	1.95	18	18	18	1.00
R4年度	40	20	44	22	2.20	18	22	18	1.22

● 前期：面接、学力検査（国語）、調査書／後期：面接、学力検査（5教科）、調査書

CALENDAR

- 4月：入学式／始業式／遠足
- 5月：中間テスト
- 6月：体育祭
- 7月：クラスマッチ／期末テスト／終業式
- 9月：始業式／修学旅行
- 10月：中間テスト／文化祭
- 12月：期末テスト／終業式
- 1月：学年末テスト（3年）／始業式
- 2月：吹奏楽コース卒業演奏会／生活創造科卒業発表会
- 3月：クラスマッチ／学年末テスト（1・2年）／卒業証書授与式／修了式

県立 石薬師高等学校
Ishiyakushi High School

鈴鹿市石薬師町字寺東452　059-374-3101　www.mie-c.ed.jp/hisiya/
JR関西線河曲駅から徒歩約2km
鈴鹿西部コミュニティバス「石薬師高校」約0.3km

中部

 制服　 単位制　 3学期制

8:40 始業時刻　男女比率 7/3　徒歩で約25分 河曲駅から

修学旅行
時期 ▶ 2年生:10月
行き先 ▶ 長崎（2022・2023）

【卒業著名人】
加藤優次（事業家）
中西雅哉（ミュージシャン）

過去3年間の卒業後進路
【大学】（国公立）奈良教育
（私立）京都外国語／皇學館／四日市／鈴鹿医療科学／鈴鹿／愛知学院／愛知みずほ／金城学院／名古屋女子／日本福祉
【短期大学】
鈴鹿大学／ユマニテク／高田／三重
【就職】
愛知陸運／アクセル／アコーディアゴルフ／アサヒ電設／石原エンジニアリングパートナーズ／出光ユニテック／エイチワン／エクセディ／エヌエスジーアッセンブリーサービス／太田商事／オークワ／片岡製網／釜屋／釜屋硝子建材／河建興業／ギガス／キンレイ大阪工場／工業化成／江南化工／コスモ電子／札幌かに本家／三洋自動車／三和パッキング工業／JMエンジニアリングサービス／ジェイテクトサープレット／シキボウ鈴鹿工場／主体会主体会病院／伸和オートバックス／スーパーサンシ／鈴鹿／石鈴産業／世古工務店／センコー／セントラル自動車整備／ダイテック／大徳食品／タチエス／テクニカルニッポン／デンソートリム／東海紙器／鳥羽ビューホテル／トピア／トヨタ車体／トランスシティロジワークス三重／生川倉庫／日哺／日東電工／日本郵便／林建材／PEK／Be-wing 美容企画／百五銀行／フラン／フレッシュ物流／ベストロジ三重／ホンダカーズ／邁進エンジニアリング／マツオカ建機／マルアイユニティー／三重イエローハット／三重いすゞ自動車／三重工熱／三重コンドー／三重畜産／ミュゼプラチナム／博仁会 村瀬病院／名四ゴルフ／明菱／柳河精機 亀山工場／山崎製パン／ヨシザワ／四日市車体工業／四日市物流サービス／四日市ミート・センター／リケンテクノス／鈴峰企業　鈴峰ゴルフ倶楽部

普通科
1年次は全員共通の科目を学習し、2、3年次では、自分の進路に応じ「スタンダード類型」と「アカデミック類型」に分かれる。
■スタンダード類型　社会で活躍するために、基礎的・基本的な知識を身につける。さらに仕事に役立つ商業関連の科目や家庭生活に関する知識・技術を学ぶ。職業観や勤労観を身につけ、地域の即戦力として活躍できることを目指す。
■アカデミック類型　四年制大学や短期大学へ進学するために必要な学習を行い、一般入試や推薦入試、総合型選抜など、それぞれの志望校の入試に向けて取り組む。

地域や社会に貢献できる人材を育む 一人ひとりをサポートする きめ細かな進路指導

↓令和5年3月
私立大学3名／短大2名／専門学校19名／就職83名／その他3名

CLUB & CIRCLE
【運動部】ウエイトリフティング、テニス、サッカー、卓球、男子バスケットボール、野球、陸上競技
【文化部】茶道、華道、家庭、ボランティア、書道、美術、音楽
【同好会】石高 friends（人権サークル）

Winter / Summer

「サクラサク・プラン」と名付けた、3年間のきめ細かな進路指導プログラムがあります。1・2年生の3月には、「サクラサク・ウィーク」として、「卒業生と語る会」「模擬面接」「事業所説明会」といった進路関係の行事が続きます。

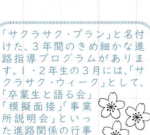
校門まで連なる見事な桜並木
ウエイトリフティング部 インターハイ出場！

CALENDAR
- 4月 ■始業式 ■入学式 ■進路ガイダンス
- 5月 ■遠足 ■中間テスト ■面接指導
- 6月 ■体育祭 ■進路ガイダンス
- 7月 ■期末テスト ■クラスマッチ ■終業式 ■インターンシップ（2年）
- 9月 ■始業式 ■文化祭 ■進路ガイダンス
- 10月 ■中間テスト ■修学旅行
- 11月 ■事業所見学ツアー（1年）
- 12月 ■クラスマッチ ■期末テスト ■終業式
- 1月 ■始業式 ■進路ガイダンス ■学年末テスト（3年） ■模擬就職活動（2年）
- 3月 ■事業所見学（2年） ■卒業証書授与式 ■学年末テスト（1・2年） ■修了式

過去2年間の倍率

普通科	年度	入学定員	前期 募集	前期 志願	前期 合格	前期 倍率	後期 募集	後期 受検	後期 合格	後期 倍率
	R5年度	120	36	69	40	1.92	80	76	75	0.95
	R4年度	120	36	73	40	2.03	80	78	77	0.98

●前期：個人面接（10分程度）、学力検査（国語）
　後期：学力検査（5教科）、集団面接

Ino High School
県立 稲生高等学校

鈴鹿市稲生町8232-1　059-368-3900　www.ino-hs.ed.jp/　近鉄「白子」駅からスクールバス

制服／単位制／3学期制

始業時刻 8:45／男女比率 5/5／徒歩 鈴鹿サーキット稲生駅から約15分

普通科
「自動車工業」、「介護福祉」、「食物調理」、「アドバンス」、「ビジネス」、「情報」の6つのコースを設定し、生徒一人ひとりの希望にあわせた授業を展開する。1年次で基礎・共通科目を学び、コース選択のためにガイダンス・面談を行う。自分の興味・関心・適性に合わせてコースを選択することができる。2年次で週6時間、3年次で週10時間コースに分かれて少人数で専門的な学習をすすめ、卒業後の進路実現を目指す。
※コースの上限人数や詳細はスクールガイドをご覧ください。

体育科
スポーツを通じてコミュニケーション能力を醸成し、競技者や指導者、トレーナー、スポーツビジネスなど、スポーツへの多様な関わり方を実践できるように多彩な学習活動を通し、社会で活躍できる人材の育成を目指す。

多様なコースがある 普通科
専門性を高める 体育科

充実したコースの実習室や体育施設があります。

{ 卒業著名人 }
谷元圭介（中日ドラゴンズ）
石川末廣（リオデジャネイロオリンピック男子マラソン出場）

過去3年間の卒業後進路

【大学】
鈴鹿医療科学／皇學館／四日市／中京／大同／中部／同朋／東海学園／名古屋学院／星城／名古屋経済／國士館／日本体育／日本女子体育／大阪体育／九州共立　など

【短期大学】
三重／高田／ユマニテク／鈴鹿／名古屋女子／中日本自動車／愛知文教女子　など

【専門学校】
旭美容／ミエ・ヘア・アーチストアカデミー／三重県立津高等技術学校／大原法律公務員／三重調理／ユマニテク医療福祉／ユマニテク看護助産／ユマニテク調理製菓／東海工業／トヨタ名古屋自動車／中日美容／名古屋医健スポーツ／名古屋工学院／名古屋こども／名古屋情報メディア／日産愛知自動車／鈴鹿オフィスワーク医療福祉　など

【就職】
旭電器工業／石原産業／エヌ・シー・ユー物流／オーハシ技研工業／小木曽工業／キオクシア／木村工機／けやき福祉会／工業化成／コスモ電子／KHネオケム／シャープ／住友電装／タチエス／トッパンエレクトロニクスプロダクツ／TOYO TIRE／トピア／トヨタ自動車／トヨタ車体／トヨタ車体精工／生川倉庫／日東電工／日本梱包運輸倉庫／フタバ電子工業／日立Astemo／古河電気工業／ベストロジ三重／本田技研工業／ホンダカーズ三重北／エクセディ／三重工熱／三田工業／柳河精機／山下印刷紙器／ユタカ技研／ヨシザワ／綿清商店　など

↓令和5年3月

大学短大 27名／専門学校 42名／就職 112名／その他 2名

 Summer
 Winter

CLUB & CIRCLE
<運動部>
陸上競技、柔道、硬式野球、サッカー、バスケットボール、なぎなた、ソフトテニス、水泳（水球・飛込）、バドミントン、ハンドボール、ラグビー
<文化部>
吹奏楽、美術、書道、放送、生活、JRC、コンピュータ、茶道

「令和4年度　主な実績」
水泳部（国民体育大会入賞、全国大会入賞、東海大会優勝など）
陸上競技部（全国大会優勝、東海大会優勝など）
なぎなた部（全国大会入賞、東海大会優勝など）
サッカー部（県U-18フットサル選手権大会優勝など）

学校公式SNS

Twitter

YouTube

過去2年間の倍率

普通科

年度	入学定員	前期 募集	前期 志願	前期 合格	前期 倍率	後期 募集	後期 受検	後期 合格	後期 倍率
R5年度	120	36	108	40	3.00	80	87	80	1.09
R4年度	120	36	95	40	2.64	80	88	80	1.10

● 前期：個人面接（10分程度）、学力検査（国語）、調査書
　後期：面接、学力検査（5教科）、調査書

体育科

年度	入学定員	前期 募集	前期 志願	前期 合格	前期 倍率	後期 募集	後期 受検	後期 合格	後期 倍率
R5年度	40	20	47	22	2.35	18	15	18	0.83
R4年度	80	40	48	44	1.20	36	9	4	0.25

● 前期：個人面接（10分程度）、実技検査、調査書
　後期：面接、学力検査（5教科）、調査書

CALENDAR

- 4月　■始業式　■入学式
- 5月　■中間考査
- 6月　■体育祭
- 7月　■期末考査　■クラスマッチ　■終業式
- 9月　■始業式　■オープンスクール
- 10月　■中間考査　■遠足　■修学旅行
- 11月　■文化祭
- 12月　■期末考査　■終業式
- 1月　■始業式
- 3月　■卒業証書授与式　■学年末考査　■クラスマッチ　■修了式

<その他の行事>
■7月～8月インターンシップ（2年生希望者）

Kameyama High School
県立 亀山高等学校

亀山市本町一丁目10-1 ／ 0595-83-4560 ／ www.mie-c.ed.jp/hkamey ／ JR「亀山」駅、三交バス「鹿島橋」・「三本松」

 制服 単位制 3学期制

 始業時刻 8:45 男女比率 5/5 亀山駅から徒歩約20分

修学旅行
時期▶2年生:9月
行き先▶北海道(2023)
(2022年度は広島)

【卒業著名人】
風間健介（写真家）
角谷正彦（元国税庁長官）

【普通科】
国公立大学や四年制大学への進学に対応した「アドバンス系列」と進学・就職の両方に対応した「セレクション系列」がある。本人の希望や成績を総合し、2年次からそれぞれの系列に分かれる。

【システムメディア科】
1年次は、幅広い知識を養い、2年次からプログラミング等を学習する「ITシステム系列」、コンピュータを使ったデザインを習得する「メディアデザイン系列」、簿記・会計の知識を学ぶ「情報ビジネス系列」に分かれて学習する。

【総合生活科】
1年次に基礎学習とガイダンスの時間を設け、家庭科の専門分野の基礎基本を共通に学習し、2年次から「幼児教育系列」「人間福祉系列」「食物文化系列」に分かれ、より専門的な学習をする。各種施設での実習が充実。

亀山市で唯一の県立高校 地元に亀高ファン多い

↓令和5年3月
- 大学60名（国立2名／公立2名／私立56名）
- 短大20名
- 専門学校59名
- 就職91名

CLUB & CIRCLE
【運動部】野球、ソフトボール、サッカー、ハンドボール、ソフトテニス、陸上、剣道、柔道、バレーボール、バスケットボール、バドミントン、ウエイトリフティング、弓道
【文化部】吹奏楽、美術、コミックイラスト、写真、軽音楽、華道、茶道、書道、インターアクト、ワープロ・情報、放送、フレンドリークラブ

 Summer
 Winter

過去3年間の卒業後進路

【大学】（国立）三重／北見工業／宮崎（公立）三重県立看護／静岡県立／静岡文化芸術／大阪公立／福知山公立／高知工科（私立）皇學館／鈴鹿／鈴鹿医療科学／四日市／四日市看護医療／愛知／愛知学院／愛知工業／愛知淑徳／至学館／大同／中京／中部／東海学園／名古屋外国語／名古屋学院／名古屋学芸／名古屋芸術／名古屋商科／名古屋女子／名古屋文理／日本福祉／名城／専修／創価／拓殖／中央／東海／日本／法政／明治／金沢工業／岐阜聖徳学園／長浜バイオ／帝塚山／大阪体育／阪南／京都外国語／京都芸術／京都産業／京都橘／立命館／甲南／九州国際 他

【短期大学】（公立）三重、（私立）高田／鈴鹿大学／ユマニテク／愛知工科大学自動車／名古屋／名古屋文理大学／奈良芸術／大阪学院 他

【専門学校】（公立）三重県立公衆衛生学院／三重県立津高等技術学校／四日市工業高校専攻科、（私立）聖十字看護／津看護／三重中央看護学校／三重看護／ユマニテク看護助産／四日市医師会看護／旭美容／大原法律公務員／大原簿記医療観光／鈴鹿オフィスワーク医療福祉／三重調理／ミエ・ヘア・アーチストアカデミー／ユマニテク医療福祉大学校／ユマニテク調理製菓／中日美容／東海医療技術／トライデントコンピュータ／名古屋医専／名古屋工学院／名古屋情報メディア／日産愛知自動車大学校 他

【就職先】アクセル／あけあい会／アサヒセキュリティ／イオンリテール 東海カンパニー／イケダアクト／出光ユニテック／博仁会（村瀬病院グループ）／エイチワン／エフテック／オークワ／オーハシ技研工業／大森加工所／カメヤマ／カメヤマドライバーズスクール／亀山ビード／キオクシア／倉紡紡績／グリーンテック／三恵技研工業／ジェイテクト／ジェイテクトサービス／志摩スペイン村／昭和パックス／如水会亀山愛の里／シリックス／鈴鹿インター／鈴鹿農業協同組合／スズキプレス工業所／スチールセンター／住友金属鉱山シポレックス／住友電装／スルガ／セキデン／セキデンアクシス／全日警／田島縫製／タチエス／タチヤ／谷口石油精製／中部シイアイシイ研究所／椿大神社／つるや／デンソートリム／東海旅客鉄道／戸田家／トッパンエレクトロニクスプロダクツ／長島観光開発／生川倉庫／成瀬化学／ニシカワ／日商／日東電工／日本郵便／日本梱包運輸倉庫／日本サンガリアベバレッジカンパニー／日本フェニックス／ハマエンジニアリング／浜木綿／葉山電器製作所／柊会／広伊建設／藤井撚糸／富士フイルムマニュファクチャリング／フタバ電子工業／フランスベッド／プリハム／古河電気工業／サカタ／ホテル湯の本／本田技研工業／ホンダモビリティランド 鈴鹿サーキット／ホンダ四輪販売三重北／マツカ皮種／丸一／丸豊技研／マルヤス／三重県観光開発／三重シポレックスサービス／三重西濃運輸／三重執鬼／明菱／八千代工業／柳河精機／山下印刷紙器／ヨシザワ／ライオンズ開発／リケンテクノス／三重県（警察）／大阪府（警察）／亀山市（消防）／鈴鹿市／南伊勢町／自衛隊

過去2年間の倍率

普通科
年度	入学定員	前期 募集	前期 志願	前期 合格	前期 倍率	後期 募集	後期 受検	後期 合格	後期 倍率
R5年度	80	24	92	27	3.83	53	72	53	1.36
R4年度	80	24	53	27	2.21	53	31	51	0.58

●前期：個人面接（5分程度）、作文（30分、600字程度）、調査書
　後期：面接、学力検査（5教科）、調査書

システムメディア科
年度	入学定員	前期 募集	前期 志願	前期 合格	前期 倍率	後期 募集	後期 受検	後期 合格	後期 倍率
R5年度	80	40	99	44	2.48	36	47	36	1.31
R4年度	80	40	102	44	2.55	36	49	36	1.36

●前期：個人面接（5分程度）、作文（30分、600字程度）、調査書
　後期：面接、学力検査（5教科）、調査書

総合生活科
年度	入学定員	前期 募集	前期 志願	前期 合格	前期 倍率	後期 募集	後期 受検	後期 合格	後期 倍率
R5年度	40	20	30	22	1.50	18	16	18	0.89
R4年度	40	20	48	22	2.40	18	26	18	1.44

●前期：個人面接（5分程度）、作文（30分、600字程度）、調査書
　後期：面接、学力検査（5教科）、調査書

★ウエイトリフティング部
　全国総合体育大会ウエイトリフティング競技
　　男子61kg　優勝　松田魁利
★弓道部　全国高等学校弓道選抜大会
　　　　　出場　細川愛莉
★陸上部　第16回U-18陸上競技大会
　　　　　女子300m　出場　前田茜
【県内大会上位成績】
柔道部、ハンドボール部、ソフトテニス部（女子）、ワープロ情報部、インターアクト部

CALENDAR
- 4月：始業式／入学式／遠足（1年：ナガシマスパーランド／2年：京都散策／3年：名古屋港水族館）
- 5月：中間テスト／体育祭
- 6月：期末テスト
- 7月：クラスマッチ／終業式
- 9月：始業式／修学旅行
- 10月：中間テスト／文化祭
- 12月：クラスマッチ／期末テスト／終業式
- 1月：始業式／卒業テスト（3年）
- 3月：卒業証書授与式／学年末テスト（1・2年）／修了式

Tsu High School
県立 津高等学校

津市新町3丁目1-1　059-228-0256　https://www.tsuko.ed.jp　近鉄「津新町」駅

普通科
65分授業で、授業時間を確保することで、生徒が自ら学ぼうとする力を引き出し、論理的に考える力や自分の意見を発信する力を育成。3年間かけて「探究」活動に取り組み、成果を発表する。

同じ大学を志望する生徒たちが集まり、励まし合い教え合う自主的な取り組み「グルーピング」がある。例えば、医学部を目指す生徒たちが放課後に集まり一緒に学習する。

東京大学で授業を受け、夜は津高を卒業した東大生との座談会を行う1泊2日の「東大キャンパスツアー」や、医療に関心のある人が医療現場で実体験をしたりすることもできる。

   2学期制
始業時刻 8:40　男女比率 6/4　津新町駅から徒歩で約10分

【修学旅行】
時期▶2年生：10月　行き先▶九州(2023)
時期▶2年生：10月　行き先▶北海道(2022)

【卒業著名人】
久野誠（元ＣＢＣテレビアナウンサー）、浦口史帆（東海テレビアナウンサー）、中川正春（国会議員）

医学部や難関大学に多数合格

↓令和5年3月
- 待機者 49名
- 専門学校 2名
- 短期大学 3名
- 大学 263名（国立137名／公立21名／私立105名）

CLUB & CIRCLE
【運動部】陸上競技、硬式野球、軟式野球、弓道、剣道、バレーボール、水泳、サッカー、バスケットボール、ラグビー、卓球、バドミントン、ボート、テニス、ソフトテニス、ハンドボール
【文化部】文芸、美術、書道、音楽、茶道（表千家／裏千家）、ホームライフ、吹奏楽、邦楽、軽音楽、将棋、Jr．Com（マンガ研究会）、新聞・写真、応援、スーパーサイエンスクラブ（ＳＳＣ）、ジャグリング、クイズ研究
【同好会】演劇、国際交流

過去3年間の卒業後進路

【国公立大学】
東京／京都／北海道／東北／名古屋／大阪／神戸／九州／東京工業／一橋／筑波／お茶の水女子／東京外国語／千葉／横浜国立／金沢／奈良女子／岡山／広島／信州／静岡／岐阜／愛知教育／名古屋工業／三重／大阪教育／滋賀／名古屋市立／大阪公立／大阪府立／大阪市立／など

【私立大学】
慶應義塾／早稲田／中央／明治／東京理科／南山／名城／愛知／中京／皇學館／同志社／立命館／関西学院／関西／近畿／龍谷　など

CALENDAR
- 4月 ■始業式　■入学式　■縦割りDiscussion　■遠足
- 5月
- 6月 ■体育祭　■中間テスト
- 7月 ■クラスマッチ
- 8月 ■SSH海外研修（台湾）　■学校見学
- 9月 ■文化祭　■期末テスト
- 10月 ■芸術鑑賞　■修学旅行
- 11月 ■中間テスト
- 12月
- 1月
- 2月 ■SSH児童・生徒研究発表会　■学年末テスト
- 3月 ■卒業証書授与式　■クラスマッチ　■修了式

令和5年4月、文部科学省のSSH（スーパーサイエンスハイスクール）4期目指定を受け「探究」活動に取り組み、三重県のサイエンス教育のトップを走ります。

大学等の研究室訪問、海外研修、「探究」の学び、大学病院での実習、企業連携等をさらに充実。

研究の最先端を体験することで、学問のおもしろさに触れ、興味・関心を広げていくことができます。

津高校での日々のさまざまな学びが、「希望する進路の実現」へつながっています。

★通年で、東大・京大・阪大・三重大学医学部等研修あり
★普段の授業・考査で、思考力・表現力を育成

過去2年間の倍率

普通科	年度	入学定員	前期 募集	前期 志願	前期 合格	前期 倍率	後期 募集	後期 受検	後期 合格	後期 倍率
	R5年度	320	—	—	—	—	320	357	320	1.12
	R4年度	320	—	—	—	—	320	358	320	1.12

● 後期：学力検査（5教科）、調査書

県立 津西高等学校
Tsu West High School

津市河辺町2210-2　059-225-1361　www.tsunishi.jp　JR・近鉄「津」駅より三交バス／スクールバス

普通科
文系・理系を問わず、国公立や有名私立大学への進路実現のための教育課程を編成し、細やかな学習指導や進路指導を行っている。1年次は共通科目を中心に基礎学力を身につけ、2年次で文系・理系に分かれ、進路希望とその実現に合わせた科目選択をして学習することができる。基礎から応用まで生徒個々の興味・関心と長所を生かす授業展開を行い、難関国公立大学をはじめそれぞれの志望大学への入学を果たしている。

国際科学科
幅広く国際社会で活躍できる有為な人材を育成することを、学科の目標としている。志の高い生徒が集まることから、国公立大学や難関大学への現役合格を実現するため、文系・理系を問わず特色ある教育課程を編成し、学力向上のための様々な取り組みを行っており、例年約70％の生徒が国公立大学に合格している。また、国際科学科の生徒を対象としてサイエンス・パートナーシップ・プログラム（津西SPP）を実施している。

制服 / 単位制 / 3学期制 / 始業時刻 8:45 / 男女比率 5/5 / 津駅からバスで約15分

修学旅行　時期▶2年生：8/30〜9/1　行き先▶北九州（2023年・2022年）

卒業著名人
あつ（シンガーソングライター）
水分貴雅（CBCテレビアナウンサー）

国内の語学研修用施設で異文化交流や生の英語学習を体験するイングリッシュキャンプを実施

過去3年間の卒業後進路

【国立大学】
北見工業／北海道／東北／茨城／筑波／群馬／千葉／電気通信／東京海洋／東京芸術／東京農工／横浜国立／新潟／山梨／信州／富山／金沢／福井／岐阜／静岡／愛知教育／名古屋／名古屋工業／三重／滋賀／京都／京都工芸繊維／大阪／大阪教育／神戸／奈良女子／和歌山／島根／鳥取／岡山／広島／山口／徳島／高知／九州／宮崎／鹿児島／琉球　ほか

【公立大学】
前橋工科／新潟県立／都留文科／長野県立／公立諏訪／東京理科／東京都立／富山県立／石川県立／岐阜薬科／静岡県立／静岡文化芸術／名古屋市立／愛知県立／愛知県立芸術／三重県立看護／滋賀県立／京都府立医科／福知山公立／大阪公立／兵庫県立／奈良県立／公立鳥取環境／島根県立／岡山県立／県立広島／福山市立／下関市立／北九州市立　ほか

【私立大学】
青山学院／早稲田／中央／東京理科／法政／明治／立教／愛知／中京／南山／名城／藤田医科／皇學館／京都産業／京都女子／同志社／立命館／龍谷／関西／近畿／関西学院　ほか

↓令和5年3月
就職（県内）1名　待機者14名
専門学校 2名
短大 8名
大学 290名（国立 126名／公立 37名／私立 127名）

CLUB & CIRCLE

【運動部】
応援、剣道、野球、卓球、ソフトテニス、テニス、バスケットボール、バドミントン、バレーボール、ハンドボール、ラグビー、陸上競技、ダンス、サッカー

【文化部】
新聞、放送、園芸、吹奏楽、オリジナルソング、茶華道、コンピュータ、写真、クッキング、書道、生物、地歴、天文、美術、文芸、邦楽、ESS、映画アニメ

★吹奏楽部（東海吹奏楽コンクールB編成 銅賞）
★陸上競技部（東海高等学校総合体育大会 女子走幅跳6位 インターハイ出場、三重県高校総体 女子走幅跳 優勝、男子800m 5位、男子400mH 5位、男子4×400mR 5位）
★剣道部（三重県高校総体　男子団体 5位、女子団体 5位）
★ソフトテニス部（三重県高校総体 男子団体 5位）

過去2年間の倍率

普通科

年度	入学定員	前期募集	前期志願	前期合格	前期倍率	後期募集	後期受検	後期合格	後期倍率
R5年度	240	—	—	—	—	240	181	240	0.75
R4年度	240	—	—	—	—	240	162	240	0.68

● 後期：学力検査（5教科）、調査書

国際科学科

年度	入学定員	前期募集	前期志願	前期合格	前期倍率	後期募集	後期受検	後期合格	後期倍率
R5年度	80	40	157	40	3.93	40	161	40	4.03
R4年度	80	40	187	41	4.68	39	157	39	4.03

● 前期：学力検査（数学・英語）、調査書
● 後期：学力検査（5教科）、調査書

平成19年度から6年間、文部科学省の「スーパーサイエンスハイスクール（SSH）」の研究指定を受け、理系難関大学の合格者が増加する等大きな成果を挙げました。その実績を引き継ぐべく、平成25年度に「サイエンス・パートナーシップ・プログラム（SPP）」の指定を受け、平成26年度から学校独自に「津西SPP」を立ち上げました。

CALENDAR

- **4月**　■始業式　■入学式　■遠足
- **5月**　■中間テスト
- **6月**　■体育祭
- **7月**　■期末テスト　■ようこそ先輩　■クラスマッチ　■終業式　■海外語学研修（2023年度は実施せず）　■イングリッシュ・キャンプ
- **8月**　■夏季学習会　■夏季セミナー　■始業式　■修学旅行
- **9月**　■大学見学　■文化祭
- **10月**　■中間テスト
- **11月**　■期末テスト
- **12月**　■終業式
- **1月**　■始業式
- **2月**　■学年末テスト（1・2年のみ）（〜3月）
- **3月**　■クラスマッチ　■卒業証書授与式　■修了式

Tsu East High School
県立 津東高等学校

津市一身田上津部田1470　059-227-0166　www.mie-c.ed.jp/htuhig　「津」駅

普通科

進路希望に応じたSクラスとFクラスという二つの類型によるクラス編成。単位制高校の特色を活かして多様な講座を開講することで、一人ひとりの進路希望を目指す。

□Sクラス=1年次から国公立四年制大学への進学を強く希望する生徒で編成している特別進学クラス。1学年の内、3クラスをSクラスとしており、国・数・英の習熟度別学習や課外授業、土曜補講等の取組を導入。

□Fクラス=1年次で共通の科目を学習しながら進路についてじっくり考え、2年次では文系と理系に分かれる。3年次では、国公立文系、A型文系、B型文系、理系の4つの系列から、自分の進路に最も適した系列を選び、進路希望の実現を図る。

制服 / 単位制 / 3学期制

始業時刻 8:40 / 男女比率 5/5 / 津駅から徒歩約20分

修学旅行　時期▶2年生：9月　行き先▶九州（2022・2023）

自由な校風
文武両道で充実した生活

【卒業著名人】
前川楓（リオデジャネイロパラリンピック、女子走り幅跳び4位入賞・東京パラリンピック出場）、
川崎貴弘（元中日ドラゴンズ）
中井智弥（箏・三絃（生田流）／二十五絃箏演奏家・作曲家）

↓令和5年3月
大学 261名
専門学校 26名
短大 14名
待機者 8名
その他 1名

CLUB & CIRCLE

【運動部】
弓道（男・女）、硬式野球（男）、サッカー（男）、山岳（男・女）、新体操（女）、ソフトボール（女）、卓球（男・女）、ダンス（男・女）、テニス（男・女）、バスケットボール（男・女）、バドミントン（男・女）、バレーボール（男・女）、ハンドボール（男・女）、フェンシング（男・女）、陸上競技（男・女）

【文化部】
合唱、茶道、書道、写真、吹奏楽、美術、放送、パソコン、ホームライフ、マンガ・アニメ、ロッキン、ボランティア同好会、

過去3年間の卒業後進路

【国立大学】
北見工業／北海道教育／室蘭工業／山形／宇都宮／筑波技術／横浜国立／富山／金沢／福井／山梨／信州／静岡／岐阜／愛知教育／三重／滋賀／神戸／奈良教育／鳥取／島根／山口／徳島／香川／愛媛／高知／長崎／宮崎

【公立大学】
釧路公立／秋田公立美術／前橋工科／埼玉県立／富山県立／公立小松／福井県立／都留文科／公立諏訪東京理科／長野／静岡県立／静岡文化芸術／愛知県立／三重県立看護／滋賀県立／京都府立／福知山公立／奈良県立／公立鳥取環境／島根県立／広島市立／福山市立／高知県立／高知工科／北九州市立／福岡県立／福岡女子／長崎県立／熊本県立／名桜

【私立大学】
青山学院／専修／中央／津田塾／帝京／東海／東京女子／東京農業／東洋／日本／法政／立教／愛知／愛知学院／愛知工業／愛知淑徳／金城学院／椙山女学園／中京／中部／名古屋外国語／名古屋女子／藤田医科／南山／日本福祉／名城／皇學館／鈴鹿医療科学／四日市看護医療／京都外国語／京都産業／京都女子／同志社／同志社女子／佛教／立命館／龍谷／関西／関西外国語／近畿／関西学院　など

【短期大学】
三重短期大学　など

【専門学校】
三重中央医療センター看護専門学校　など

生徒の約9割が部活動に入部し文武両道
夏休みに県外の大学見学会実施

令和2年度よりSクラスの定員を
120名に増員しました。

「勉強」も「部活」も二兎追うなら津東高
令和4年度 フェンシング・新体操・卓球は全国大会・東海大会出場

過去2年間の倍率

普通科	年度	入学定員	前期 募集	前期 志願	前期 合格	前期 倍率	後期 募集	後期 受検	後期 合格	後期 倍率
	R5年度	280	84	179	88	2.13	192	209	192	1.09
	R4年度	280	84	143	87	1.70	193	209	193	1.08

● 前期：個人面接（5分程度）、学力検査（数学、英語）、調査書
　後期：学力検査（5教科）、調査書

CALENDAR

- 4月 ■始業式 ■入学式
- 5月 ■遠足 ■中間テスト
- 6月 ■体育祭 ■期末テスト ■ゴミゼロ運動（学校周辺の清掃活動）
- 7月 ■クラスマッチ（全学年）■終業式
- 9月 ■始業式 ■学園祭 ■修学旅行
- 10月 ■中間テスト
- 11月 ■期末テスト
- 12月 ■終業式
- 1月 ■始業式
- 2月
- 3月 ■学年末テスト（2月末～）■クラスマッチ（1・2年）■卒業証書授与式 ■芸術鑑賞 ■修了式

63

Tsu Technical High School
[県立] 津工業高等学校

津市半田534 ／ 059-226-1285 ／ www.mie-c.ed.jp/ttu/ ／ JR「阿漕」駅、近鉄「津新町」駅

制服／単位制／3学期制／始業時刻 8:30／男女比率 9:1／徒歩約10分(阿漕駅から・津新町駅から)

修学旅行
時期▶2年生：9月
行き先▶九州北部(2022)
(2021年度2年生は2022年4月に九州南部へ)

機械科
機械工作・設計・原動機などの基本的な知識とそれに基づく機械加工・CADの技術を習得する。溶接実習をはじめ、旋盤、鋳造の実習が充実。二級ボイラー技士国家試験や危険物取扱者国家試験、計算技術検定、情報技術検定、機械製図検定の資格取得に挑戦できる。

電気科
電気発生から送電、取扱い、応用まで電気に関する幅広い内容を基礎から学習し、エレクトロニクスやコンピュータの基礎を学ぶ。卒業までに電気主任技術者や電気工事士の資格を取得する。第1種電気工事士に15名合格し、県下でもトップクラス、電験3種には2名合格し、全国ランキングで3位。

電子科
情報技術や通信技術、電気・電子回路、制御などの基礎を多く学習する。「情報技術検定」や電話工事を行うのに必要な「工事担任者」などの検定・資格試験を多数受験する。

建設工学科
建築・土木に関する基礎的な知識や技術・技能を習得する。入学後、共通科目を履修し、2学期後半には「建築コース」「都市システムコース」を選択。2年次より完全に各コースに分かれ、専門の学習を深める。街づくり、地域づくりに参画できる人材を育成する。

{ 卒業著名人 }
野垣内俊（サッカー選手）
岩崎陽平（サッカー選手）
浅田政志（写真家）

令和4年度の卒業後進路

↓令和5年3月
大学 32名
短大 2名
専門学校 26名
就職 162名

 Summer / Winter

【就職】 アイ・シー・エス／愛知機械工業／旭化成 鈴鹿製造所／朝日土木／味の素 東海事業所／アンセイ 三重工場／イケダアクト／石原産業 四日市工場／伊勢村田製作所／出光ユニテック 三重工場／井村屋／宇野重工／エイチワン 亀山製作所／AGC グラスプロダクツ 久居工場／エースパック／エセックス古河マグネットワイヤジャパン 三重工場／エディオン／ENEOSマテリアル 四日市工場／荏原風力機械／エフ・シー・シー 鈴鹿工場／エフテック 亀山事業所／おやつカンパニー／金子建設／亀山ビード／キオクシア 四日市工場／北山建築（想ほーむ）／京セラ 京都綾部工場／倉敷紡績 三重工場／コスモ石油／山九 三重支店／三恵技研工業 安濃工場／シーキューブ三重／シーテック／JSR 四日市工場／JFEエンジニアリング 津製作所／JFEテクノス 三重事業所／JMエンジニアリングサービス／昭和四日市石油／鈴鹿テクト／住友電装 鈴鹿製作所／住友電装 津製作所／住友理工／住友林業ホームエンジニアリング 東海事業部／世古工務店／全国農業協同組合連合会 三重県本部／造家工房／大衛 津工場／大建工業 三重工場／ダイハツ工業 本社／ダイハツ三重／ダイベア／高田工業所 四日市事業所／宝酒造 楠工場／タチエス 鈴鹿工場／中部電気保安協会／中部電力パワーグリッド／THK 三重工場／デンソー／東芝エレベータ 中部支社／東海土建／トーエネックサービス／トーエネック 三重支店／トヨタ自動車／豊田自動織機／中日本ハイウェイ・エンジニアリング名古屋／中日本ハイウェイ・メンテナンス名古屋／ナブテスコ 津工場／西口建工／西日本旅客鉄道／日東電工 亀山事業所／日本製鐵 名古屋製鐵所／日本道路 中部支社／日本空調サービス／日本土建／パイロットインキ／パナソニック 津／パナソニックエレクトリックワークス電材三重／浜村工務店／葉山電器製作所／久居LIXIL製作所／日立 Astemo／ファナックサーボ／フクシマガリレイ／富士電機／富士電機 鈴鹿工場／富士フィルムマニュファクチャリング 鈴鹿事業所／フランスベッド 三重工場／古河AS／古河電気工業 三重事業所／北栄電設／本田技研工業 鈴鹿製作所／松阪興産／松阪鉄工所／三重機械鉄工／三重県歯科医師会／三重トヨタ自動車／三重農林建設／三菱電機ビルソリューションズ 中部支社／森六テクノロジー 鈴鹿工場／八千代工業 鈴鹿工場／ユタカ技研／ユナイテッド・セミコンダクター・ジャパン 三重工場／ロンビック／若鈴

【公務員】 国土交通省 中部地方整備局

【大学】 愛知工業／大阪産業／金沢工業／関西／関西福祉／静岡産業／鈴鹿医療科学／大同／中央／中京／中部／帝京平成／東海学園／名古屋商科／日本／日本福祉／阪南／名城／四日市／三重短期

【高等専門学校／高等学校専攻科】 津高等技術学校

【専門学校】 大阪動物／関西医科／東海工業／トライデントコンピュータ／名古屋医専／名古屋工学院／名古屋ビューティアート／HAL 大阪／HAL 名古屋／三重調理／ミエ・ヘア・アーチストアカデミー／米田柔整

CLUB & CIRCLE

【運動部】 硬式野球、軟式野球、テニス、ラグビー、サッカー、バドミントン、ハンドボール、陸上競技、バスケットボール、バレーボール、弓道、卓球、山岳、ヨット

【文化部】 美術、軽音楽、建設研究、電気研究、電子研究、機械研究、理科研究、人権サークル

★ヨット部 【東海高等学校総合体育大会】〈男子学校対抗〉優勝
〈個人〉レーザーラジアル級 男子 準優勝、3位
レーザーラジアル級 女子 準優勝
420級 男子 優勝、3位 ■インターハイ出場 団体・個人全員
【国際420級世界選手権大会】出場（2名）

★サッカー部 【三重県高等学校総合体育大会】3位

★弓道部 【三重県高等学校総合体育大会】
〈男子団体〉優勝 ■東海大会出場 ■インターハイ出場
〈男子個人〉第2位、第4位 ■東海大会出場

★バスケットボール部
【三重県高等学校総合体育大会】3位、優秀選手賞 2名受賞

★バレーボール部【三重県高等学校バレーボール春季大会】4位
【三重県高等学校総合体育大会】7位
【ビーチバレー U21 アジア選手権】出場

★軟式野球部 【三重県高等学校総合体育大会】準優勝 ■東海大会出場

過去2年間の倍率

機械科	年度	入学定員	前期 募集	前期 志願	前期 合格	前期 倍率	後期 募集	後期 受検	後期 合格	後期 倍率
	R5年度	120	60	115	66	1.92	54	46	48	0.85
	R4年度	120	60	85	66	1.42	54	46	45	0.85

● 前期：集団面接（20分程度）、総合問題（数学、国語50分）、調査書
後期：集団面接（15分程度）、学力（5教科）、調査書

電気科	年度	入学定員	前期 募集	前期 志願	前期 合格	前期 倍率	後期 募集	後期 受検	後期 合格	後期 倍率
	R5年度	40	20	39	22	1.95	18	19	18	1.06
	R4年度	40	20	33	22	1.65	18	14	12	0.78

● 前期：集団面接（20分程度）、総合問題（数学、国語50分）、調査書
後期：集団面接（15分程度）、学力（5教科）、調査書

電子科	年度	入学定員	前期 募集	前期 志願	前期 合格	前期 倍率	後期 募集	後期 受検	後期 合格	後期 倍率
	R5年度	40	20	28	22	1.40	18	19	18	1.06
	R4年度	40	20	38	22	1.90	18	21	18	1.17

● 前期：集団面接（20分程度）、総合問題（数学、国語50分）、調査書
後期：集団面接（15分程度）、学力（5教科）、調査書

建設工学科	年度	入学定員	前期 募集	前期 志願	前期 合格	前期 倍率	後期 募集	後期 受検	後期 合格	後期 倍率
	R5年度	40	20	34	22	1.70	18	14	14	0.78
	R4年度	40	20	36	22	1.80	18	14	18	0.78

● 前期：集団面接（20分程度）、総合問題（数学、国語50分）、調査書
後期：集団面接（15分程度）、学力（5教科）、調査書

CALENDAR

- 4月：■入学式 ■始業式
- 5月：■中間テスト
- 6月：■遠足（5～6月） ■体育祭
- 7月：■期末テスト ■クラスマッチ ■終業式
- 8月：
- 9月：■始業式 ■修学旅行
- 10月：■中間テスト ■文化祭
- 11月：
- 12月：■期末テスト ■クラスマッチ ■芸術鑑賞会 ■終業式
- 1月：■始業式 ■学年末テスト（3年生）
- 2月：
- 3月：■学年末テスト（1・2年生） ■卒業証書授与式 ■修了式

本校は大正6年（1917年）に設立され、創立100周年を超える一世紀工業高校です。卒業生は2万人を超え地域のいしずえとなってきました。「質実剛健」の気風を堅持し、学業・部活動において有意義な高校生活を送ることを通じて、工業に関する基礎的・基本的な知識・技術の習得と今日の技術革新に即応できる能力の育成に努めています。

2023・2022 体育系部活動実績

Part 5

2023年、2022年の三重県高等学校総合体育大会（高校総体）上位入賞校（団体競技）を紹介。

※データの無い所は「―」となっています。

男子ハンドボール

2023年度 県大会	学校名	2022年度 県大会	学校名
1	四日市工業	1	四日市工業
2	いなべ総合	2	桑名工業
3	四日市南	3	いなべ総合

女子ハンドボール

2023年度 県大会	学校名	2022年度 県大会	学校名
1	四日市商業	1	四日市商業
2	暁	2	暁
3	四日市西	3	川越

ウエイトリフティング

2023年度 県大会	学校名	2022年度 県大会	学校名
1	四日市中央工業	1	亀山
2	亀山	2	四日市工業
3	四日市工業	3	四中工

男子弓道

2023年度 県大会	学校名	2022年度 県大会	学校名
1	津工業	1	三重
2	伊賀白鳳	2	伊勢学園
3	皇學館	3	伊勢工業

女子弓道

2023年度 県大会	学校名	2022年度 県大会	学校名
1	伊勢	1	四日市西
2	伊勢学園	2	皇學館
3	四日市メリノール	3	松阪

男子馬術

2023年度 県大会	学校名	2022年度 県大会	学校名
1	高田	1	高田

女子馬術

2023年度 県大会	学校名	2022年度 県大会	学校名
1	高田	1	高田

男子アーチェリー

2023年度 県大会	学校名	2022年度 県大会	学校名
1	海星	1	四日市四郷
2	三重	2	三重
3	四日市四郷	3	―

女子アーチェリー

2023年度 県大会	学校名	2022年度 県大会	学校名
1	三重	1	四日市四郷
2	四日市四郷	2	三重
3	―	3	海星

Tsu Commercial High School
[県立] 津商業高等学校

津市渋見町699　059-227-5320　www.mie-c.ed.jp/ctu　JR・近鉄「津」駅

制服／単位制／3学期制／始業時刻8:40／男女比率2/8／津駅から徒歩約15分

【修学旅行】
時　期▶2年生：2月
行き先▶長崎（2023）
（2022年は12月に広島へ）

【卒業著名人】
浅尾美和（元プロビーチバレー選手）
高見澤安珠（3000mSC、リオデジャネイロオリンピック代表）
カツラギ・石井肇、石井彰（お笑い芸人）

ビジネス科
簿記会計や情報処理、ワープロ、流通分野など、ビジネスに必要な知識・技能・マナーを幅広く学習する。
1年生は共通科目を修学し、2年生より、「会計類型」と「経営情報類型」の2種の類型からコースを選択。簿記検定や簿記実務検定などの資格を取得できる。また、取得した各種検定資格を活かした大学進学が可能。

情報システム科
ICT（情報通信技術）時代に対応して、コンピュータ・通信ネットワーク・データベースといった情報に関する専門分野の基礎を学習する。国家試験（ITパスポート試験・基本情報技術者試験）の合格、情報処理のスペシャリストを目指す。情報・簿記等の資格を生かし、就職はもちろん、推薦入試による大学等への進学も可能。

全力津商5クラブが インターハイ・全国大会出場！

↓令和5年3月
- 大学 68名（公立 1名、私立 67名）
- 短大 24名
- 専門学校 69名
- 就職 110名（県内 107名、県外 3名）
- その他 4名

過去3年間の卒業後進路
【大学】愛知／愛知学院／愛知淑徳／大阪産業／大阪商業／関西／環太平洋／京都橘／慶應義塾／皇學館／神戸国際／至学館／椙山女学園／鈴鹿医療科学／星城／大同／大東文化／中京／中京学院／中部／帝京／帝塚山／東海／東海学院／東海学園／東京富士／同志社／名古屋外国語／名古屋学院／名古屋商科／名古屋女子／南山／日本体育／日本福祉／八戸学院／びわこ成蹊スポーツ／福山公立／佛教／名城／四日市／立命館／龍谷／和歌山
【短大】愛知学院／鈴鹿／高田／中京学院／名古屋経営／名古屋女子／名古屋文化／名古屋文理／三重／ユマニテク
【専門学校】伊勢保健衛生／津看護／松阪看護／三重看護／三重県立公衆衛生学院／ユマニテク医療福祉大学校／ユマニテク看護助産／四日市医師会看護／大原法律公務員／鈴鹿オフィスワーク医療福祉
【就職】旭電器工業／イオンリテール／井村屋／キオクシア／協同油脂／協和ガス／近鹿健康管理センター／近畿日本鉄道／倉敷紡績／桑名三重信用金庫／鈴鹿農業協同組合／住友電装／中部電力パワーグリッド／津安芸農業協同組合／デンソー／東海旅客鉄道／東海労働金庫／東邦液化ガス／トヨタカローラ三重／中日本高速道路／日東電工／日本梱包運輸倉庫／日本郵便／百五銀行／本田技研工業／三重県漁業協同組合連合会／三重県商工会連合会／みえなか農業協同組合／山崎製パン／ニプロファーマ／ホンダ四輪販売三重北／亀山市消防職員／三重県警察官／三重県職員

過去2年間の倍率

ビジネス科

年度	入学定員	前期募集	志願	合格	倍率	後期募集	受検	合格	倍率
R 5年度	200	100	226	108	2.26	92	124	92	1.35
R 4年度	200	100	253	108	2.53	92	125	92	1.36

●前期：個人面接（10分程度）、作文（40分・400〜500字）、調査書、自己推薦書
　後期：学力検査（5教科）、調査書

情報システム科

年度	入学定員	前期募集	志願	合格	倍率	後期募集	受検	合格	倍率
R 5年度	40	20	31	22	1.55	18	11	18	0.61
R 4年度	40	20	35	22	1.75	18	25	18	1.39

●前期：個人面接（10分程度）、作文（40分・400〜500字）、調査書、自己推薦書
　後期：学力検査（5教科）、調査書

Summer / Winter

CLUB & CIRCLE
【運動部】バスケットボール（女子）、バレーボール（女子）、テニス（女子）、ソフトテニス、ソフトボール（女子）、バドミントン、ボート、陸上競技、硬式野球
【文化部】アニメ、演劇、家庭、コンピュータ、茶道、華道、写真、珠算・電卓、書道、新聞、人権啓発、吹奏楽、美術、放送、簿記、ワープロ、文芸
【同好会】ボランティア

★コンピュータ部
令和4年度全国情報処理競技大会　団体・個人優勝

【令和5年度　インターハイ出場】
陸上競技部
【令和5年度　全国大会出場】
コンピュータ部、ワープロ部、珠算・電卓部、簿記部

CALENDAR
- 4月 ■始業式 ■入学式
- 5月 ■中間テスト
- 6月 ■体育祭
- 7月 ■期末テスト ■終業式
- 9月 ■始業式
- 10月 ■中間テスト ■文化祭 ■国際交流
- 11月 ■遠足
- 12月 ■期末テスト ■終業式
- 1月 ■始業式 ■学年末テスト（3年）
- 2月 ■修学旅行
- 3月 ■卒業証書授与式 ■学年末テスト（1・2年）■クラスマッチ ■修了式

Hisai High School
県立 久居高等学校

津市戸木町3569-1　059-271-8100　http://www.mie-c.ed.jp/hhisai/　近鉄「久居」駅、三交バス「久居高校」

制服／単位制／3学期制／始業時刻8:45／男女比率5:5／自転車 久居駅から約15分

修学旅行
時　期▶2年生：10月
行き先▶長崎（2023年・2022年）

{ 卒業著名人 }
吉田沙保里（レスリング）
奥野春菜（レスリング）

普通科
令和4年度より、普通科・スポーツ科学コースを普通科の中に組み入れ、スポーツコースとし、普通コースやチャレンジコースとともに選択できるコースとすることで、幅広い科目選択によって個々の進路希望に対応している。**スポーツコース**では、1年次より体育系大学への進学や、実社会でスポーツに関わる人材育成を目標に、科学的トレーニング法など新しいスポーツ理論の科目設定を行っている。**普通コース**では、2年次より「看護」「保育」「公務員」をはじめ、多様なモデルコースを設置し、進路希望実現に適した教科目を配置することで希望実現に向けた支援を行う。**チャレンジコース**では、1年次より準備することによって国公立大学や難関・中堅私立大学への進学ニーズに対応している。

レスリング・ボクシング・体操・ライフル射撃部がインターハイに　書道部が全国高総文祭に出場

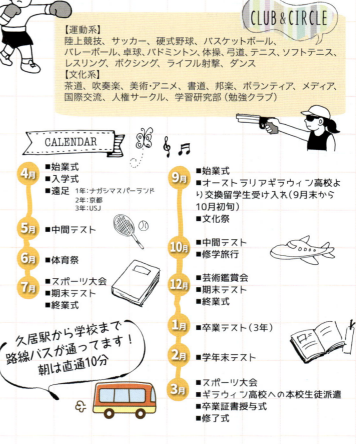

↓令和5年3月
待機者3名／その他3名／就職41名（県内34名、県外7名）／専門学校86名／短大25名／大学67名（国立1名、公立1名、私立65名）

過去3年間の卒業後進路

【大学】 三重／大分／信州／鳥取／帯広畜産／島根県立／青森公立／釧路公立／四日市／四日市看護医療／鈴鹿医療科学／鈴鹿／皇學館／至学館／愛知／愛知学院／愛知淑徳／愛知東邦／星城／愛知文教／愛知みずほ／名城／大同／中京／東海学園／名古屋外国語／名古屋学院／名古屋芸術／名古屋文理／名古屋経済／中央学院／中部／名古屋女子／名古屋商科／日本福祉／桃山学院教育／岐阜聖徳学園／岐阜協立／金城学院／びわこ成蹊スポーツ／静岡産業／天理／京都橘／京都芸術・通信教育部／京都精華／修文／京都産業／日本／龍谷／大阪産業／大阪経済／大阪学院／大阪国際／東海／日本体育／立教／福井工業／金沢工業／東洋／中央／岡山理科／福岡／九州共立／常葉／仙台

【短期大学】 三重／鈴鹿／高田／中日本自動車／ユマニテク／静岡県立農林環境専門職／大阪芸術／名古屋女子／大阪城南女子／関西女子／愛知医療学院

【専門学校】 三重中央看護学校／三重看護／津看護／ユマニテク看護助産／松阪看護／岡波看護／三重県立公衆衛生学院／三重介護福祉／名古屋医健スポーツ／名古屋医療秘書福祉

【公務員】 亀山市（消防）／愛知県（警察官）／大阪府（警察官）／三重県（警察官）／三重県（警察事務）／入国警備官／税務職員／刑務官／裁判所職員／自衛官

【就職先】 ライジング／住友電装津製作所／津松菱／エクセディ上野事業所／ホンダカーズ三重／井村屋／伊勢福／トヨタ自動車／日本フェニックス／久居LIXIL製作所／ニプロファーマ／鈴鹿サーキット／マックスバリュ東海／西濃運輸

過去2年間の倍率

普通科	年度	入学定員	前期 募集	前期 志願	前期 合格	前期 倍率	後期 募集	後期 受検	後期 合格	後期 倍率
	R5年度	200	60	144	66	2.40	134	132	132	0.99
	R4年度	200	60	172	66	2.87	134	141	134	1.05

●前期：希望するコースにより「作文型（45分 600字程度）」・体育型（実技検査）・「学力型（英・国または英・数より選択）」より事前に選択、集団面接（20分程度）
後期：学力検査（5教科）、調査書

［運動系］
陸上競技、サッカー、硬式野球、バスケットボール、バレーボール、卓球、バドミントン、体操、弓道、テニス、ソフトテニス、レスリング、ボクシング、ライフル射撃、ダンス

［文化系］
茶道、吹奏楽、美術・アニメ、書道、邦楽、ボランティア、メディア、国際交流、人権サークル、学習研究部（勉強クラブ）

CALENDAR

- **4月** ■始業式 ■入学式 ■遠足 1年：ナガシマスパーランド／2年：京都／3年：USJ
- **5月** ■中間テスト
- **6月** ■体育祭
- **7月** ■スポーツ大会 ■期末テスト ■終業式
- **9月** ■始業式 ■オーストラリアギラウィン高校より交換留学生受け入れ（9月末から10月初旬） ■文化祭
- **10月** ■中間テスト ■修学旅行
- **12月** ■芸術鑑賞会 ■期末テスト ■終業式
- **1月** ■卒業テスト（3年）
- **2月** ■学年末テスト
- **3月** ■スポーツ大会 ■ギラウィン高校への本校生徒派遣 ■卒業証書授与式 ■修了式

久居駅から学校まで路線バスが通ってます！朝は直通10分

Hisai Agricultural High School
[県立] 久居農林高等学校

津市久居東鷹跡町105　059-255-2013　http://hisai-norin.jp/　近鉄「久居」駅

[中部]

 制服　 単位制　 3学期制

 始業時刻 8:30　 男女比率 5/5　 久居駅から徒歩約15分

修学旅行　時期▶2年生：10月　行き先▶**兵庫・大阪**（2022年・2023年）

{ 卒業著名人 }
満仲由紀子（声優）

生物生産科
◎**食品コース**
農場から販売まで、多様な農産物から安全・安心な加工食品を生み出す食のスペシャリストを目指す。

◎**植物コース**
トマトやブドウなど、実際の野菜・果樹の栽培を通じて、「安全・安心な食料生産の知識」「栽培技術」を習得する。

生物資源科
◎**動物コース**
動物の管理、飼育を通して「食べることへの感謝」や「生命の大切さ」を学び、動物のスペシャリストに。

生活デザイン科
◎**食生活コース**
食生活に関する基礎的専門的な知識や技術を習得。和洋中の調理実習や製菓実習を実施。

◎**衣生活コース**
衣生活に関する基礎的専門的な知識や技術を習得。ハーフパンツ、ゆかた、ドレスや手芸などの実習を実施。

◎**リビングコース**
住生活に関する知識を住環境や福祉の観点から習得。リビングデザインや住宅模型などの実習を実施。

環境情報科
◎**環境保全コース**
自然環境の保全や、森林資源の活用について学び、生態系の持つ、様々な機能を体験的に学習する。

◎**ガーデニングコース**
草花の栽培管理や造園技術について学び、フラワーデザインやガーデニングなどの活用技術を身につける。

環境土木科
◎**土木・機械コース**
土木と機械に関する専門的な知識・技術を身につける。測量実習や土木の実験、機械や製図実習を実施。

就職内定率 100％の専門高校

過去3年間の卒業後進路
【大学】
三重／四日市／鈴鹿医療科学／皇學館／琉球／龍谷／名古屋学院／京都先端科学／愛知産業／大阪樟蔭女子／四国／中京学院／岐阜聖徳学園／名古屋学芸／名古屋女子／新潟食料農業／人間環境　ほか

【短大】
三重／高田／鈴鹿大学／ユマニテク／西日本／愛知学泉／名古屋文化　ほか

【専門学校】
三重県農業大学校／鈴鹿オフィスワーク医療福祉／三重県調理／ユマニテク調理製菓／ユマニテク看護助産／ユマニテク医療福祉大学校／津高等技術学校／伊勢保健衛生／東海工業 金山校／セントラルトリミングアカデミー／上田安子服飾／津看護／旭美容　ほか

【就職】
愛知機械工業／旭電器工業／アンセイ／井村屋／医療法人凰林会／大里畜産／オクムラ／おやつカンパニー／近藤緑化／田中紙管／中勢ゴム／中勢森林組合／津安芸農業協同組合／津松菱／デンソー／トヨタ自動車／トヨタ車体／トリックス／NAKAGAWA／ニプロファーマ／日本土建／八昇製菓／葉山電器製作所／ファナックサーボ／フタバ電子工業／本田技研工業／マスヤ／松阪精工／丸畳技研／三重金属／三重中西金属／みえなか農業協同組合／ヤマモリ／横浜ゴム／和田金ファーム／国家公務員／三重県職員／津市職員／自衛官　ほか

↓令和5年3月
大学12名　短大14名　専門学校63名　就職132名　待機者1名

演習林や農場など広くて近代的な施設が充実。

女子は冬用スラックス・ネクタイを追加！

Winter

CALENDAR
- 4月　■始業式　■入学式　■緑風デー
- 5月　■中間テスト　■進路先訪問　など
- 7月　■期末テスト　■クラスマッチ
- 9月　■体育祭
- 10月　■中間テスト　■遠足　■修学旅行
- 11月　■文化祭
- 12月　■期末テスト　■クラスマッチ
- 1月　■卒業テスト（3年）
- 2月　■学年末テスト（1・2年）
- 3月　■卒業証書授与式　■修了式
- その他のイベント　■わくわく農林塾

Summer

CLUB & CIRCLE
【運動部】
陸上、野球、バレーボール（男女）、サッカー、バスケットボール（男女）、ソフトテニス（男女）、卓球（男女）、剣道（男女）、弓道（男女）、山岳、ボクシング、自転車

【文化部】
美術、吹奏楽、放送、茶道、華道、写真、手芸、書道、JRC、囲碁将棋、生物、応援団、農産加工、動物、林業、都市工学研究、果樹・野菜、緑花

 学校紹介動画
 公式インスタ

過去2年間の倍率

生物生産科	年度	入学定員	前期				後期			
			募集	志願	合格	倍率	募集	受検	合格	倍率
	R5年度	40	20	40	22	2.00	18	17	18	0.94
	R4年度	40	20	43	22	2.15	18	23	18	1.28

● 前期：個人面接（10分程度）、作文（40分・400字程度）、調査書
　 後期：面接、学力検査（5教科）、調査書

環境土木科	年度	入学定員	前期				後期			
			募集	志願	合格	倍率	募集	受検	合格	倍率
	R5年度	40	20	26	22	1.30	18	20	18	1.11
	R4年度	40	20	27	21	1.35	19	8	10	0.42

● 前期：個人面接（10分程度）、作文（40分・400字程度）、調査書
　 後期：面接、学力検査（5教科）、調査書

生物資源科	年度	入学定員	前期				後期			
			募集	志願	合格	倍率	募集	受検	合格	倍率
	R5年度	40	20	40	22	2.00	18	17	17	0.94
	R4年度	40	20	66	22	3.30	18	26	17	1.44

● 前期：個人面接（10分程度）、作文（40分・400字程度）、調査書
　 後期：面接、学力検査（5教科）、調査書

生活デザイン科	年度	入学定員	前期				後期			
			募集	志願	合格	倍率	募集	受検	合格	倍率
	R5年度	80	40	66	44	1.65	36	36	36	1.00
	R4年度	80	40	79	44	1.98	36	37	36	1.03

● 前期：個人面接（10分程度）、作文（40分・400字程度）、調査書
　 後期：面接、学力検査（5教科）、調査書

環境情報科	年度	入学定員	前期				後期			
			募集	志願	合格	倍率	募集	受検	合格	倍率
	R5年度	40	20	41	22	2.05	18	16	17	0.89
	R4年度	40	20	20	20	1.00	20	8	15	0.40

● 前期：個人面接（10分程度）、作文（40分・400字程度）、調査書
　 後期：面接、学力検査（5教科）、調査書

2023・2022 体育系部活動実績

Part 6

2023年、2022年の三重県高等学校
総合体育大会（高校総体）上位入賞校（団体競技）を紹介。

※データの無い所は「―」となっています。

男子登山

2023年度		2022年度	
県大会	学校名	県大会	学校名
1	神戸	1	桑名工業
2	四日市	2	四日市
3	桑名工業	3	神戸

ボクシング

2023年度		2022年度	
県大会	学校名	県大会	学校名
1	水産	1	明野
2	海星	2	久居
3	久居農林	3	水産

男子レスリング

2023年度		2022年度	
県大会	学校名	県大会	学校名
1	いなべ総合	1	いなべ総合
2	朝明	2	朝明
3	松阪工業	3	松阪工業
	四日市四郷		四日市四郷

女子登山

2023年度		2022年度	
県大会	学校名	県大会	学校名
1	神戸	1	四日市
2	四日市	2	四日市農芸
3	四日市農芸	3	―

ボウリング

2023年度	
県大会	学校名
1	三重
2	桑名
3	―

女子なぎなた

2023年度		2022年度	
県大会	学校名	県大会	学校名
1	稲生	1	稲生
2	高田	2	高田
3	皇學館	3	―

男子フェンシング

2023年度		2022年度	
県大会	学校名	県大会	学校名
1	海星	1	海星
2	津東	2	津東
3	鳥羽	3	鳥羽

男子ゴルフ

2023年度	
県大会	学校名
1	三重
2	津田学園
3	いなべ総合

自転車

2023年度		2022年度	
県大会	学校名	県大会	学校名
1	朝明	1	朝明
2	久居農林	2	久居農林
3	三重	3	三重

女子フェンシング

2023年度		2022年度	
県大会	学校名	県大会	学校名
1	海星	1	鳥羽
2	津東	2	海星
3	鳥羽	3	津東

女子ゴルフ

2023年度	
県大会	学校名
1	津田学園
2	四日市メリノール
3	

Hakusan High School
[県立] 白山高等学校

津市白山町南家城678　059-262-3525　www.mie-c.ed.jp/hhakus　JR「家城」駅

普通科
1年では共通科目を学び、2年からは「普通類型」と「福祉類型」に分かれる。普通類型は、全般的な教養を身に付け、漢字能力検定や実用英語検定などが取得可能。福祉類型では、専門科目や実習を通して、福祉・介護の知識と技能を養い、介護職員初任者研修が取得可能。インターンシップなどの体験重視のキャリア教育を実施。

情報コミュニケーション科
1年では共通科目を学び、2年からは「メディア類型」と「観光ビジネス類型」に分かれる。メディア類型では、様々なメディアを活用し、情報処理・情報発信能力を養う。観光ビジネス類型では、商業経済関連の資格や、体験学習、商品PR、観光に関する心得やおもてなしの精神を学ぶ。情報処理、電卓実務、ワープロ実務、簿記実務などの取得が可能。

 制服　 単位制　 3学期制
 始業時刻 8:40　 男女比率 7/3　 徒歩約10分 家城駅から

修学旅行
- 時期▶2年生：10月
- 行き先▶大阪・兵庫（2023）
（2022年は10月に山梨・静岡へ）

{ 卒業著名人 }
奥田和男（元中日ドラゴンズ）

興味・関心、進路希望にあわせ 選択科目を多く設ける

↓令和5年3月
- 私立大学 6名
- 短大 8名
- 専門学校 17名
- 就職 42名（県内38名／県外4名）
- その他 1名

CLUB & CIRCLE
【運動部】
硬式野球、陸上競技、バスケットボール、卓球、サッカー、弓道、テニス
【文化部】
吹奏楽、美術、書道、家庭、商業、茶道
【同好会】人権サークル

Winter / Summer

過去3年間の卒業後進路
【大学】四日市／鈴鹿／皇學館／愛知産業／名古屋経済／日本福祉／名古屋音楽／京都精華／大阪商業／大阪観光／大阪人間科学／鈴鹿医療科学／名古屋商科／大阪学院
【短期大学】ユマニテク／奈良佐保／高田／三重／愛知文教女子
【専門学校など】伊勢容容美容／大原法律公務員／ユマニテク看護助産／三重調理／ユマニテク医療福祉大学校／名古屋平成看護医療／名古屋医健スポーツ／名古屋スクールオブビジネス／名古屋観光／京都伝統工芸大学校／京都建築大学校／大阪リゾート＆スポーツ／津高等技術学校／伊勢保健衛生／ミエ・ヘア・アーチストアカデミー／大原簿記医療観光／松阪看護／ルネス紅葉スポーツ柔整／日本福祉教育／名古屋情報メディア／バンタンデザイン／総合学園ヒューマンアカデミー
【就職先】おやつカンパニー／新生電子 松阪工場／山九 三重支社／正和製菓／アクセル／本田技研工業 鈴鹿製作所／中尾製作所／マリンフーズ／中勢ゴム／大興／井村屋／エースパック 三重津工場／三重河西／葉山電器製作所／CHAMPION CORPORATION／ハイパーツ三重／ミートサプライ／丸豊技研／ニチリン白山／三和プレス工業所／デリカ食品／マコトロイ工業／愛知機械工業／八昇製菓／正田食品／オクトス／ダイキョーニシカワ／ニシタニ／ライジング明和工場／嬉野食品工業／住友理工／トッパンパッケージプロダクツ 松阪工場／松阪興産／日新 三重工場／三重県松阪食肉公社／河田フェザー／SWS 西日本／万協製薬／ニプロファーマ 伊勢工場／東海紙器／日本サンガリアベバレッジカンパニー 上野工場／ガーデンクリエイト 名張工場／タカキタ／日本精工硝子 三重工場／ナベル／エクセディ 上野事業所／日東電工 亀山事業所／ヒサダ／トヨタ車体／黒崎播磨 名古屋支店／ロータス／ホンダカーズ三重／ホンダオート三重／三重中西金属／横浜ゴム 三重工場／日産プリンス 三重販売／ZTV／ENEOS ウィング／トーシンモバイルハートランド／コムライン／ダイム／シーズプランニング／日本フェニックス／アコーディアゴルフアセット／オリックスゴルフマネジメント／マルヤス／長島観光開発／鳥羽ビューホテル／ミヤコ産業／三重交通／日本郵便 東海支社／久居運送／サカイ引越センター／ヤマト運輸／佐川急便／中部企業／住ケン三重／三重中央農業協同組合／NOSEANA／オプト電工／松阪市社会福祉協議会／慈徳会／あけあい会／ベテスタこいしろの里／美里ヒルズ／博仁会／自衛隊

過去2年間の倍率

普通科

年度	入学定員	前期 募集	志願	合格	倍率	後期 募集	受検	合格	倍率
R5年度	40	20	41	22	2.05	18	12	12	0.67
R4年度	70	28	44	31	1.57	39	19	19	0.49

●前期：自己表現（個人面接10分程度）、調査書
　後期：学力検査（5教科）、個人面接（5分程度）、調査書

情報コミュニケーション科

年度	入学定員	前期 募集	志願	合格	倍率	後期 募集	受検	合格	倍率
R5年度	40	20	27	22	1.35	18	17	17	0.94
R4年度	35	18	15	15	0.83	20	9	9	0.45

●前期：自己表現（個人面接10分程度）、調査書
　後期：学力検査（5教科）、個人面接（5分程度）、調査書

CALENDAR
- 4月：■始業式 ■入学式 ■遠足
- 5月：■中間テスト
- 6月：■体育祭
- 7月：■期末テスト ■クラスマッチ ■終業式 ■夏季インターンシップ（2年）
- 8月：■夏季セミナー（3年）
- 9月：■始業式
- 10月：■中間テスト ■修学旅行
- 11月：■文化祭
- 12月：■期末テスト ■終業式 ■クラスマッチ
- 1月：■始業式
- 2月：
- 3月：■期末テスト ■卒業証書授与式 ■クラスマッチ ■修了式

Ueno High School

県立 上野高等学校

伊賀市上野丸之内107　0595-21-2550　www.mie-c.ed.jp/hueno　伊賀鉄道「上野市」駅

制服／単位制／3学期制／始業時刻8:45／男女比率5:5／駅から徒歩約5分

【修学旅行】
時期▶2年生:10月
行き先▶北九州（2023）

【卒業著名人】
椎名桔平（俳優）、平井堅（歌手）、麻耶雄嵩（推理作家）、伊藤たかみ（作家）

普通科
習熟度別少人数講座による授業を行い、大学入試に対応できる基礎力の向上と、進路に合わせた学習を行う。2年次より、文系・理系のコースを選択する。65分5限授業を実施し、土曜日の自習室の開放も行う。進学型キャリア教育を導入し、「大学合格のため」から「自分の夢と志の実現のため」へと学習目的を進化させる。

理数科
大学との連携や少人数教育で、高度化する理数系の力をしっかり養い、医歯薬系や理工系学部などの大学への進学を目指す。また、理数科合宿や京都大学訪問、三重大学の研究拠点での実験実習や成果発表を通じて勉学の意識を高める。文系の進路に興味が出てきた場合にも、十分対応できるカリキュラムになっている。

文武両道が上高スタイル

↓令和5年3月
- 大学 238名（国立38名／公立16名／私立184名）
- 専攻科 7名
- 短大 4名
- 就職 2名
- 待機者 13名

過去3年間の卒業後進路

【国公立大学】
三重／京都／大阪／神戸／名古屋／筑波／奈良女子／滋賀／和歌山／金沢／静岡／広島／新潟／三重県立看護／京都府立／滋賀県立／神戸市外国語／大阪教育／大阪公立／奈良教育／奈良県立／東京学芸／東京都立　ほか

【私立大学】
同志社／立命館／関西学院／関西／近畿／龍谷／京都産業／甲南／京都女子／同志社女子／畿央／京都橘／佛教／関西外国語／摂南／大阪経済／皇學館／鈴鹿医療科学／京都薬科／南山／名城／中京／法政／専修　ほか

3日間ある文化祭など学校行事が盛りだくさん
90%以上の生徒が部活動に加入

2019年度から5年間文部科学省より
スーパーサイエンスハイスクール（SSH）の指定を
受け、理数科・普通科の両科で探究活動に
取り組んでいます。

過去2年間の倍率

普通科
年度	入学定員	前期 募集	志願	合格	倍率	後期 募集	受検	合格	倍率
R5年度	200	—	—	—	—	200	175	200	0.88
R4年度	240	—	—	—	—	240	215	240	0.90

● 後期：学力検査（5教科）、調査書

理数科
年度	入学定員	前期 募集	志願	合格	倍率	後期 募集	受検	合格	倍率
R5年度	40	20	73	20	3.65	20	48	20	2.40
R4年度	40	20	79	20	3.95	20	54	20	2.70

● 前期：学力検査（数学・英語）、面接、調査書
後期：学力検査（5教科）、調査書

2020年度より男子生徒のシャツを指定しました

CLUB & CIRCLE

【運動部】
バスケットボール、ハンドボール、サッカー、バレーボール、テニス、卓球、硬式野球、剣道、弓道

【文化部】
吹奏楽、ギター・マンドリン、演劇、放送、新聞、写真、美術、書道、茶華道、あすなろインターアクト、USS Lab

【同好会】
E・S・S（英会話）、ひゅうまんはぁと（人権）

Winter

Summer

CALENDAR

- 4月：■始業式　■入学式　■遠足（1年：ナガシマスパーランド／2年：京都／3年：USJ）
- 5月：■スポーツテスト
- 6月：■考査テスト
- 7月：
- 8月：■課題テスト
- 9月：■文化祭（3日間）
- 10月：■中間テスト　■修学旅行　■クラスマッチ
- 11月：■考査テスト
- 12月：
- 1月：■課題テスト
- 2月：■マラソン大会
- 3月：■卒業証書授与式　■考査テスト　■クラスマッチ　■修了式

Iga Hakuho High School
[県立] 伊賀白鳳高等学校

伊賀市緑ケ丘西町2270-1　0595-21-2110　www.igahakuho.ed.jp　伊賀鉄道「桑町」駅

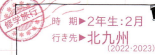

時期▶2年生：2月
行き先▶北九州（2022・2023）

【卒業著名人】
中村匠吾（2020年東京オリンピック男子マラソン日本代表選手）、
西山雄介（2022年世界陸上マラソン日本代表選手）

CLUB & CIRCLE

【運動部】
硬式野球、陸上競技、サッカー、バレーボール男子、バレーボール女子、バスケットボール男子、バスケットボール女子、卓球、ソフトテニス男子、ソフトテニス女子、硬式テニス男子、硬式テニス女子、剣道、柔道、弓道、ハンドボール、ゴルフ

【文化部】
写真、美術、工芸、メカトロニクス、エコカー、インターアクト、ボランティア、吹奏楽、演劇、茶華道、情報処理、バイオサイエンス、食研究

過去3年間の卒業後進路

【四年制大学】
愛知工業／大阪経済／大阪商業／青山学院／京都産業／皇學館／鈴鹿医療科学／中部／東海／日本体育／日本福祉／名城／明治／山梨学院／奈良／立教／龍谷

【短大・高専】
大阪国際／関西女子／滋賀／鈴鹿／高田／奈良芸術／奈良佐保／白鳳／ユマニテク

【専門学校等】
旭理容美容／ECCアーティスト美容／大阪医療／大阪情報コンピュータ／大阪動物／大阪バイオメディカル／大原簿記法律／岡波看護／関西美容／キャットミュージックカレッジ／京都建築大学校／トヨタ名古屋自動車大学校／奈良リハビリテーション／ナンバペット美容学院／放送芸術学院／三重調理／ユマニテク医療福祉大学校／ルネス紅葉スポーツ柔整

【就職先】
アイシン㈱／カリモク家具㈱／㈱デンソー／トヨタ車体㈱／㈱豊田自動織機／トヨタ自動車㈱／㈱日立建機ティエラ／UDトラックス㈱／日東電工㈱亀山事業所／古河電気工業㈱／本田技研工業㈱鈴鹿製作所／上野キヤノンマテリアル㈱／㈱クラフトワーク／㈱グリーンパッケージ／ケーエム精工㈱／ケイミュー㈱伊賀事業所／コクヨ㈱三重工場／サラヤ㈱／三甲㈱／ジャパンファインプロダクツ㈱／双福鋼器㈱／ダイベア㈱名張工場／中外医薬生産㈱／中西金属工業㈱名張工場／日榮新化㈱三重工場／日本精工硝子㈱三重工場／日本ニードルローラー製造㈱／日本ニューマチック工業㈱／パナソニック ライティングシステムズ㈱伊賀工場／㈱ミヤケ／㈱ミルボン ゆめが丘工場／モリテックスチール㈱三重大山田工場／㈱安永／LIXIL／㈱鈴木栄光堂／メロディアン㈱三重工場／㈱日本サンガリアベバレッジカンパニー／パティスリー　サンタ／山崎製パン㈱／伊賀ふるさと農業協同組合／北伊勢上野信用金庫／近畿日本鉄道㈱／西日本旅客鉄道㈱／日本郵便㈱東海支社／㈱アドバンスコープ／伊賀上野ケーブルテレビ㈱／中部電力パワーグリッド㈱三重支店／財団法人 中部電気保安協会／㈱トーエネック 三重支店／社会福祉法人 伊賀市社会事業協会／医療法人社団 岡波総合病院／社会福祉法人 グリーンセンター福祉会／財団法人信貴山病院分院上野病院／TOYO TIRE㈱／セメダイン㈱三重工場／上野ハウス／メナードランド／長島観光開発

機械科
工業分野における、幅広い専門的な知識や技術を習得し、基礎基本をおさえ、応用・創意工夫する力を身につけ、「夢をかたちにする」ものづくりに真剣に取り組む技術者を育てます。機械による加工技術を基礎から学び、溶接や鋳造、鍛造、汎用エンジンに分解組立、ボイラーの性能試験、金属材料試験、数値制御工作機械、電気、自動車制御等の幅広い実習を行います。

電子機械科
【ロボットコース】ロボットやコンピュータ制御に関する知識や技術を身につけ、ものづくりや生活を便利で豊かにするための、最先端な技術に対応できる技術者を育てます。
【電気工学コース】電気機器、電力技術、情報通信など電気エネルギーに関する知識や技術を身につけ、産業界で幅広く活躍できる電気技術者を育てます。

建築デザイン科
【建築・インテリアコース】「人にやさしい」住環境をテーマに、建築からインテリアまで幅広い知識を身につけるため、木工に関する学びに加え、建築の計画、施工の知識・技術など建築に関して実践的で高度な知識・技術を学びます。
【デザインコース】設計製図、素描やデザインなどの専門的な知識や技術を身につけ、美術系やデザイン系の進学を目指します。

フードシステム科
【フードサイエンスコース】「安全で安心な食品の提供」を目指して、食品分析、衛生管理や加工食品・醸造食品の製造に関する知識や技術を身につけ、食品業界で活躍できる技術者を育てます。
【パティシエコース】製菓に関する知識や技術を中心に、「食」を総合的に学び、「食」の分野で活躍できる人材を育てます。

生物資源科
安全で安心な農作物（野菜、草花、果樹など）を生産する知識・技術やバイオテクノロジーを使って新品種を開発する技術を身につけます。情報処理や簿記など商業に関する学習も採り入れ、商品の企画・販売・管理・宣伝・流通計画等のマーケティング技術を学び、「新しい農業経営」に対応できる技術者を育てます。

経営科
簿記会計や情報処理など経済や企業経営に関する専門的な知識・技術を身につけ、流通サービスをはじめ、経済活動におけるスペシャリストを育てます。簿記をはじめ、表計算・マルチメディアなどの情報処理やマーケティングなどの商品流通について学びます。

ヒューマンサービス科
【介護福祉コース】高齢者をはじめとする介護福祉に関する専門的な知識や技術を身につけ、福祉の様々な分野で介護を担うスペシャリストを育てます。
【生活福祉コース】乳幼児の保育、高齢者の介護など、社会福祉に関する専門的な知識や技術を身につけ、福祉施設や保育園などの実習を通して総合的に学びます。

7学科を設置する 三重県初の総合専門高校

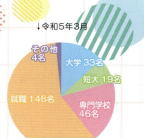

↓令和5年3月
大学 33名／短大 19名／専門学校 46名／就職 148名／その他 4名

Winter

Summer

過去2年間の倍率

機械科	年度	入学定員	前期 募集	前期 志願	前期 合格	前期 倍率
	R5年度	35	18	38	20	2.11
	R4年度	35	18	30	20	1.67

電子機械科	年度	入学定員	前期 募集	前期 志願	前期 合格	前期 倍率
	R5年度	35	18	21	18	1.17
	R4年度	35	18	29	20	1.61

建築デザイン科	年度	入学定員	前期 募集	前期 志願	前期 合格	前期 倍率
	R5年度	35	18	37	20	2.06
	R4年度	35	18	46	20	2.56

● 前期：個人面接(10分程度)、作文(45分・2～3のテーマに対し、各150～200字)、調査書

生物資源科	年度	入学定員	前期 募集	前期 志願	前期 合格	前期 倍率
	R5年度	35	18	31	20	1.72
	R4年度	35	18	31	20	1.72

フードシステム科	年度	入学定員	前期 募集	前期 志願	前期 合格	前期 倍率
	R5年度	35	18	43	20	2.39
	R4年度	35	18	36	20	2.00

経営科	年度	入学定員	前期 募集	前期 志願	前期 合格	前期 倍率
	R5年度	30	15	26	17	1.73
	R4年度	30	15	24	17	1.60

● 前期：個人面接(10分程度)、作文(45分・2～3のテーマに対し、各150～200字)、調査書

ヒューマンサービス科	年度	入学定員	前期 募集	前期 志願	前期 合格	前期 倍率
	R5年度	35	18	38	20	2.11
	R4年度	35	18	42	20	2.33

● 前期：個人面接(10分程度)、作文(45分・2～3のテーマに対し、各150～200字)、調査書

全科	年度	入学定員	後期 募集	後期 受検	後期 合格	後期 倍率
	R5年度	105	110	105	1.05
	R4年度	103	111	103	1.08

● 後期：面接、学力検査(5教科)、調査書　※くくり募集

CALENDAR

- 4月 ■入学式
- 5月 ■中間考査
- 6月 ■遠足
- 7月 ■期末考査 ■白鳳Cafe
- 8月 ■白鳳Cafe
- 9月 ■高校生活入門講座
- 10月 ■中間考査 ■体育祭
- 11月 ■文化祭
- 12月 ■期末考査 ■白鳳フェス ■クラスマッチ
- 1月 ■学年末考査(3年)
- 2月 ■修学旅行(北九州)
- 3月 ■学年末考査(1,2年) ■卒業証書授与式

三重県文化クラブ実績

Part 1　2022年1月～12月の文化部活動実績です
※個人結果については学校名のみ掲載しています。

演劇部門

大会名	結果	学校名
中部日本高等学校演劇大会	奨励賞	高田、暁
第42回近畿高等学校総合文化祭(和歌山大会)演劇部門	奨励賞	桑名西
三重県高等学校演劇大会	最優秀賞	高田、暁
	優秀賞	桑名西、四日市農芸
	優良賞	いなべ総合学園、三重、皇學館

日本音楽部門

大会名	結果	学校名
第46回全国高等学校総合文化祭(東京大会)	優秀賞文化庁長官賞	四日市南
全国高等学校総合文化祭優秀校東京公演	出場	四日市南
第42回近畿高等学校総合文化祭(和歌山大会)	出場	神戸、四日市南
三重県高等学校日本音楽演奏会	第1位	神戸
みえ高文祭	出場	高田

マーチングバンド＆バトントワリング部門

大会名	結果	学校名
第42回近畿高等学校総合文化祭(和歌山大会)	出場	高田、三重
マーチングバンド東海大会	銀賞	松阪工業
バトントワリング東海大会	銀賞	四日市、高田、暁、三重
みえ高文祭	出場	三重

合唱部門

大会名		結果	学校名
中部合唱コンクール	Bグループ	銀賞	暁
	Aグループ	銅賞	伊勢・宇治山田合同
	Aグループ	銅賞	四日市南
三重県合唱コンクール	Bグループ	金賞	県代表　暁
	Aグループ	金賞	県代表　伊勢・宇治山田合同
	Aグループ	金賞	県代表　四日市南
三重県アンサンブルコンテスト		最優秀	暁C
		優秀	暁A、暁B

Akebono Gakuen High School
[県立] あけぼの学園高等学校

伊賀市川東412　0595-45-3050　www.mie-c.ed.jp/hakebo　JR「新堂」駅、三交バス「あけぼの学園前」、専用スクールバス(名張駅・桔梗が丘駅発着)

中部

制服／単位制／2学期制／始業時刻9:10／男女比率4:6／駅から徒歩約15分

修学旅行
時期▶2年生：6月
行き先▶北海道
（2022年は12月に関西方面へ）

総合学科

国語、数学、英語などの普通科目のほか、特色ある多くの選択科目は「製菓調理」、「美容服飾」、「健康福祉」、「情報教養」の4つの系列と、自由選択科目群に分かれる。単位制のため、高校3年間で勉強する総単位数のうち、約半分は自分で選んで学ぶことができる。

- 製菓調理系列―和菓子、洋菓子やパン作りに関する理論や技術を学ぶ。
- 美容服飾系列―美容および服飾に関する知識および技術を学ぶ。
- 健康福祉系列―福祉や介護に関する技術や知識、健康に生きるための体力づくりなどを学ぶ。
- 情報教養系列―幅広い教養を身につけ、情報化社会に対応できる知識や技術を学ぶ。
- 自由選択科目―進学対策、中国語、基礎英語など。

「なりたい」が見つかる 自分探しにLet's Go!

過去3年間の卒業後進路

【大学】 大阪商業／関西外国語／京都光華女子／修文
【短大】 奈良佐保／ユマニテク
【専門学校】 OIC 大阪情報コンピュータ／大阪情報ITクリエイター／大阪ビューティーアート／ECC 国際外語／上田安子服飾／駿台観光＆外語ビジネス／HAL 大阪校／K-Two ネイルスクール／京都栄養医療／京都製菓製パン技術／京都芸術デザイン／愛知文化服飾／トヨタ名古屋整備学園　トヨタ名古屋自動車大学校／名古屋ファッション／名古屋カフェ・パティシエ＆調理／東京ベルエポック美容／ベルエポック美容／旭美容／大原法律公務員 津校／ユマニテク医療福祉大学校／ユマニテク調理製菓／三重県立津高等技術学校／徳風技能／トリマー養成スクール KENKEN

【就職先】（伊賀） アイ・エス・エス上野事業所／アイプロ／アスター美容／一ノ坪製作所／三重工場／エクセディ／エクセディ物流 上野事業所／恵比寿化成 三重工場／大阪高圧ホース／金澤兼六製菓 三重工場／カワテック／グリーンパッケージ／三甲 関西第二工場／サンショク／武田精機／トウペ三重工場／東洋ビューティー／ナカテツ／日栄化工・日栄新化／三重工場／ニッタ 名張工場／日本コルマー 伊賀工場／日本サンガリアベバレッジカンパニー伊賀工場／日本精工硝子／日本ロジックス／プラス・テク／VEMS／豊国工業／三重スプロケット／ミルボン／モリテックスチール／LIXIL 伊賀上野工場／三重イエローハット／パシフィックゴルフマネージメント／名阪チサンカントリークラブ／和興舗道／キング観光／丸末　島ヶ原カントリークラブ／ベルウィング代理店 上野営業所／名阪開発 名阪ロイヤルゴルフクラブ／伊賀の里モクモク手づくりファーム／ハートランド／あやまユートピア／伊賀市社会事業協会／近鉄スマイルライフ／近鉄スマイル桔梗が丘ケアセンター／敬峰会（伊賀の街）／名張厚生協会／ライフ・テクノサービス／トキワ／EASEL HAIR DESIGN／LILY／Pele
（県内） JMエンジニアリングサービス東芝メモリ四日市工場／テック東栄／ベストロジ三重／丸一／リケンテクノス三重工場／守成建設
（県外） PEEK-A-BOO／SERIO／SYNC／田谷　市が尾店／TAYA MICHEL DERVYN／toen／UKIUKI CLUB／Violet／VISAGE CREATION／VOGUE／WAKAHAYASHI／大阪府警

↓令和5年3月
大学2名／短大1名／その他7名／専門学校7名／就職47名

CLUB & CIRCLE
【運動部】 陸上競技、卓球、テニス、バドミントン、硬式野球部、バスケットボール
【文化部】 軽音楽、製菓製パン、ビューティークリエイト、放送、書道、パソコン、HRC、茶華道、写真

Winter

Summer

2021年度から一人一台iPadを活用したICT教育を実施!
CAD室に、最新型の高性能PC20台が整備!
3Dプリンターが整備され、e-sportsにも対応!
新たな学びが無限大に広がります。

★ビューティークリエイト部（全国大会優勝）
★写真部（全国大会出場）

過去2年間の倍率

年度	入学定員	前期 募集	前期 志願	前期 合格	前期 倍率	後期 募集	後期 受検	後期 合格	後期 倍率
R5年度	80	40	55	44	1.38	36	21	21	0.58
R4年度	80	40	52	45	1.30	35	37	35	1.06

●前期：個人面接(10分程度)、作文(30分・600字程度)、調査書
　後期：面接、学力検査(5教科)、調査書

あけぼのブログ

CALENDAR
- **4月** 前期始業式／入学式／身体測定
- **6月** 前期中間テスト／遠足（ナガシマスパーランド）
- **9月** 前期期末テスト／クラスマッチ
- **10月** 後期始業式／体育大会
- **11月** 文化祭／後期中間テスト
- **1月** 3年生学年末テスト／成果発表会
- **3月** 卒業証書授与式／後期期末テスト／クラスマッチ／修了式

Nabari High School
県立 名張高等学校

名張市東町2067-2　0595-63-2131　www.mie-c.ed.jp/hnabar/　近鉄大阪線「名張」駅

総合学科

Society5.0に対応する資質・能力を育成するため、質の高い教育を地域との連携により実現します。
校訓である「自律」「協調」「創造」をもとに、4系列9専攻のそれぞれが、地域を学びのフィールドとして、地域で活躍できる資質を身につけます。
- 文理アドバンス系列（人文専攻・看護医療専攻）
- 総合ビジネス系列（ビジネス専攻・情報処理専攻）
- 健康スポーツ系列（健康スポーツ専攻）
- 表現デザイン系列（美術専攻・音楽専攻・ファッション専攻・映像専攻）

制服 / 単位制 / 2学期制 / 始業時刻 8:50 / 男女比率 4:6 / 名張駅から徒歩約12分

修学旅行　時期▶2年生：6月　行き先▶北海道（2022・2023）

卒業著名人
沢田敏男（第20代京都大学総長・日本学士学院）、亀井利克（前名張市長）

Find Your Future
未来を見つける4系列9専攻

↓令和5年3月
待機者1名／大学29名（国立1名・私立28名）／就職47名（県内41名・県外6名）／短大14名／専門学校58名

CLUB & CIRCLE
【運動部】
新体操、硬式野球、テニス、卓球、サッカー、バレーボール、バスケットボール、ハンドボール、柔道、剣道部
【文化部】
吹奏楽、放送、美術、新聞、茶華道、ワープロ、漫画研究
【同好会】
ＥＳＳ同好会、ヒューマンライツ同好会

Winter / Summer

過去3年間の卒業後進路

【四年制大学】東京学芸／埼玉／大阪教育／近畿／龍谷／京都産業／関西外国語／佛教／桃山学院／畿央／阪南／大阪学院／奈良／皇學館／四日市／鈴鹿医療科学／鈴鹿／中京／仙台／日本／日本体育／立正／四天王寺／大阪芸術／大阪商業／大阪産業／天理／摂南／関西福祉科学／帝塚山／大阪経済法科／大阪電気通信／山梨学院／創価／嵯峨美術／羽衣国際　など

【短期大学】三重／高田／鈴鹿／白鳳／奈良佐保／関西外国語／関西女子／大阪夕陽丘学園／四天王寺／大阪成蹊／大阪音楽　など

【専門学校】大阪情報コンピュータ／関西経理／大原簿記法律／大阪観光／修成建設／放送芸術学院／旭美容／大阪アミューズメントメディア／ビジュアルアーツ／大阪ウエディング＆ブライダル／大阪デザイナー／大阪モード学園／高崎動物／辻調理師／神戸製菓／大阪ECO動物海洋／西日本ヘアメイクカレッジ／大阪ハイテクノロジー／OCA大阪デザイン＆ITテクノロジー／大阪芸術大学附属大阪美術／ヒューマンアカデミー大阪校／中部楽器技術／大阪ビューティーアート／上田安子服飾／グラムール美容／大阪アニメ・声優＆eスポーツ／東放学園　など

【看護・医療系専門学校】名張市立看護／岡波看護／津看護／関西学研医療福祉学院／ユマニテク看護助産／大阪医／森ノ宮医療学園／日本歯科学院／大阪歯科衛生士／伊勢志摩リハビリテーション　など

【就職（企業）】LIXIL／エクセディ／オーサカゴム／コクヨ／三甲／東洋エアゾール工業／シンキ配送／ダイジェット工業／ダイベア／タカキタ／トヨタ自動車／パナソニックライティングデバイス／ニッタ／ネッツトヨタ／ノーベル製菓／ボルグワーナー・モールステックジャパン／ホンダオート三重／藤森工業／日本ニューマチック工業／フジシール／ジーユー／日立化成／日本郵便／近畿日本鉄道／紀和マシナリー／日本コルマー／日本サンガリアベバレッジカンパニー／ヤマキン／中西金属工業／ホンダカーズ三重／昭和電工マテリアルズ／東研サーモテック／大陽日酸ＪＦＰ／三重いすゞ自動車／ジャパンファインプロダクツ／アイ・エス・エス／東洋ビューティ／菊水テープ／オー・アール・エフ／伊賀プレカット／マックスバリュ東海／山田化学／栄伸アート／安永／常盤薬品工業

【就職（公務員）】大阪府警／兵庫県警／名張市役所／海上自衛隊／自衛官候補生

柔道部男子団体（6年連続）
柔道部女子団体（13年連続）全国大会出場！
全国総合体育大会柔道競技100kg級　準優勝
全国高等学校柔道選手権大会81kg級　第3位

過去2年間の倍率

総合学科	年度	入学定員	前期 募集	前期 志願	前期 合格	前期 倍率	後期 募集	後期 受検	後期 合格	後期 倍率
	R5年度	200	100	184	108	1.84	92	78	78	0.85
	R4年度	200	100	229	105	2.29	95	108	95	1.14

● 前期：個人面接（10分程度）、学力検査（数学、英語）、調査書
　後期：面接、学力検査、調査書

CALENDAR
- 4月：始業式／入学式／遠足（年次毎で異なる）
- 5月：定期考査①／中高オンライン交流会
- 6月：修学旅行／体育祭
- 7月：定期考査②／球技大会
- 8月：
- 9月：
- 10月：定期考査③
- 11月：学校祭
- 12月：定期考査④
- 1月：卒業考査（3年生）
- 2月：学習成果発表会／定期考査⑤（1、2年生）
- 3月：球技大会／卒業証書授与式／修了式

県立 名張青峰高等学校
Nabari-Seihou High School

名張市百合が丘東6-1　0595-64-1500　www.mie-c.ed.jp/hseihou　近鉄「名張」駅、三交バス「名張青峰高校前」

普通科
「未来創造コース」と呼ぶ。多様な選択科目やキャリア教育により、自分の個性を理解し、自ら進路目標を考える。四年制、短期大学、専門学校など幅広い進路に対応し、多様な選択科目から必要な授業を選択する。

普通科・文理探究コース
国立大学や難関私立大学への進学に必要な学力を身に付ける。そのために、進学補習や個別対応を細やかに実施。2年からは、文系・理系のコースに分かれ、専用の科目から必要な授業を選択して学ぶ。
　将来、幅広い分野で専門職として活躍できる資質を育て、学習の意義・本質を探って見極めようとする態度を養う。

制服　単位制　3学期制

始業時刻 8:50　男女比率 5/5　名張駅からバスで約10分

修学旅行
時期▶2年生：12月
行き先▶沖縄（2022・2023）

卒業著名人
チャン・カワイ（Wエンジン）
水田わさび（声優）

過去3年間の卒業後進路

【国公立大・短大】大阪／九州／三重／愛知教育／大阪教育／室蘭工／信州／和歌山／鳥取／山口／徳島／高知／琉球／三重県立看護／前橋工科／滋賀県立／奈良県立／広島市立／尾道市立／山口東京理科／周南公立／高知工科／三重短期

【私立大】同志社／立命館／関西／関西学院／南山／名城／近畿／京都産業／龍谷／皇學館／鈴鹿医療科学／専修／創価／東海／愛知学院／愛知／中京／追手門学院／摂南／桃山学院／神戸学院／神田外語／名古屋外／関西外／京都外／桜美林／神奈川／神奈川工科／武蔵野／名古屋芸術／長浜バイオ／京都先端科学／京都女子／同志社女子／ノートルダム女子／佛教／京都美術工芸／京都看護／大阪経済／大阪芸術／大阪工業／大阪産業／大阪体育／大阪電気通信／四天王寺／阪南／関西医療／森ノ宮医療／大和／甲南女子／神戸女子／武庫川女子／畿央／天理ほか

【私立短大】高田／洗足こども／京都外国語／白鳳／龍谷大／関西外大／武庫川女子大／京都経済／大阪音大／夕陽丘学園／大阪成蹊／関西女子／四條畷学園／四天王寺／常磐会／奈良芸術ほか

全校生徒がchromebookを持つことで、授業中のICT活用度がさらにUPしました！
令和3年9月、Google for Education　事例校認定
ホッケー部が、強化指定校に認定
オーストラリア姉妹校訪問を再開！

過去2年間の倍率

普通科

年度	入学定員	前期 募集	志願	合格	倍率	後期 募集	受検	合格	倍率
R5年度	200	60	176	66	2.93	134	112	133	0.84
R4年度	200	60	194	66	3.23	134	127	134	0.95

●前期：集団面接（20分程度）、学力検査（数学、英語）、調査書
　後期：学力検査（5教科）、調査書

普通科文理探究コース

年度	入学定員	前期 募集	志願	合格	倍率	後期 募集	受検	合格	倍率
R5年度	40	20	45	22	2.25	18	39	18	2.17
R4年度	40	20	49	22	2.45	18	27	18	1.50

●前期：学力検査（数学、英語）、調査書
　後期：学力検査（5教科）、調査書

勉強と部活動を一生懸命頑張る人の高校

 Summer
 Winter

CLUB & CIRCLE

【運動部】
陸上競技（男女）、硬式野球（男）、サッカー（男）、卓球（男女）、バスケットボール（男女）、バレーボール（男女）、ハンドボール（男女）、テニス（男女）、ソフトボール（女）、剣道（男女）、バドミントン（男女）、ソフトテニス（男女）、ホッケー（男女）

【文化系】
ESS、吹奏楽、書道、コンピュータ、放送、写真、茶道、美術、文芸、箏曲、調理、人権サークル

CALENDAR

- 4月 ■始業式 ■入学式 ■遠足（ナガシマスパーランド・京都）
- 5月 ■中間テスト
- 6月 ■体育祭
- 7月 ■期末テスト ■クラスマッチ ■終業式
- 9月 ■始業式 ■文化祭
- 10月 ■中間テスト
- 11月
- 12月 ■期末テスト ■修学旅行 ■終業式
- 1月 ■始業式
- 2月
- 3月 ■卒業証書授与式 ■期末テスト ■クラスマッチ ■オーストラリア姉妹校訪問 ■修了式

National Institute of Technology, Toba College
[国立] 鳥羽商船高等専門学校

鳥羽市池上町1番1号　0599-25-8000　https://www.toba-cmt.ac.jp　近鉄「池の浦」駅

Instagram　Facebook　TOBA_KOSEN

※4年生からは私服

| 商船学科（航海コース）（機関コース） | 40人 6年度募集 |
| 情報機械システム工学科 | 80人 6年度募集 |

※情報機械システム工学科は5年、商船学科は5年半

高等専門学校は、技術者になるための勉強をする学校で、大学と同じ高等教育機関に属している。高専では高校と大学の7年間の教育内容を5年間（商船学科は5年半）で学ぶが、高校と同じ一般科目のほか、実験・実習などの体験型の授業を多く取り入れているなど、特色・魅力ある教育をおこなっている。

中学校 → 鳥羽商船高等専門学校 工学系（5年）→ 専攻科（生産2年）→ 社会人
商船系（5年半）→ 専攻科（海事2年）→ 社会人
4年生に編入学（工学系のみ）↑　3年生に編入学 → 大学／短大 → 大学院修士課程 → 進学
中学校 → 高等学校

過去5年間の進路

2019年から**電子機械工学科**と**制御情報工学科**を統合し、「**情報機械システム工学科**」になりました。

専門的な知識やスキルを身につけ、グローバルに活躍できる技術者を輩出

商船学科
求人倍率（過去5年間の平均）　航海コース 16.5／機関コース 27.5

就職先（過去5年間）
ECLエージェンシー／ENEOSオーシャン／MOLマリン＆エンジニアリング／NSユナイテッド海運／旭運輸／旭タンカー／旭メンテックス／イーグルシップマネージメント／イイノガストランスポート／伊勢湾マリン・サービス／一般財団法人新日本検定協会／出光興産／井本商運／ウィングマリタイムサービス／上野トランステック／宇部興産海運／大阪旭海運／オーシャントランス／オフショア・エンジニアリング／鹿児島船舶／川近シップマネージメント／川崎汽船／如月汽船／共栄マリン／協同海運／近郷船舶管理／グリーンシッピング／国立開発研究法人水産研究・教育機構／コスモ海運／国華産業／佐渡汽船シップマネジメント／サンエイ・マリン／山友汽船／三洋海事／四国開発フェリー／ジャパン マリンユナイテッド／正栄汽船／商船三井オーシャンエキスパート／商船三井フェリー／昭陽汽船／昭和日タンマリタイム／ショクユタンカー／白井汽船／新日本海サービス／新日本海フェリー／西部タンカー／第一中央内航／ダイキン工業／太平洋フェリー／大栄汽船／辰巳商会／田渕海運／中央海運／津軽海峡フェリー／鶴見サンマリン／帝国機械製作所／電脳交通／東京汽船／東幸海運／飛島コンテナ埠頭／トランスオーシャン／内海曳船／浪速タンカー／日本海洋事業／日本クルーズ客船／日本郵船／早駒運輸／琵琶湖汽船／ファーストマリンサービス／フェリーさんふらわあ／福寿船舶／防災特殊曳船／前川製作所／マキタ／名鉄海上観光船

進学先（過去5年間）
神戸大学／東京海洋大学／鳥羽商船高等専門学校専攻科（海事システム学専攻）

電子機械工学科
求人倍率（過去5年間の平均）　16.9

就職先（過去5年間）
FIXER／JALエンジニアリング／Lei Hau'oli／LIXIL／NECネッツエスアイ／NTT東日本グループ会社〈エンジニア〉／NTTファシリティーズ／NTTフィールドテクノ／UL Japan／愛知機械工業／アイリスオーヤマ／明石機械工業／旭化成／旭ダイヤモンド工業／旭電気／旭電器工業／アテック／アビスト／飯田設計／イオンディライト／出光興産／オークマ／奥地建産／花王／関西電力／関西保温工業／キクカワエンタープライズ／キヤノンマーケティングジャパン／京都製作所／きんでん／コベルコ建機日本／サントリーグループ／ジェイペック／ジャパンマテリアル／シンフォニアエンジニアリング／シンフォニアテクノロジー／第一工業製薬／ダイキンエアテク／ダイキン工業／高津製作所／タクマ／田中貴金属工業／タマディック／中部電力／テクモ／東海交通機械／東京エレクトロン／東京ガスネットワーク／東京電力ホールディングス／東京都下水道サービス／東芝インフラシステムズ／トノックス／トラスト・ネクストソリューションズ／ナブテスコ／西口神具店／西日本旅客鉄道／日信電子サービス／ニプロファーマ／日本オーチス・エレベータ／日本デキシー／日本ピソー／パナソニックEWエンジニアリング／パナソニック インダストリー／パナソニック コネクト／浜松ホトニクス／パワーサプライテクノロジー／半導体エネルギー研究所／日立ビルシステム／廣瀬精工／富士ソフト／富士テクノソリューションズ／富士フイルムビジネスイノベーションジャパン／プライザ／マイスターエンジニアリング／松田工業／万能工業／三重ダイハツ販売／水谷精機工作所／三菱ケミカルエンジニアリング／三菱電機エンジニアリング／三菱電機ビルソリューションズ／三菱電機プラントエンジニアリング／三菱電機メカトロニクスエンジニアリング／美和ロック／村田機械／村田製作所／ムラテックCCS／メンバーズ／吉川機械販売／四日市合成

進学先（過去5年間）
千葉大学／豊橋技術科学大学／長岡技術科学大学／山口東京理科大学／和歌山大学／鳥羽商船高等専門学校専攻科（生産システム工学専攻）

制御情報工学科
求人倍率（過去5年間の平均）　14.3

就職先（過去5年間）
CTCテクノロジー／FIXER／KDDIエンジニアリング／LIXIL／MIEテクノ／NECネッツエスアイ／NTTコム エンジニアリング／NTTファシリティーズ／NTTフィールドテクノ／RS Technologies／UL Japan／ZTV／アイ・シー・エス、アイリスオーヤマ／旭タンカー／旭電器工業／アビスト／アルプス技研／イーウェル／出光興産／エイジェックグループ／エース設計産業／エクシオモバイル／エヌ・ティ・ティ エムイー／エヌ・ティ・ティ・コミュニケーションズ／オムロンフィールドエンジニアリング／花王／関西電力／キクカワエンタープライズ／キヤノン／キヤノンシステムアンドサポート／勤次郎／クオリティソフト／国際ソフトウェア／サントリースピリッツ／シンフォニアエンジニアリング／シンフォニアテクノロジー／住友電設／盛徳海建建設／ソフトバンク／第一工業製薬／ダイキンエアテク／ダイキン工業／ダックシステム／中部電力／中部電力パワーグリッド／デジタルハーツ／東海旅客鉄道／東芝インフラシステムズ／東ソー／東レエンジニアリング／トーテックアメニティ／ソニーデジタルネットワークアプリケーションズ／トヨタシステムズ／トヨタプロダクションエンジニアリング／ナカムラ工業図研／西日本電信電話（NTT西日本）／日東電工／ニプロファーマ／日本原子力発電／日本たばこ産業／ネオジャパン／ネクストウェア／パナソニック／パナソニック インダストリー／パナソニック エレクトリックワークス社／万協製薬／百五銀行／百五コンピュータソフト／ファインディックスソリューション／ファインディックス／富士通クラウドテクノロジーズ／富士電機／富士フイルムビジネスイノベーションジャパン／フタミ金型／前川製作所／マスヤ／松阪ケーブルテレビ・ステーション／松田工業／御木本製薬／三菱電機エンジニアリング／三菱電機メカトロニクスエンジニアリング／美和ロック／村田機械／村田製作所／ムラテックフロンティア／メタウォーター／メンバーズ／森永乳業／ユーテック

進学先（過去5年間）
京都工芸繊維大学／静岡大学／信州大学／電気通信大学／豊橋技術科学大学／長岡技術科学大学／鳥羽商船高等専門学校専攻科（生産システム工学専攻）

（五十音順）

過去2年間の倍率
※志願者・合格者数は延べ人数を記載、志願倍率は実人数で計算しております。

商船学科

	定員	令和4年度 志願者数	令和4年度 合格者数	令和4年度 志願倍率	令和5年度 志願者数	令和5年度 合格者数	令和5年度 志願倍率
体験学習		10	10		25	11	
特別推薦		10	10		10	10	
一般推薦	40	12	11		13	13	
学力		24	11		29	8	
帰国生徒		0	0		0	0	
合計		56	42	1.30	77	42	1.60

情報機械システム工学科

	定員	令和4年度 志願者数	令和4年度 合格者数	令和4年度 志願倍率	令和5年度 志願者数	令和5年度 合格者数	令和5年度 志願倍率
特別推薦		45	45		34	34	
一般推薦		32	25		35	32	
学力	80	56	31		60	33	
帰国生徒		2	0		0	0	
合計		135	101	1.68	129	99	1.58

商船学科

教室は船、キャンパスは海 荒波を超えて行け!

商船学科では、5年半の在学期間中に船舶で職員として働くために必要なことについて学び、海技士免状や様々な資格が卒業時までに取得および受験可能となります。船の法律や構造など基礎を学ぶ「座学」と、実際に操縦したりエンジンを動かしたりする「実験・実習」を組み合わせたカリキュラムです。

航海コース
船の航海を指揮する航海士、将来の船長を養成するコースです。船の動かし方だけでなく星や天気、法律なども学びます!

機関コース
船のエンジンなど、あらゆる機器を管理する機関士、機関長を養成するコースです。エンジンだけでなく上下水、空調、電気制御など、すべての機器のエキスパートになります!

情報機械システム工学科

もの創りの未来は私たちの中にある!

情報機械システム工学科では、プログラミングを始めとする工学基礎を学び、「情報」「電気電子」「機械」について順に学習します。上級学年は自らの個性や特性に合わせて「専門性」「指向性」を決定するオーダーメイド型カリキュラムです。また、地域課題を解決するPBL(Project Based Learning)チームに1年生から所属し、机上の学習に留まらず、地域産業や文化を理解し工学的な解決法を提案できる実践的技術者を目指します。

高専ロボットコンテスト

全国の高専から毎年100を超えるチームが出場する高専ロボコンが開催されています。
東海北陸地区大会では2022年にデザイン賞・特別賞を受賞しました。

全国高等専門学校プログラミングコンテスト

2022年に開催されたコンテストの課題部門にて、特別賞を受賞しました!バレーボールにおける、選手間の譲り合いのミス「お見合い」が起きないように、オンラインで守備配置を作り上げるシステムが受賞しました。

Winter / Summer

CLUB & CIRCLE

大半の学生はいずれかの部に入部してクラブ活動に励んでいます。運動部は地区、県の大会や高専大会に参加するなど校外試合も盛んに行われています。

<運動部>サッカー部、ソフトテニス部、カッター部、少林寺拳法部、バレーボール部、バスケットボール部、陸上部、卓球部、剣道部、水泳部、バドミントン部
<文化部>ロボコン部、吹奏楽部、ESS、写真部、文芸部

CALENDAR

- **4月** ■入学式 ■新入生オリエンテーション
- **5月** ■前期中間試験
- **6月** ■体育祭
- **7月** ■東海地区高専体育大会 ■全国商船高専漕艇大会 ■前期末試験
- **8月** ■オープンキャンパス ■全国高専体育大会
- **9月** ■商船学科卒業式(5年半で卒業)
- **10月** ■全国高等専門学校プログラミングコンテスト ■高専ロボットコンテスト東海北陸地区大会 ■フィールドワーク(2年生) ■オープンキャンパス
- **11月** ■後期中間試験 ■工場見学(工業系4年生)
- **12月** ■就職支援セミナー ■海学祭(12/4)
- **1月** ■後期末試験
- **2月** ■卒業研究発表会
- **3月** ■情報機械システム工学科 卒業式

※新型コロナウイルス感染症の影響で日程を変更することがあります。

Kogakkan High School
私立 皇學館高等学校

伊勢市楠部町138　0596-22-0205　www.kogakkan-h.jp　近鉄「宇治山田」駅・「五十鈴川」駅、三交バス「皇学館大学前」

制服／3学期制／始業時刻8:35／男女比率4:6／冷暖房／駅から自転車約12分

- 進学コース　210人（6年度募集）
- 特別進学コース　70人（6年度募集）
- 中高一貫コース（6年制）もあり

{ 卒業著名人 }
ユッコ・ミラー（サックス奏者）
桂勢朝（落語家）

過去5年間の大学合格実績（6年制含む）

毎年約100人が皇學館大学へ進学。

【国立大学】北海道大学／東北大学／名古屋大学／京都大学／大阪大学／九州大学／筑波大学／東京医科歯科大学／横浜国立大学／名古屋工業大学／三重大学／東京学芸大学／信州大学／愛知教育大学／滋賀大学／京都教育大学／岡山大学／山形大学／茨城大学／富山大学／鳥取大学／島根大学／徳島大学／愛媛大学

【公立大学】名古屋市立大学／愛知県立芸術大学／三重県立看護大学／大阪市立大学／神戸市外国語大学／釧路公立大学／神奈川県立保健福祉大学／富山県立大学／都留文科大学／福知山公立大学／島根県立大学／名桜大学

【私立大学】青山学院大学／学習院大学／慶應義塾大学／國學院大学／駒澤大学／上智大学／中央大学／帝京大学／東海大学／東京農業大学／東京理科大学／東洋大学／日本大学／法政大学／明治大学／立教大学／早稲田大学／神奈川大学／金沢工業大学／朝日大学／名古屋学芸大学／愛知大学／愛知学院大学／愛知工業大学／愛知淑徳大学／金城学院大学／椙山女学園大学／大同大学／中京大学／中部大学／名古屋外国語大学／名古屋学院大学／名古屋商科大学／藤田医科大学／南山大学／日本福祉大学／名城大学／皇學館大学／鈴鹿医療科学大学／四日市看護医療大学／長浜バイオ大学／大谷大学／京都外国語大学／京都産業大学／京都芸術大学／同志社大学／立命館大学／龍谷大学／関西大学／関西外国語大学／近畿大学／摂南大学／関西学院大学／神戸女子大学／甲南大学／岡山理科大学

【短期大学】三重短期大学／高田短期大学

【大学校】防衛大学校／防衛医科大学校

【専門学校（過去3年間）】三重中央看護学校／津看護専門学校／三重看護専門学校／松阪看護専門学校／伊勢保健衛生専門学校／ユマニテク看護助産専門学校／大原法律公務員専門学校／伊勢理容美容専門学校　など

【就職（過去3年間）】警察官／伊勢消防／鳥羽市職員／紀宝町職員／自衛隊／神宮司廳／日本郵政　など

大学入試推薦枠（昨年度）
【附属校推薦】
皇學館大学
【指定校推薦】※約150大学
東京理科大学／中央大学／南山大学／名城大学／関西大学／関西学院大学／同志社大学／立命館大学／近畿大学／龍谷大学など

隣接する皇學館大学との共用施設

学生食堂
1・2階を合わせて約800席の学生食堂。大学生と高校生が時間差を設けて利用。

コンビニエンスストア
大学構内にあるFamilyMart。豊富な商品に加え各種サービスも充実。学生にとっては、なくてはならない店舗。

総合体育館
メインアリーナ（冷暖房完備）、サブアリーナ、柔道場、剣道場、トレーニングルーム、フリースペースを併せ持つ総合体育館。メインアリーナのギャラリー（観客席）にはランニングコースも設置。

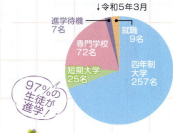
↓令和5年3月
- 進学待機 7名
- 就職 9名
- 専門学校 72名
- 短期大学 25名
- 四年制大学 257名

97%の生徒が進学！

オープンスクール
●開催時間／午前9:30〜

- 第1回　9月2日(土)3日(日)「皇學館を知ろう！」
  ※2日は伊勢市内の中学生対象、3日は伊勢市外の中学生対象
- 第2回　10月15日(日)「入試問題を知ろう！」
  ※入試過去問題を解説
- 第3回　11月11日(土)「クラブ活動を知ろう！」
  ※生徒による部活紹介

●内容　学校・入試説明　吹奏楽部によるミニコンサート　クラブ見学　個別進学相談会　スタンプラリー　※上記以外の日程での見学も可能。

問い合わせ｜皇學館高等学校　入試広報部　☎0596(22)0205

在校生 Voice

松原 佑芽さん
高校では自ら勉強する習慣が身につき、課外授業にも積極的に参加するようになりました。先生方は生徒の意見に耳を傾け、しっかり寄り添ってくださいます。今後は英検や漢検の受験、日本文化の研究、ボランティア活動など、さまざまなことに挑戦し、充実した高校生活を送りたいと思っています。

百々 彩乃さん
小学5年生から続けている茶道と学業を両立したいと思い進学校を選択しました。部活動に取り組みながら効率的に勉強できる環境のおかげで、毎日コツコツと学習する習慣が身につき、勉強内容も充実しています。生活面も含めて親身に相談に乗ってくださる先生方の存在も心強いです。

幅広い進路に対応。文武両道！
■進学コース
国公私立大学や専門学校などへの現役合格を目指すコース。生徒一人ひとりの関心と適性に応じた進路指導を実施。多くの生徒が部活動に所属し、東海大会や全国大会で入賞を果たすなど活躍している。

国公立・難関私立大学への現役合格を！
■特別進学コース
国公立大学や難関私立大学への現役合格を目指すコース。きめ細かな学習指導に加え、英数を強化した特進コース専用のカリキュラムがあり、週3回7限授業を実施。

基礎を固めるマイスタディープラン
- 担任面談 教科担当面談
- 朝学習（朝テスト）
- 今⇔未来手帳の記録による自己学習管理

進学コースをリノベーション！「自分の未来をデザインする」

①オール6限、放課後はクラブ活動、課外授業などに有効活用
②2年次から系統別クラスで希望進路に向けて集中学習
③系統別キャリアプログラムで社会に貢献できる人間力を育成
④マイスタディープラン（担任または教科担当との個人面談と「今⇔未来手帳」の記入）で自己学習管理
⑤習熟度に応じた学習サポート「G★S」で復習や入試に向けた実力養成をバックアップ

系統	クラスの進路目標	キャリアプログラム
1	国公立大学・私大教育系を目指す **国公立・教育系**	★大学入試講座 ★教育に関するテーマ探究
2	私大・専門学校・公務員を目指す **私大進学系**	★地域課題探究 ★地域貢献（ボランティア）活動
3	看護師などの医療関係職を目指す **医療看護系**	★医療職ガイダンス ★地域医療課題探究
4	理系学部への進学を目指す **進学理系**	★皇學館ラボ （テーマ研究・実験・発表）

CLUB & CIRCLE

体育系
バレーボール部／硬式野球部／バスケットボール部／卓球部／陸上競技部／バドミントン部／剣道部／柔道部／サッカー部／弓道部／薙刀部／テニス部／銃剣道部／ダンス部

文化系
吹奏楽部／茶道部／華道部／書道部／美術部／写真部／放送部／家庭部／文芸部／インターアクト部／ESS／囲碁・将棋部／自然科学研究部／演劇部／園芸同好会／人権サークル／未来理工同好会／CLL同好会

CALENDAR

Winter / Summer

- **4月**：■入学式 ■遠足
- **5月**：■第1学期中間考査
- **6月**：■月次祭神宮参拝 ■修学旅行
- **7月**：■第1学期期末考査 ■クラスマッチ ■オーストラリア語学研修
- **8月**：
- **9月**：■皇高祭 ■体育大会
- **10月**：■神嘗祭 ■第2学期中間考査
- **11月**：
- **12月**：■第2学期期末考査および卒業考査 ■クラスマッチ ■月次祭神宮参拝
- **1月**：
- **2月**：
- **3月**：■卒業式 ■学年末考査 ■クラスマッチ ■ニュージーランド（予定）語学留学

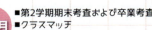

81

Mie High School
[私立] 三重高等学校

松阪市久保町1232　0598-29-2959　www.mie-mie-h.ed.jp/high/　JR「徳和」駅、近鉄「東松阪」駅、三交バス「三重高校前」

特進コース	進学コース
国公立大学・難関私立大学への進学を目指す生徒	全国大会で活躍する生徒 国公立大学進学を目指す生徒など
■探究を活用した主体的に学ぶ姿勢の醸成 ■密度の濃い7限授業（平日週4日）による授業時間の確保 ■目標達成を可能にする授業とカリキュラム ■長期休み中の充実した学習環境 ■学業と部活動の両立をサポート	■選抜クラス・アスリートクラス・進学クラスの設置 ■国公立大学も視野に入れた進学指導 ■中京大学への進学が有利 ■7限授業の実施（選抜週3日、アスリート・進学週2日） ■学業と部活動の両立をサポート

制服　3学期制　始業時刻8:30　男女比率5:5　冷暖房　自転車約15分（東松阪駅から）

★各教室・施設⇒冷暖房完備
★全館Wi-Fi環境整備
★1人1台のiPadの使用が可能

南部

卒業著名人
西野カナ（歌手）
tupera tupera（ツペラツペラ）亀山達矢（絵本作家）
加藤匠馬（中日ドラゴンズ）
水本裕貴（サッカー元日本代表）
山本亜依（女優）　など

学術とスポーツの
真剣味の殿堂たれ

Winter / Summer

過去3年間の卒業後進路（三年制のみ）

【国公立大学】筑波／信州／新潟／静岡／愛知教育／三重／奈良教育／奈良女子／大阪／大阪教育／滋賀／神戸／京都教育／広島／宮崎／都留文科／愛知県立／名古屋市立／三重県立看護　など
【私立大学】慶應義塾／法政／中央／駒澤／専修／東洋／東海／日本体育／中京／名城／皇學館／鈴鹿医療科学／立命館／同志社／関西／近畿／関西学院／関西外国語　など
【短期大学】愛知みずほ／名古屋文化／三重／鈴鹿／高田／ユマニテクなど
【専門学校】国立三重中央医療センター附属三重中央看護／ユマニテク看護助産／三重看護／松阪看護／津看護など
【就職】三重県警察／自衛隊／東海旅客鉄道／住友電装／東邦ガス／ヨネックス　など

↓令和5年3月
四年制大学・大学校 68%
短大・専門学校 28%
就職 2%
その他 2%

CLUB & CIRCLE

【強化指定クラブ】
陸上競技、硬式野球、ソフトテニス（男女）、バレーボール（男女）、サッカー（男女）、剣道（男女）、ソフトボール（女子）
【体育系】軟式野球、バスケットボール、卓球、応援、自転車競技、アーチェリー、弓道、ゴルフ、ワンダーフォーゲル、ダンス
【文化系】科学技術、書道、美術、吹奏楽、合唱、図書、囲碁、将棋、調理、演劇、人権サークルフレンズ、日本文化研究（華道・茶道・琴）、ボランティア、N.L.B.P（新聞・文芸・放送・写真）、I.L.C（外国語）、バトントワリング

照明などの本格的設備、野球・サッカー専用グラウンド等多数

CALENDAR

- **4月** 入学式／校内実力試験（1・2年）／遠足（2年進学・3年）
- **5月** 1学期中間試験／修学旅行（2年特進）／県総体
- **6月** 芸術鑑賞／統一テスト（3年）／スポーツ大会
- **7月** 1学期期末試験／補習・補充授業
- **8月** 補習・補充授業
- **9月** 校内実力試験（1・2年）／統一テスト（3年）／翠巒祭（学園祭・体育祭）
- **10月** 2学期中間試験／遠足（1年特進）／修学旅行（2年進学）
- **11月** 新人大会
- **12月** 2学期期末試験
- **1月** 校内実力試験（1・2年）
- **2月** 統一テスト（2年）
- **3月** 卒業式／学年末試験／駅伝大会／スポーツ大会

82

Ise Gakuen High School
私立 伊勢学園高等学校

伊勢市黒瀬町562-13　0596-22-4155　www.isegakuen.ac.jp　近鉄「宇治山田」駅、JR「五十鈴ヶ丘」駅

制服／3学期制／始業時刻 8:35／男女比率 4:6／冷暖房／自転車 宇治山田駅から約10分／アルバイト ※許可制

特別進学コース
多くの生徒がクラブに所属。1年で基礎学力を養い、2年で文系・理系を選択し、応用力を身に付けます。3年では入試本番に向けた試験対策学習を進行。クラス替えがないので、クラスメイトとの交流も深まります。

看護医療コース
一般教科に加え、看護や福祉についての専門的な科目をたくさん学べます。校内基礎実習があり、実践的に学習できます。学園内に看護師を養成する伊勢保健衛生専門学校が併設されており、特別推薦枠があります。

選択コース
1年は、一般教科を中心に基礎学力を固めます。2・3年で、商業の科目を履修する「情報ビジネスコース」、理美容の専門技術が学べる「生活デザインコース」、大学・短大・専門学校への進学を目指す「進学コース」に分かれます。

県内で唯一、全学年が教養・マナー講座を履修

NEW 女子制服にスラックス採用　Summer　Winter

主な進路先（近年データより）

【大学】三重／同志社／日本／森ノ宮医療／関西／立命館／愛知工業／皇學館／金城学院／至学館／名古屋音楽／鈴鹿医療科学／四日市／名古屋外語／人間環境／愛知学院／日本福祉／関西看護医療／一宮研伸／鈴鹿／中部／岐阜協立／大同／金沢学院／大阪商業／東海学園／名古屋芸術 他

【短期大学】三重／ユマニテク／鈴鹿／高田／愛知文教女子／名古屋文理 他

【専門学校】伊勢保健衛生／伊勢調理製菓／伊勢理容美容／大原簿記情報医療 津校／名古屋コミュニケーションアート／名古屋リゾート＆スポーツ／津看護／松阪看護／ユマニテク看護助産／ユマニテク医療福祉大学校／伊勢志摩リハビリテーション／旭美容／伊勢地区医師会准看護学校／県立津等技術学校／トヨタ名古屋自動車大学校／日産愛知自動車大学校／名古屋医療スポーツ／名古屋医専／三重県立公衆衛生学院 他

【就職】神宮司廳／伊勢福／赤福／ヴィソン多気／三重交通／万協製薬／ライジング／ヤマナカフーズ／広瀬精工／ニプロファーマ伊勢工場／住友理工／八昇製菓／猿田彦神社／二見興玉神社／邦栄会／パナソニックエクセルプロダクツ伊勢事業所／旭電器工業／井村屋／横浜ゴム三重工場／TBCグループ／日本郵便／鳥羽シーサイドホテル／アドウェル／永谷園フーズオクトス工場／倉敷紡績三重工場／サカイ引越センター／三水フーズ／志摩スペイン村／瀬古食品／大和リゾート Hotel&Resorts ISE-SHIMA／戸田家／鳥羽テクノメタル／日新／松田精工／森伸／ヤマト運輸／自衛隊／桑名三重信用金庫／伊勢カントリークラブ／多気郡農業協同組合／伊勢農業協同組合／ヤマモリ／エクセディ上野事業所／シオノギファーム 他

CLUB & CIRCLE

【体育系】ソフトボール、弓道、陸上競技、バスケットボール、バドミントン、バレーボール、サッカー、ヒップホップダンス、卓球

【文化系】演劇、科学、家庭手芸、華道、コーラス、茶道、写真、書道、商業実務、イラスト、ボランティア、eスポーツ

【学校所属クラブ】吹奏楽、ブロッサムサークル（人権）

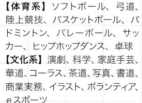

CALENDAR

- **4月** ■入学式　■遠足（全学年）1年：志摩スペイン村　2年：鈴鹿サーキット　3年：長島スパーランド
- **5月** ■曽爾校外学習（1年）
- **6月** ■修学旅行（2年・北海道）
- **7月** ■コースの日　■母校訪問　■スポーツ大会
- **8月** ■夏期課外補習　■夏期集中講義（特進・看医）　■サマーフェスタ（中学生対象）
- **9月** ■双池祭（文化祭）　■体育祭　■事務実習（3年）
- **10月** ■保育実習（2年）
- **11月** ■施設実習（2年看医）　■コースの日
- **12月** ■冬期課外補習　■歯科衛生実習（2年）
- **1月** ■3年生送る会
- **2月** ■テーブルマナー（3年）　■和食マナー（2年）
- **3月** ■卒業証書授与式　■スポーツ大会

Matsusaka High School
[県立] 松阪高等学校

松阪市垣鼻町1664　0598-21-3511　www.mie-c.ed.jp/hmatus　近鉄「東松阪」駅・JR「徳和」駅

制服／単位制／3学期制

始業時刻 8:30／男女比率 4:6／東松阪駅から 0.75km

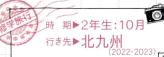
修学旅行
時　期▶2年生：10月
行き先▶北九州（2022・2023）

【卒業著名人】
田村憲久（国会議員）
石原壮一郎（コラムニスト）

理数科
難関国公立大学・難関私立大学への進学に適したカリキュラム。1年次から、国語・数学・英語の授業を2クラス3講座に分割し、実力養成を考えた少人数授業を実施。また、文系学部への進学にも対応できるよう、文系・理系別コースを設置。土曜日は課外授業・自主学習を実施し、1・2年は夏休みに東大・京大へ夏期研修、春休みに学習合宿がある。

普通科
2年次から文系・理系のクラス編成を行い、それぞれのコースで進路に適した科目を選択できる。3年次では、国公立大・私立大などそれぞれの進路希望に対応できるよう、科目選択の幅を広げている。夏休みや放課後、土曜日の課外学習などを充実させ、きめ細かな指導によって学力の向上を図る。文武両道を目指す生徒が多く在籍。

自由な校風　文武両道で充実した生活

↓令和5年3月

大学 294名（国立122名／公立37名／私立135名）
就職 1名
専門学校 2名
短大 4名
待機 18名

Winter

Summer

CLUB & CIRCLE
【生徒会直属】
吹奏楽、バトン・応援指導
【文化部】
SSC、英語、合唱、郷土研究・地理、美術、書道、放送、写真、文芸、家庭、茶道、SCマンガ
【運動部】
陸上競技、野球、卓球、バレー、テニス、ソフトテニス、ラグビー、バスケット、サッカー、ソフトボール、バドミントン、ダンス、弓道

文部科学省から研究指定された「スーパーサイエンスハイスクール（SSH）」

過去3年間の卒業後進路

【国公立大】
東京／京都／大阪／名古屋／北海道／東京工業／一橋／神戸／北海道教育／北見工業／弘前／岩手／筑波／千葉／埼玉／東京医科歯科／東京外国語／横浜国立／山梨／新潟／金沢／富山／福井／信州／静岡／岐阜／愛知教育／名古屋工業／三重／滋賀／和歌山／京都教育／京都工芸繊維／大阪教育／兵庫教育／奈良教育／奈良女子／鳥取／島根／岡山／広島／徳島／愛媛／高知／福岡教育／長崎／琉球／高崎経済／前橋工科／千葉県立保健医療／神奈川県立保健福祉／横浜市立／石川県立／金沢美術工芸／公立小松／福井県立／長野／長野県立／公立諏訪東京理科／岐阜薬科／静岡県立／静岡文化芸術／愛知県立／名古屋市立／三重県立看護／滋賀県立／京都府立／奈良県立／大阪公立／神戸市外国語／兵庫県立／岡山県立／県立広島／広島市立／下関市立／周南公立／高知工科／北九州市立／長崎県立

【私立大】
慶應義塾／早稲田／中央／日本／専修／東洋／東海／青山学院／法政／明治／金沢工業／愛知／愛知学院／愛知工業／愛知淑徳／中部／中京／大同／豊田工業／藤田医科／名城／南山／金城学院／椙山女学園／名古屋学芸／名古屋外国語／名古屋学院／皇學館／鈴鹿医療科学／四日市看護医療／近畿／京都産業／立命館／同志社／同志社女子／龍谷／摂南／佛教／甲南／大阪工業／関西／関西学院／関西外国語 ほか

【短大・大学校・専門学校】
防衛大学校／三重短大／奈良芸術短大／京都経済短大／三重中央看護学校／三重県立公衆衛生学院／愛知県立総合看護専門学校 ほか

過去2年間の倍率

普通科

年度	入学定員	前期				後期			
		募集	志願	合格	倍率	募集	受検	合格	倍率
R5年度	240	—	—	—	—	240	189	241	0.79
R4年度	200	—	—	—	—	200	148	200	0.74

● 後期：学力検査（5教科）、調査書

理数科

年度	入学定員	前期				後期			
		募集	志願	合格	倍率	募集	受検	合格	倍率
R5年度	80	40	217	41	5.43	39	154	39	3.95
R4年度	80	40	175	40	4.38	40	118	40	2.95

● 前期：学力検査（数学・英語）、調査書／後期：学力検査（5教科）、調査書

CALENDAR

4月
- 始業式
- 入学式
- 遠足（1年：奈良、2年：京都、3年：京都）

5月
- 中間テスト

6月
- 体育祭

7月
- クラスマッチ
- 期末テスト
- 終業式
- 理数科研修旅行

8月
- 始業式

9月
- 文化祭

10月
- 中間テスト
- 遠足（1年：劇団四季観劇）
- 修学旅行

12月
- 期末テスト
- 終業式

1月
- 始業式

3月
- 卒業証書授与式
- 学年末考査
- クラスマッチ
- 終業式
- 理数科合宿

Matsusaka Commercial High School
県立 松阪商業高等学校

松阪市豊原町1600　0598-28-3011　mie-matsusho.jp/　近鉄「櫛田」駅、JR「徳和」駅

総合ビジネス科
1年次に基本を固め、2年次で関心・進路に基づいて、「会計」「情報システム」「ビジネス・マネジメント」から分野を選びます。商業と情報に関する専門的な知識・技術を習得し、企業や組織の一員として活躍する人材を育成。商業科目が充実しており、情報分野（プログラミング、ネットワーク等）に関する科目も豊富。

国際ビジネス科
総合ビジネス科の特色に、英語の四技能「読む/書く/聞く/話す」を育てる『英語教育』をプラスした学科。商業・情報の専門的な知識・技術と、英語活用能力の両立によって、グローバル人材を育成。豊富な商業科目に加えて、英語を中心に普通科目も充実しており、国際的視野を広げながら経営感覚を伸ばします。

制服／単位制／3学期制／始業時刻 8:35／男女比率 3/7／徒歩 櫛田駅から徳和駅から約20分

修学旅行　時期▶2年生：10月　行き先▶北九州(2023)

豊富な選択科目で就職・進学に両対応
陸上競技部インターハイ出場

↓令和5年3月

卒業後進路（円グラフ）
- 大学 41名
- 短大 5名
- 専門学校 35名
- 就職 56名
- 待機者 2名

Summer / Winter

※II型制服にはスラックスタイプもあります。

過去3年間の卒業後進路

【四年制大学】三重／新見公立／北九州市立／福知山公立／愛知学院／愛知淑徳／愛知／大阪芸術／大阪産業／大阪商業／大手前／関西外国語／神戸学院／岐阜協立／岐阜聖徳／京都外国語／京都産業／京都橘／近畿／恵泉女学園／皇學館／椙山女学園／鈴鹿医療科学／鈴鹿／拓殖／中京学院／中京／帝塚山学院／名古屋外国語／名古屋学院／名古屋経済／南山／日本赤十字豊田看護／日本体育／東大阪／聖泉／法政／名城／目白／四日市看護医療／立命／関西／金沢工業／国士舘／創価／大阪学院／大阪経済／大阪体育／中部／東海学院／東海学園／桃山学院／日本福祉／文教

【短期大学】三重／高田／鈴鹿／名古屋／名古屋文化／名古屋女子

【専門学校】伊勢保健衛生／公衆衛生学院／三重中央看護／松阪看護／津看護／HAL名古屋／大原簿記／東京IT　など

【就職先】SWS西日本／THK三重工場／イオンリテール／嘉祥会／御福餅本家／ゴートップ／スズキ自販三重／オクムラ／三十三銀行／キオクシア／シンフォニアテクノロジー／セントラルグラスファイバー／つぼみ保育園／東海労働金庫／トヨタ自動車／トライス／長島観光開発ナガシマリゾート／日産プリンス三重販売／ニプロファーマ 伊勢工場／パナソニックライフソリューションズ電材三重／万協製薬／みえなか農業協同組合／山本機工／ヤマモリ／エヌアール／伊勢観光開発／アレクシード／ぎゅーとら／コイサンズ／コスモス・コーポレイション／テイビョウ／テクノスジャパン／東海セイムス／ニチイ学館／ノリタケカンパニーリミテド／ホンダカーズ三重／久居LIXIL製作所／戸田家／三ツ知製作所／赤福／大津屋／百五銀行／京セラドキュメントソリューションズ／近鉄日本鉄道／桑名三重信用金庫／健栄製薬／三重ダイハツ販売／松阪ケーブルテレビ・ステーション／中部電力パワーグリッド／東海不動産／東海旅客鉄道／凸版印刷／日本郵便／美和ロック／本田技研工業／大阪府職員／大台町役場／国家公務員／三重県警／自衛隊　など

CLUB & CIRCLE

【運動部】
硬式野球、ソフトボール、陸上競技、ソフトテニス、バレーボール、男子バスケットボール、女子バスケットボール、バドミントン、卓球

【文化部】
コンピュータ、簿記、ワープロ、珠算・電卓、商業美術、ESS (English Speaking Society)、ギター、吹奏楽、茶道、書道、放送

【同好会】
SBP (Social Business Project)、華道、人権

★陸上競技部（インターハイ入賞）
★硬式野球部（県ベスト4）
★バドミントン部（県新人大会2部ダブルス優勝）
★ギター部（東海大会最優秀賞・全国大会優秀賞・全国総文東京大会出場）
★コンピュータ部（県高校生唯一の応用情報技術者試験合格）
★ESS（県大会優勝・東海北陸ブロック2位）
★SBP（三重県研究大会優勝）

【両学科】
○実りある経験を重ねる教育活動。「VISON」と連携、DXについて実社会から学ぶ。
○知識技術の正解を求める資格取得と、答えのない時代に最適解を探究する学習を両立。
○就職から大学進学まで、幅広い進路に対応したカリキュラム。単位制を生かし、豊富な選択科目から、一人ひとりの進路に対応した時間割を作る。
○台湾・新北市立三重高級商工職業学校と姉妹校。オーストラリア語学研修の計画。グローバル教育、多文化共生、ダイバーシティ、変化する社会を学ぶ。

【ビジネス探究プログラム】
学びのPlan-Do-Check-Actionで発想力、企画力、提案力、コミュニケーション力を育成！

- 3年：課題研究
- 2年：マーケティング/ビジネス・コミュニケーション
- 1年：ビジネス基礎

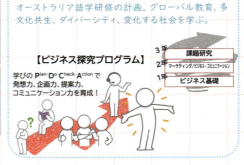

CALENDAR
- 4月：■入学式　■遠足（学年別）信楽、長島観光リゾート、京都ほか
- 5月：■中間テスト
- 6月：■体育祭
- 7月：■期末テスト　■クラスマッチ
- 8月：■高校生活入門講座
- 9月：■文化祭
- 10月：■中間テスト　■修学旅行　■中学生対象授業公開
- 11月：■期末テスト
- 12月：■クラスマッチ　■卒業テスト（3年）
- 1月：■課題研究発表会
- 2月：■学年末テスト（1・2年）
- 3月：■卒業証書授与式　■国際交流研修（オーストラリア）

過去2年間の倍率

総合ビジネス科

年度	入学定員	前期 募集	志願	合格	倍率	後期 募集	受検	合格	倍率
R5年度	120	60	110	66	1.83	54	53	53	0.98
R4年度	120	60	114	66	1.90	54	57	54	1.06

国際ビジネス科

年度	入学定員	前期 募集	志願	合格	倍率	後期 募集	受検	合格	倍率
R5年度	40	20	24	22	1.20	18	9	9	0.50
R4年度	40	20	23	20	1.15	20	15	18	0.75

●前期：集団面接（20分程度）、作文（60分、600～800字程度）、調査書
　後期：学力検査（5教科）、調査書

Matsusaka Technical High School

[県立] 松阪工業高等学校

松阪市殿町1417　0598-21-5313　www.mie-c.ed.jp/tmatus/index.html　近鉄・JR「松阪」駅

制服／単位制／3学期制／始業時刻 8:35／男女比率 8：2／松阪駅から徒歩約15分

修学旅行　時期▶2年生：11月　行き先▶北九州（2021・2022）

【卒業著名人】
奥田碩（トヨタ自動車・元会長）斎藤育造（レスリング、元オリンピック選手）桂文我（落語家）井口佳典（競艇）

過去3年間の卒業後進路

【大学】
三重／愛知工業／金沢工業／皇學館／嵯峨美術／鈴鹿／鈴鹿医療科学／京都精華／京都芸術／順天堂／大同／中京／中部／帝塚山／東京農業／名古屋造形／日本／日本福祉／名城　ほか

【短大・高専】
女子美術／高山自動車／中日本自動車／奈良芸術／近畿大学工業高等専門学校　ほか

【専門学校】
津高等技術／伊勢保健衛生／大阪文化服装学院／中日美容／東放学園／トヨタ名古屋自動車大学校／トライデントデザイン／中日本航空／名古屋工学院／名古屋デザイナー学院　ほか

【就職先】
アイシン／愛知機械工業／愛知製鋼／アドヴィックス／井村屋／SWS西日本／NTN自動車事業本部三雲製作所／神路社／川島織物セルコン／キオクシア／京セラドキュメントソリューションズ玉城工場／近畿日本鉄道／健栄製薬／コスモ石油／ジャパンマリンユナイテッド津事業所／シンフォニアエンジニアリング／シンフォニアテクノロジー伊勢製作所／住友電装津製作所／大同特殊鋼／ダイハツ工業／ダイヘン／タカノフーズ関西／中央発條／中部電気保安協会／中部電力パワーグリッド／THK三重工場／デンソー／東海旅客鉄道東海鉄道事業本部／トーエネック／トヨタ自動車／豊田自動織機／トヨタ車体／トライス／ナブテスコ津工場／日東電工亀山事業所／ニプロファーマ伊勢工場／日本碍子／日本車輛製造／日本郵便東海支社／パイロットインキ／パナソニックIS社伊勢地区／パナソニックLS電材三重／パナソニックLS社津工場／林純薬工業／万協製薬／ホンダカーズ三重／本田技研工業鈴鹿製作所／丸善石油化学／三重硝子工業／三重金属工業／三重トヨペット／三重中西金属／三重日野自動車／美和ロック／明成化学工業／UACJ名古屋製造所／横浜ゴム三重工場　公務員　ほか

学科紹介

機械科
機械の設計、製作から最新のコンピュータを使用した自動化システムまで、最新技術を体験的に学ぶ。2級ボイラー技士や第2種電気工事士など資格取得に力を入れている。

電気工学科
電気の発生から利用について、基礎から応用まで実習を通して学ぶ。早朝ゼロ限授業や夏期講習会に取り組み、難関資格「電験3種」で、毎年合格者を輩出。さらに2種に合格した生徒もいる。

工業化学科
少人数制の実習が特徴で、化学の基礎、化学工業における製造技術や化学分析技術を学ぶ。多くの生徒が危険物第4種の資格を取得し、乙種全類の資格を取得する生徒も多くいる。

繊維デザイン科
工業デザイン、空間デザインなど全てのデザイン領域を学ぶ。もちろん絵画彫刻などの美術授業も充実しており、質の高いデザイ教育を行っている。毎年開催される卒業制作展は、内外から注目度が高い。

自動車科
国土交通省の一種自動車整備養成認定施設に指定され、自動車について総合的に学習する。課程修了者は、3級自動車整備士試験の実務経験及び実技試験が免除される。

就職の松工　求人倍率は10.40倍

↓令和5年3月
- 大学 22名（国立4名／私立18名）
- 短大・高専・専攻科 15名
- 専門学校 31名
- 就職 155名（県内125名／県外30名）

CLUB & CIRCLE

【県強化指定】
バレーボール、弓道

【運動部】
剣道、サッカー、柔道、卓球、ダンス、テニス、バスケットボール、バドミントン、野球、陸上、レスリング

【文化部】
解放研、合唱、工業化学研究、写真、吹奏楽、生活、ソーラーカー、電気研究、美術、漫画研究、ロボット、M・TEC、自動車、放送

【昨年度】
★バレーボール部（インターハイ・春高バレー出場）
★弓道部（県総体男子団体の部優勝）
★レスリング部（県総体男子92kg級優勝・インターハイ出場）
スポーツ（バレーボール）特別枠選抜も。

制服には、セーターやベスト、スラックスも。

Summer / Winter

公式 Instagram
公式 Twitter
公式 Facebook

CALENDAR

- 4月：入学式／始業式
- 5月：中間テスト／体育祭
- 6月：
- 7月：期末テスト／終業式
- 8月：
- 9月：始業式
- 10月：高校生活入門講座／中間テスト
- 11月：文化祭／遠足（1・3年）／修学旅行（2年）
- 12月：期末テスト／クラスマッチ／繊維デザイン科卒業制作展／終業式
- 1月：始業式
- 2月：
- 3月：卒業証書授与式／学年末考査／修了式

南部

86

過去2年間の倍率 ※合格者数には第2希望で合格した数を含む

機械科	年度	入学定員	前期 募集	前期 志願	前期 合格	前期 倍率	後期 募集	後期 受検	後期 合格	後期 倍率
	R5年度	40	20	47	22	2.35	18	19	18	1.06
	R4年度	40	20	42	22	2.10	18	18	18	1.00

● 前期：集団面接（20分程度）、作文（60分・2題・各300字程度）、調査書
　後期：集団面接（20分程度）、学力検査（5教科）、調査書

電気工学科	年度	入学定員	前期 募集	前期 志願	前期 合格	前期 倍率	後期 募集	後期 受検	後期 合格	後期 倍率
	R5年度	40	20	45	22	2.25	18	20	18	1.11
	R4年度	40	20	39	22	1.95	18	19	18	1.06

● 前期：集団面接（20分程度）、作文（60分・2題・各300字程度）、調査書
　後期：集団面接（20分程度）、学力検査（5教科）、調査書

工業化学科	年度	入学定員	前期 募集	前期 志願	前期 合格	前期 倍率	後期 募集	後期 受検	後期 合格	後期 倍率
	R5年度	40	20	27	22	1.35	18	13	16	0.72
	R4年度	40	20	34	22	1.70	18	13	14	0.72

● 前期：集団面接（20分程度）、作文（60分・2題・各300字程度）、調査書
　後期：集団面接（20分程度）、学力検査（5教科）、調査書

繊維デザイン科	年度	入学定員	前期 募集	前期 志願	前期 合格	前期 倍率	後期 募集	後期 受検	後期 合格	後期 倍率
	R5年度	40	40	59	40	1.48	—	—	—	—
	R4年度	40	40	50	40	1.25	—	—	—	—

● 前期：個人面接（10分程度）、実技検査（鉛筆デッサン・120分）、調査書

自動車科	年度	入学定員	前期 募集	前期 志願	前期 合格	前期 倍率	後期 募集	後期 受検	後期 合格	後期 倍率
	R5年度	40	20	53	22	2.65	18	19	18	1.06
	R4年度	40	20	34	22	1.70	18	10	9	0.56

● 前期：集団面接（20分程度）、作文（60分・2題・各300字程度）、調査書
　後期：集団面接（20分程度）、学力検査（5教科）、調査書

三重県文化クラブ実績

Part 2 2022年1月～12月の文化部活動実績です
※個人結果については学校名のみ掲載しています。

吹奏楽部門

大会名		結果	学校名
中部日本吹奏楽コンクール本大会	大編成の部	銀賞	皇學館
	小編成の部	銀賞	白子
中部日本個人・重奏コンテスト本大会	重奏	銀賞	皇學館（木4、金8）、白子（混成9）
	個人	金賞（中日新聞社賞）	皇學館（C.Bass）
		金賞	白子（Euph）、四日市（Fl）
		銀賞	白子（Cl）、桑名（A.Sax）、暁（Fl）
		銅賞	皇學館（Euph）
第42回近畿高等学校総合文化祭（和歌山大会）			相可、桑名西・いなべ総合学園合同バンド
東海吹奏楽コンクール	A編成	銀賞	皇學館、白子、神戸
	B編成	銀賞	四日市商業、桑名西
	B編成	銅賞	津西
東海アンサンブルコンテスト		銀賞	白子（金8）、皇學館（木8、打8）、四日市（木8）
		銅賞	相可（打5）

器楽部門

大会名	結果	学校名
全国高等学校ギター・マンドリン音楽コンクール	優秀賞	松阪商業、四日市商業
	優良賞	上野、セントヨゼフ
	大阪府知事賞	四日市商業
東海選抜高等学校ギター・マンドリンフェスティバル	優秀賞	松阪商業
	優良賞	上野、四日市商業
	努力賞	セントヨゼフ
三重県高等学校ギター・マンドリンフェスティバル	優秀賞	上野、セントヨゼフ、松阪商業、四日市商業
	フェスティバル大賞	松阪商業

写真部門

大会名	結果	学校名
第46回全国高等学校総合文化祭（東京大会）	奨励賞	海星、皇學館（2）、四日市四郷、木本
第42回近畿高等学校総合文化祭（和歌山大会）	優秀賞	海星
	奨励賞	宇治山田、あけぼの、皇學館（7）
第7回東海地区高校生フォトコンテスト	優秀賞	海星、あけぼの
	入選	高田（2）、宇治山田

87

Iinan High School
[県立] 飯南高等学校

松阪市飯南町粥見5480-1　0598-32-2203　http://www.schoolweb.ne.jp/mie/iinan-h　三交バス「飯南高校前」

総合学科
総合学科とは「普通科」と「専門学科」の良いところをあわせ持った学科。1年次は共通科目を学習し、2・3年次では様々な系列で専門的に学んだり、幅広い選択科目から自分の関心のある科目を学習したりすることができる。

飯南高校では、1年次に基礎・基本的な学力を身につけながら、実際の大学の授業の体験やフィールドワークをとおして自分の夢を探し、進路を明確にする。2・3年次で「郷土・環境」「介護福祉」「総合進学」「コンピュータ」の各系列で専門的に学んでいく。「キャリア教育」に力を入れ、地域とともに「生きる力」をつける学校をめざす。

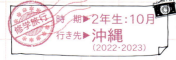

制服／単位制／3学期制／始業時刻8:30／男女比率6:4／バスで約40分駅から

修学旅行　時期▶2年生：10月　行き先▶沖縄（2022・2023）

就職にも進学にも手厚いサポート
入学後にじっくり「夢」を探そう！

過去3年間の卒業後進路
【大学】皇學館／鈴鹿医療科学／鈴鹿／四日市／愛知工業／愛知産業／日本福祉／岐阜協立／大正
【短大】高田／三重／鈴鹿
【専門学校】旭美容／伊勢理容美容／大原法律公務員津校／大原簿記情報医療津校／鈴鹿オフィス医療福祉／三重中央学園ミエ・ヘア・アーチストアカデミー／三重調理／三重農業大学校／京都建築大学校／東海工業／トヨタ名古屋自動車大学校／トライデントコンピュータ／トライデントデザイン／名古屋eco動物海洋／名古屋外語・ホテル・ブライダル／名古屋工学院／名古屋こども／名古屋情報メディア／名古屋スイーツ＆カフェ／名古屋スクールオブミュージック＆ダンス／日本デザイナー芸術学院／名古屋ビジュアルアーツ／HAL名古屋校／代々木アニメーション学院／大阪ビジュアルアーツ／高津理容美容／日本医療学院／HAL大阪
【就職先】（県内）トヨタ車体／本田技研工業／セントラル硝子プラントサービス／住友理工／THK三重工場／松阪農業協同組合／日本郵便東海支社／松阪APM／万協製薬／愛知機械工業／ニプロファーマ伊勢工場／オクムラ／健栄製薬／トッパンパッケージプロダクツ松阪工場／太陽の里／永谷園フーズオクトス工場／三ツ知製作所／エクセディ／三重金属工業／横浜ゴム三重工場／モビリティランド鈴鹿サーキット／松阪興産／三重海運／松阪飯南森林組合／飯高駅／精電舎／福山通運／日新三重工場／ライジング明和工場／田村組／ティップトップイオン津南店／斎宮会みずほの里／長寿会なでしこ苑／長寿の森／あけあい会／博仁会村瀬病院／愛恵会緑風苑／三重豊生会多気彩幸／三重県観光開発／松阪中央総合病院／谷歯科医院／鳥羽ビューホテル／新生機工／シティ電産／自衛隊／桜木記念病院／松阪精工／FRUNQAVAN／戸田屋／イセット／志摩スペイン村／USJ／地主共和会／小久保鉄工所／みんなで伊勢を良くし本気で日本と世界を変える人たちが集まるCHAMPIONCORPORATION／セイノースーパーエクスプレス／林商店カルチャー事業本部アシュメリー松阪店／東洋ビューティ／やなぎ／ジオテック／エースパック三重津工場／丸栄コンクリート工業三重工場／辻井スポーツ／ニシタニ／日新化成製作所／岡田パッケージ／オークワ／ハートランドauショップ／セラヴィリゾート泉郷松阪わんわんパラダイス森のホテルスメール／マックスバリュ東海／三水フーズ／三重化学工業／東海部品工業／ウッドベル／SWS西日本／クラギ／住友電装津製作所／田上／長島観光開発ナガシマリゾート／日本フェニックス／濱口農園
（県外）フジパン／加藤製作所／三交イン

↓令和5年3月
私立大学5名／短大6名／専門学校18名／就職42名（県内39名／県外3名）／待機者1名

CLUB & CIRCLE
【運動部】野球、テニス、バドミントン、陸上競技
【文化部】茶道、美術、吹奏楽、ボランティア、英会話、グリーン、商業研究、人権を考える会、應援團Circle

Winter

「—地域を学び場とした探究活動—」
【いいなんゼミ】
自らの興味・関心から研究テーマを自由に設定し、調査・作品制作・発表

Summer

CALENDAR
- 4月：始業式／入学式
- 5月：中間テスト／クリーンキャンペーン
- 6月：体育祭／チャレンジデー
- 7月：クラスマッチ／期末テスト／終業式
- 9月：始業式
- 10月：遠足／中間テスト／修学旅行
- 11月：文化祭
- 12月：期末テスト／クラスマッチ／終業式
- 1月：始業式
- 2月：いいなんゼミ発表会
- 3月：卒業証書授与式／年度末テスト／修了式

過去2年間の倍率

年度	入学定員	前期等 募集	志願	合格	倍率	後期 募集	受検	合格	倍率
総合学科 R5年度	80	40	41	53	1.03	27	14	14	0.52
		(連携)定めていない	13		—	—	—	—	—
R4年度	80	40	64	61	1.60	19	18	18	0.95
		(連携)定めていない	17		—	—	—	—	—

● 前期：個人面接（10分程度）作文（50分・200字程度を3題）、調査書
後期：面接、学力検査（5教科）

県立 昴学園高等学校
Subaru Gakuen High School

多気郡大台町茂原48番地　0598-76-0040　www.mie-c.ed.jp/hsubar/　町営バス「報徳診療所前」

総合学科

1年次では、必修科目を中心に学び、自分に合った進路をじっくり考える。2年次からは、興味や進路希望に合わせて「国際交流系列」「総合スポーツ系列」「美術工芸系列」「生活福祉系列」「環境技術系列」を選択して学ぶ。興味、関心、進路希望に合わせて科目の選択をすることができ、自分だけの時間割を作ることができる。特色ある科目として、例えば「ハングル」「地域資源」「介護福祉基礎」「ニュースポーツ」などがある。
原則全寮制の学校なので、同世代の若者と集団生活を行うことによって、自立性・社会性などの人間的な成長や学力伸張が図られる。

大台町の豊かな自然に囲まれた 総合学科・全寮制の高校

過去3年間の卒業後進路

【大学】近畿／日本福祉／京都精華／帝塚山／東海学園／皇學館／鈴鹿医療科学／関西外語／名城／大阪商業／東京基督教／鈴鹿／四日市／大同／愛知みずほ／千葉科学
【短大】三重／高田／ユマニテク
【専門学校】三重調理／日本デザイナー芸術学院／愛知造形デザイン／伊勢理美容／三重県農業大学校／名古屋ビジュアルアーツ／名古屋歯科医療／鈴鹿オフィスワーク医療福祉／名張市立看護／ユマニテク調理製菓／旭美容／津高等技術学校／京都芸術デザイン／名古屋デザイナー学院／ユマニテク看護助産／大原法律公務員／トライデントコンピュータ／名古屋観光／大原簿記医療観光
【就職】トヨタ車体／本田技研工業／あけあい会／富士製作所／フジパン／日新化成製作所／ニプロファーム／サカイ引越センター／ライジング／中勢ゴム／ミートサプライ／東海部品工業／日新／大台町社会福祉協議会／日本梱包運輸倉庫／エクセディ物流／エイペックス／すし処君家／エクセディ／山崎製パン／三重日産自動車／山本屋本店／有徳会／山九／三重海運／シャープ／フォレストファイターズ／サンビジョン／エネクスフリート

↓令和5年3月
- 私立大学 8名
- 短大 5名
- 専門学校 13名
- 就職 21名

都道府県の枠を越えて、全国各地から入学した生徒とともに充実した高校3年間を送ることができます。

【取得可能な主な資格】
・実用英検、日本漢字能力検定
・危険物取扱者、小型車両系建設機械運転技能者、フォークリフト運転技能講習
・介護職員初任者研修、福祉住環境コーディネーター
・商業系各種検定（簿記、ワープロ、電卓、秘書等）

過去2年間の倍率

総合学科	年度	入学定員	前期 募集	前期 志願	前期 合格	前期 倍率	再募集 募集	再募集 受検	再募集 合格	再募集 倍率
	R5年度	80	80	90	80	1.13	—	—	—	—
	R4年度	80	80	75	71	0.94	9	1	1	0.11

● 前期：個人面接（15分程度）、作文（45分・800字以内）、調査書・自己推薦書

CLUB & CIRCLE
【運動部】サッカー、ソフトテニス、バスケットボール、硬式野球、卓球、ボート
【文化部】コンピュータ、茶道、美術、邦楽、インターアクト
【サークル】リバティ＆ピース、ブラスバンド、環境科学、陸上

公式インスタ

Winter

Summer

【原則全寮制】
地元の大台町、大紀町、多気町の生徒は、入学時に自宅通学と入寮のどちらかを選べる

CALENDAR

- 4月　■始業式　■入学式　■遠足（1・3年：ナガシマスパーランド、2年：志摩スペイン村）　■寮パーティー
- 5月　■中間テスト
- 6月　■体育祭　■大学・専門学校見学研修会
- 7月　■期末テスト
- 9月　■修学旅行
- 10月　■中間テスト
- 11月　■文化祭
- 12月　■クラスマッチ　■期末テスト　■寮パーティー
- 1月　■美術工芸系列作品展　■卒業テスト（3年）　■寮パーティー　■総合スポーツ系列ウインター実習
- 3月　■クラスマッチ　■学年末テスト（1・2年）

■寮では、ホタル観察、登山、ハイキング等の体験、年5回のパーティーがあります。

Ohka High School
県立 相可高等学校

多気郡多気町相可50　0598-38-2811　www.mie-c.ed.jp/houka/　JR「相可」駅・「多気」駅

南部

 制服　 単位制※　3学期制

8:30 始業時刻　男女比率 5/5　相可駅から徒歩約10分

※普通科のみ単位制

修学旅行
時期▶2年生：11月
行き先▶長崎(2022)(2023)

{ 卒業著名人 }
中西親志（元ヤクルトスワローズ）
宇都美慶子（シンガーソングライター）

普通科
単位制、少人数講座、習熟度別授業を取り入れ、わかる授業を徹底し、学力を伸ばしている。大学、短期大学、専門学校、就職とあらゆる進路に対応した選択科目を用意している。DCT（総合的な探究の時間）において、探究学習やキャリア育成に取り組み、「一人ひとりの夢の実現」を図る。

生産経済科
農産物の生産とその流通や園芸福祉、環境問題を学ぶ。多気町の特産物である「伊勢いも」の共同研究を三重大学やJA多気郡と行ったり、地域の福祉施設や幼稚園などと連携し、園芸福祉活動にも取り組む。初級園芸福祉士や情報処理検定、小型建機パワーショベルなどの資格取得も可能。

環境創造科
生活の基盤を支える「街づくり」と「国土保全」を基本にし、新たな環境を創造できる技術者を養成する。ドローンを使った最新の測量技術も学ぶことができる。令和4年度、測量士15名、測量士補38名が合格し、高校生として全国トップクラスの実績。公務員への就職者はクラスの89.5%を占めた。

食物調理科
「地産地消」「食育」の視点をもった「食」のスペシャリストを育成する。「調理師コース」と「製菓コース」に分かれる。調理師コースは、卒業と同時に調理師免許を取得でき、即戦力の技術を習得。製菓コースでは、製菓をトータルにコーディネートする実践力を身に付ける。TVドラマにもなった「まごの店」で研修。

生徒の夢をかなえ 地域と共に歩む学校

過去3年間の卒業後進路

【四年制大学・短期大学】
三重／静岡／滋賀／高知／鹿児島／公立はこだて未来／静岡文化芸術／三重県立看護／名城／東京農業／愛知／愛知学院／愛知工業／愛知工科／中京／日本福祉／愛知淑徳／中部／名古屋学院／名古屋商科／名古屋外国語／皇學館／鈴鹿医療科学／四日市／京都産業／京都外国語／京都光華女子／大阪商業／大阪電気通信／大谷／龍谷／近畿／立命館／佛教／福岡／天理／金沢工業／北里／日本／明治／四日市看護医療／三重短大／高田短大　など

【専門学校】
国立三重中央看護／松阪看護／三重看護／三重県立公衆衛生学院／伊勢保健衛生／三重県農業大学校／ユマニテク医療福祉大学校／旭美容／大原法律公務員　など

【就職先（企業）】
中部電力／シャープ／トヨタ車体／本田技研／JR東海／近畿日本鉄道／凸版印刷／JA多気郡農協／みえなか農業協同組合／ヴィソン多気／万協製薬／健栄製薬／ニプロファーマ／山崎製パン／SWS西日本／赤福／井村屋／日本郵便／ミュゼ・ボンヴィバン／リゾートトラスト　など

【就職先（公務員）】
国家公務員（国土交通省・財務省・防衛省等、自衛隊　等）／地方公務員（三重県、東京都、愛知県、大阪府、京都府、岐阜県、横浜市、京都市、名古屋市、松阪市、津市、伊勢市、桑名市、四日市市、鈴鹿市　など）

↓令和5年3月
就職 79名
{県内 56名 / 県外 23名}
大学 46名
国立 2名 / 公立 1名 / 私立 43名
短大 7名
専門学校 40名

Winter

Summer

CALENDAR

- 4月　■始業式　■入学式
- 5月　■中間テスト　■遠足（1年：志摩スペイン村／2年：ナガシマスパーランド／3年：USJ）　■体育祭
- 7月　■期末テスト（6～7月）　■クラスマッチ　■終業式
- 9月　■始業式　■文化祭
- 10月　■中間テスト
- 11月　■修学旅行
- 12月　■期末テスト　■終業式
- 1月　■始業式　■学年末テスト（3年）
- 2月　■マラソン大会
- 3月　■卒業証書授与式　■学年末テスト（1,2年）　■学習成果発表会　■クラスマッチ　■修了式

CLUB & CIRCLE

【運動部】
硬式野球、サッカー、女子バレーボール、陸上、バスケットボール、バドミントン、ソフトテニス、弓道、卓球、ボート、ダンス

【文化部】
吹奏楽、茶道、書道、測量、放送、調理、ボランティア、創作、新聞

過去2年間の倍率

普通科

年度	入学定員	前期 募集	前期 志願	前期 合格	前期 倍率	後期 募集	後期 受検	後期 合格	後期 倍率
R5年度	80	24	77	27	3.21	53	53	53	1.00
R4年度	80	24	74	27	3.08	53	55	53	1.04

● 前期：個人面接（7分程度）、国語（45分）、調査書
後期：面接、学力検査（5教科）、調査書

生産経済科

年度	入学定員	前期 募集	前期 志願	前期 合格	前期 倍率	後期 募集	後期 受検	後期 合格	後期 倍率
R5年度	40	20	52	22	2.60	18	24	18	1.33
R4年度	40	20	35	22	1.75	18	15	16	0.83

● 前期：個人面接（7分程度）、作文（45分）、調査書
後期：面接、学力検査（5教科）、調査書

環境創造科

年度	入学定員	前期 募集	前期 志願	前期 合格	前期 倍率	後期 募集	後期 受検	後期 合格	後期 倍率
R5年度	40	20	42	22	2.10	18	18	18	1.00
R4年度	40	20	44	22	2.20	18	22	18	1.22

● 前期：個人面接（7分程度）、国語（45分）、調査書
後期：面接、学力検査（5教科）、調査書

食物調理科

年度	入学定員	前期 募集	前期 志願	前期 合格	前期 倍率	後期 募集	後期 受検	後期 合格	後期 倍率
R5年度	40	40	52	40	1.30	ー	ー	ー	ー
R4年度	40	40	42	40	1.05	ー	ー	ー	ー

● 前期：個人面接（7分程度）、小論文（45分）
　　　グループ討議（1グループ40分）、調査書

> テーマは・・・三重から世界へ！
> ～「世界で活躍する食のプロフェッショナル」の育成
> 　「グローバルブランド」の開発～

三重県文化クラブ実績

 Part 3 2022年1月〜12月の文化部活動実績です
※個人結果については学校名のみ掲載しています。

放送部門

大会名		結果	学校名
NHK杯全国高校放送コンテスト	テレビドキュメント	準優勝	高田
	テレビドキュメント	優良	桜丘
	アナウンス	入選	高田（2）
	ラジオドキュメント	入選	高田
	テレビドキュメント	入選	高田
第42回近畿高等学校総合文化祭（和歌山大会）	ビデオメッセージ	優秀賞	桜丘、松阪

新聞部門

大会名	結果	学校名
全国高校新聞年間紙面審査賞	入賞	桜丘
三重県高校新聞コンクール	最優秀賞	桜丘
	優秀賞	津、上野
	優良賞	相可、久居農林、名張
	審査員特別賞	北星

将棋部門

大会名		結果	学校名
第42回近畿高等学校総合文化祭（和歌山大会）	男子個人戦	準優勝	伊勢
	女子団体戦	三位	高田
	男子個人戦（A級）	三位	津
	女子個人戦（A級）	三位	高田
全国高等学校総合文化祭三重県予選	男子団体戦	優勝	伊勢
	女子団体戦	優勝	暁
近畿高等学校総合文化祭三重県予選	男子団体戦	優勝	伊勢
	女子団体戦	優勝	高田
みえ高文祭	男子個人戦（A級）	優勝	伊勢
	女子個人戦	優勝	四日市南

郷土芸能・吟詠剣詩舞部門

大会名		結果	学校名
第42回近畿高等学校総合文化祭（和歌山大会）	郷土芸能	出場	青山
第46回全国高等学校総合文化祭（東京大会）	吟詠剣詩舞	出場	四日市西、宇治山田商業、第一学院

91

Akeno High School
県立 明野高等学校

伊勢市小俣町明野1481　0596-37-4125　www.mie-c.ed.jp/hakeno　近鉄「明野」駅

生産科学科
農業で地域に貢献できる人材を育成。農産物の栽培、収穫、貯蔵や家畜の生態、飼育技術など実習を行い、農業に関連した幅広い資格取得の学習ができる。就職希望や農業系大学への進学者もいる。

食品科学科
食品の製造、開発、貯蔵、流通衛生に関する知識や技術を学ぶ。食品の成分分析、微生物利用など実験実習を行い、危険物取扱者や情報関連の資格取得などのキャリアプランが充実している。

生活教養科
2年生から衣服の専門的知識や技術を学ぶ「デザインコース」、調理・栄養の専門的知識や技術を学ぶ「調理コース」に分かれ、家庭科技術検定などの資格取得を目指す。2017年は全国菓子大博覧会に作品を出展。

福祉科
2年生から障がい者、高齢者など幅広く専門分野を学ぶ「社会福祉コース」、介護についての専門知識を学び、国家試験の取得を目指す「介護福祉コース」に分かれる。12年連続で介護福祉国家試験の合格率が100%。

制服／単位制／3学期制／始業時刻8:40／男女比率2:8／明野駅から徒歩約10分／南部

修学旅行
- 時期▶2年生：9月　行き先▶北海道（2023）
- 時期▶2年生：10月　行き先▶北海道（2022）

キャリアプランが充実した 農業系と家庭・福祉系の専門学科

卒業著名人
松阪ゆうき（歌手）、大道典良（プロ野球ソフトバンク打撃コーチ）、小山伸一郎（プロ野球楽天投手コーチ）

過去3年間の卒業後進路
【大学】三重／宮崎／皇學館／鈴鹿医療科学／愛知／日本福祉／南九州／龍谷／酪農学園／日本体育／日本／東海学園／関西外国語／愛知淑徳　など
【短期大学】三重／高田／鈴鹿／ユマニテク／愛知文教女子　など
【専門学校】三重調理／松阪看護／三重中央看護／三重県農業大学校／伊勢保健衛生／ユマニテク看護助産／聖十字看護／ユマニテク調理製菓／旭美容／伊勢理容美容／大原法律公務員（津校）／大原簿記情報医療／三重県公衆衛生学院／セントラルトリミングアカデミー　など
【就職先】赤福／井村屋／三水フーズ／SWS西日本／デリカ食品／マリンフーズ／エクセディ／伊勢農業協同組合／永谷園フーズ／神宮司廳／健栄製薬／神路園／松田精工／鈴鹿サーキット／廣瀬精工／志摩スペイン村／長島観光開発／ヤマモリ／トヨタ自動車／山崎製パン／ベリー／ぎゅーとら／万協製薬／マスヤ／イオングループ／日本郵便東海支社／鳥羽水族館／ニプロファーマ／本田技研／ヴィソン／ライジング／フジパン／クボタビッグファーム／横浜ゴム／エーコープ近畿／マックスバリュ東海　など

↓令和5年3月
- 大学13名（国立2名／私立11名）
- 短大26名
- 専門学校47名
- 就職60名（県内57名／県外3名）

CLUB & CIRCLE
【運動部】野球（男）、ソフトボール（女）、卓球、ソフトテニス、バスケットボール（女）、相撲（男）、バドミントン（女）、バレーボール（女）、ボクシング、陸上

【文化部】華道、手芸、演劇、書道、美術、福祉、料理、園芸、放送、吹奏楽、人権サークル、

生活教養科デザインコースが企業とコラボして新制服を制作しました。この取り組みは全国的にも珍しく、三重県では初めてです。着心地やデザイン、さらに、可愛いだけでない140年の伝統にふさわしい品格のある制服に仕上がりました。私たちのつくった制服を着てどんな高校生活を送りたいですか？明野高校はあなたにとってきっと大きく成長できる学び舎になるはずです。

 Winter
 Summer

CALENDAR
- 4月：入学式／遠足（1年：名古屋城周辺、2年：京都、3年：名古屋港水族館）
- 5月：中間テスト
- 6月：体育祭／期末テスト
- 7月：学校創立記念日／クラスマッチ／終業式
- 8月：高校生活入門講座
- 9月：始業式
- 10月：中間テスト／修学旅行
- 11月：文化祭（11/18AMは中学3年生と保護者限定で公開）
- 12月：期末テスト／クラスマッチ／終業式
- 1月：始業式／卒業テスト（3年）
- 2月：
- 3月：卒業証書授与式／学年末テスト（1・2年）

過去2年間の倍率

生産科学科

年度	入学定員	前期 募集	前期 志願	前期 合格	前期 倍率	後期 募集	後期 受検	後期 合格	後期 倍率
R5年度	40	20	53	22	2.65	18	24	18	1.33
R4年度	40	20	36	22	1.80	18	17	18	0.94

● 前期：集団面接（1グループ 20分程度）、作文（45分・550〜650字）、調査書
後期：集団面接、学力検査（5教科）、調査書

食品科学科

年度	入学定員	前期 募集	前期 志願	前期 合格	前期 倍率	後期 募集	後期 受検	後期 合格	後期 倍率
R5年度	40	20	50	22	2.50	18	24	18	1.33
R4年度	40	20	38	22	1.90	18	19	17	1.06

● 前期：集団面接（1グループ 20分程度）、作文（45分・550〜650字）、調査書
後期：集団面接、学力検査（5教科）、調査書

生活教養科

年度	入学定員	前期 募集	前期 志願	前期 合格	前期 倍率	後期 募集	後期 受検	後期 合格	後期 倍率
R5年度	40	20	43	22	2.15	18	17	18	0.94
R4年度	40	20	39	22	1.95	18	17	17	0.94

● 前期：集団面接（1グループ 20分程度）、作文（45分・550〜650字）、調査書
後期：集団面接、学力検査（5教科）、調査書

福祉科

年度	入学定員	前期 募集	前期 志願	前期 合格	前期 倍率	後期 募集	後期 受検	後期 合格	後期 倍率
R5年度	40	20	41	22	2.05	18	17	18	0.94
R4年度	40	20	39	22	1.95	18	16	16	0.89

● 前期：集団面接（1グループ 20分程度）、作文（45分・550〜650字）、調査書
後期：集団面接、学力検査（5教科）、調査書

☆全国初ASIAGAP認証取得（茶）
☆全国初JGAP認証取得（畜産）
☆東海初グローバルGAP認証取得（米）
☆明野高校肥育隊「伊勢あかりのぽーく」、2023　G7交通大臣会合に食材提供
☆令和4年度農業クラブ全国大会　北陸大会出場（プロジェクト研究）優秀賞受賞
☆令和4年度イオンエコワングランプリ内閣総理大臣賞受賞
☆伊勢庁舎にてオリジナルランチ提供
☆介護福祉士国家資格12年連続100%合格
☆ボクシング部・相撲部　令和4年度全国大会出場

〈地元企業との連携の取り組み〉
農業学科においてオリジナル日本酒「明野さくもつ」、酒まんじゅうの商品開発。
明野高校肥育豚「伊勢あかりのぽーく」の販売。
〈食品科学科人気の加工品〉
イチゴジャム、ブルーベリージャム等、お茶、クッキー、味噌

三重県文化クラブ実績

Part 4 2022年1月〜12月の文化部活動実績です
※個人結果については学校名のみ掲載しています。

書道部門

大会名	結果	学校名
第46回全国高等学校総合文化祭（東京大会）	特別賞	津
	出品	津、久居、伊勢、尾鷲、四日市四郷
第42回近畿高等学校総合文化祭（和歌山大会）	出品	いなべ総合学園、川越（2）、名張青峰、久居（2）、高田（2）

文芸部門

大会名		結果	学校名
第46回全国高等学校総合文化祭（東京大会）	散文部門	出場	四日市南
	詩部門	出場	津商業
	短歌部門	出場	高田
	俳句部門	出場	松阪
全国高校文芸コンクール	詩部門	最優秀賞	高田
	詩部門	優良賞	高田
	短歌部門	最優秀賞	高田
全国高校生短歌大会（短歌甲子園）	団体	優勝	高田
とっとりけん全国高校生短歌大会	個人	審査員特別賞	高田

囲碁部門

大会名		結果	学校名
第46回全国高等学校総合文化祭（東京大会）	男子個人	出場	木本
	団体戦	出場	伊勢、高田
全国高校囲碁選手権大会	男子団体	出場	高田
	男子個人	出場	木本、南伊勢
第42回近畿高等学校総合文化祭（和歌山大会）	男子個人	第10位	高田
	男子個人	第11位	伊勢
	女子団体	第4位	高田
東海地区高等学校囲碁選手権大会	男子個人	第3位	南伊勢
	男子個人	第5位	伊勢
	男子団体	第4位	伊勢
	女子団体	出場	高田

美術・工芸部門

大会名	結果	学校名
第46回全国高等学校総合文化祭（東京大会）	出品	桑名西（2）、上野（2）、志摩、飯野、伊賀白鳳
第42回近畿高等学校総合文化祭（和歌山大会）	出品	桑名、桑名西、津田、上野、津西、飯野（2）、松阪工、尾鷲

県立 宇治山田高等学校
Ujiyamada High School

伊勢市浦口3丁目13-1　0596-28-7158　www.mie-c.ed.jp/hujiya　近鉄「宮町」駅、近鉄「伊勢市」駅、JR「山田上口」駅

普通科
　1限50分、週33限（週3日は7限）の授業を行っている。数学と英語は原則習熟度別に30人前後の少人数で授業する。
　2年生からは進路希望による科目選択により、柔軟なクラス編成をします。また、難関国公立大学を目指す選抜クラスを設置。夏休みには1コマ100分の進学補習を開講し、受験対策をする。
　創立以来「自主・自律」の自由な校風を誇りとし、目指す学校像を「自主性を尊重し、互いに協力し合い高め合うなかで、知性と教養、豊かな人間性を育み、進路希望を実現する学校」とし、一人ひとりの生徒が勉学とともに生徒会活動やクラブ活動に打ち込み、明るく伸び伸びと個性を伸ばすことを目指している。

創立120余年を超えて クラブ活動も盛んな進学校

【修学旅行】
時　期▶2年生：11月
行き先▶北九州(2023)

{ 卒業著名人 }
小津安二郎（山中22期・映画監督）
倉野信次（山高45期・福岡ソフトバンクホークスファーム投手統括コーチ）

↓令和5年3月
専門学校 11名／就職 2名／短期大学 10名／待機者 7名
大学 203名（国立 34名／公立 32名／私立 143名）

過去3年間の卒業後進路
【国立大学】
三重／名古屋／名古屋工業／愛知教育／豊橋技術科学／静岡／京都／大阪／神戸／大阪教育／京都教育／奈良女子／兵庫教育／京都工芸繊維／滋賀／和歌山／信州／新潟／富山／北見工業／室蘭工業／広島／岡山／香川／島根／徳島／鹿児島

【公立大学】
三重県立看護／愛知県立／名古屋市立／静岡県立／静岡文化芸術／富山県立／福井県立／公立小松／兵庫県立／滋賀県立／福知山公立／高崎経済／公立諏訪東京／山梨県立／前橋工科／長野県立／都留文科／秋田県立／新見公立／尾道市立／山口県立／下関市立／高知県立／北九州市立

【私立大学】
皇學館／四日市看護医療／鈴鹿医療科学／愛知／愛知学院／愛知工業／愛知淑徳／愛知東邦／金城学院／椙山女学院／大同／中京／中部／藤田医科／南山／日本福祉／名古屋学院／名古屋学芸／名古屋経済／名古屋芸術／名古屋女子／名古屋商科／名古屋文理／名城／関西／関西外国語／関西学院／京都外国語／京都橘／京都芸術／京都産業／京都女子／京都精華／京都先端科学／京都文教／近畿／摂南／大阪電気通信／追手門学院／桃山学院／同志社／奈良／立命館／龍谷／佛教／青山学院／順天堂／創価／東海／早稲田／東京電機／明治／アジア

【短期大学】
三重／高田／名古屋女子／京都外国語／関西外国語

【専門学校】
三重中央看護／松阪看護／三重看護／ユマニテク医療福祉／伊勢保健衛生看護

【就職先】
国家税務／三重県職員／警察事務／伊勢市消防本部／鳥羽市役所／航空保安大学校

過去2年間の倍率

	年度	入学定員	前期 募集	前期 志願	前期 合格	前期 倍率	後期 募集	後期 受検	後期 合格	後期 倍率
普通科	R5年度	200	60	199	66	3.32	134	140	134	1.04
	R4年度	200	60	232	66	3.87	134	163	134	1.22

● 前期：学力検査（数学・英語）、調査書
　後期：学力検査（5教科）、調査書

CLUB & CIRCLE
【運動部】
剣道、硬式テニス、硬式野球、サッカー、柔道、ソフトテニス、卓球、軟式野球、バスケット男女、バドミントン、バレー男女、陸上
【文化部】
囲碁、インターアクト、英語、応援、合唱、家庭、華道、コンピュータ、茶道、書道、写真、吹奏楽、生物、天文、美術、放送、フィリア、漫画研究、歴史

公式インスタ

CALENDAR
- 4月：始業式／入学式／遠足（1年：ナガシマリゾート　2年：名古屋市　3年：京都市）
- 5月：中間テスト
- 6月：体育祭
- 7月：期末テスト／クラスマッチ／終業式
- 8月：
- 9月：始業式／文化祭（山高祭）
- 10月：中間テスト
- 11月：修学旅行
- 12月：期末テスト／合唱祭／終業式
- 1月：始業式
- 3月：卒業証書授与式／学年末テスト／クラスマッチ／オーストラリア語学研修（希望者）／修了式

Ise High School
県立 伊勢高等学校

伊勢市神田久志本町1703-1　0596-22-0281　www.mie-c.ed.jp/hise　近鉄「宇治山田駅」、三重交通バス「皇學館大前」

始業時刻 8:35 ／ 男女比率 5/5 ／ 駅から徒歩約20分 ／ 3学期制

修学旅行　時期▶2年生：9月　行き先▶広島(2023)

普通科
県内有数の進学校としての伝統があり、生徒のほぼ全員が大学進学を目指している。45分7限授業(木曜は8限)で1年生は基礎学力の確認と思考力・判断力・表現力の向上を目標に、2年生からは文系・理系の2コースを設け、3年生では各自に適した科目を発展的に学習している。文武両道で部活動をしている生徒も多い。

国際科学コース
明確な進路希望がある生徒に「より深く、より広い」授業を行う。2年生からは理系・文系に分かれる講座も多く、少人数できめ細やかな指導ができる。3年間クラス替えがなく、進学面では常に高い成果を上げている。

文部科学省指定の SSH(スーパーサイエンスハイスクール)

過去3年間の卒業後進路
【国立大学】北海道／茨城／筑波／埼玉／千葉／お茶の水女子／電気通信／東京／東京工業／東京医科歯科／東京外国語／東京学芸／東京農工／横浜国立／金沢／富山／福井／山梨／信州／岐阜／静岡／浜松医科／愛知教育／名古屋工業／岐阜／三重／滋賀／京都／京都工芸繊維／大阪／大阪教育／神戸／奈良教育／奈良女子／鳥取／島根／岡山／広島／愛媛／徳島／高知／九州／佐賀／宮崎／長崎
【公立大学】高崎経済／前橋工科／埼玉県立／千葉県立保健医療／都留文科／横浜市立／長野／岐阜薬科／静岡県立／静岡文化芸術／愛知県立／愛知県立芸術／名古屋市立／三重県立看護／滋賀県立／京都府立／大阪公立／神戸市外国語／兵庫県立／和歌山県立医科／尾道市立／広島県立／九州歯科／北九州市立／名桜
【私立大学】自治医科／青山学院／北里／慶應義塾／上智／成蹊／中央／東海／東京農業／東京理科／日本／法政／明治／立教／早稲田／愛知／愛知医科／愛知学院／愛知工業／南山／中京／豊田工業／名古屋外国語／藤田医科／名城／皇學館／鈴鹿医療科学／四日市看護医療／京都外国語／京都産業／京都女子／京都薬科／同志社／立命館／龍谷／大阪医科薬科／関西／関西外国語／近畿／関西学院
【短大・大学校】三重／防衛医科／防衛
【専門学校】三重中央看護

↓令和5年3月
大学 240名
国立 102名
公立 32名
私立 106名
専門学校 4名
短大 6名
待機者 19名
その他 2名

CLUB & CIRCLE
【運動部】
硬式野球、軟式野球、硬式テニス、ソフトテニス、サッカー、弓道、剣道、卓球、陸上競技、バスケットボール、バレーボール、バドミントン、チア・応援団、柔道・空手道
【文化部】
SSC(生物・化学・天文・物理・数学)茶道、ESS、書道、文芸、漫画、放送、美術、合唱、囲碁、将棋、家庭、吹奏楽、ダンス
※SSCは Super Science Club
【同好会】
鉄道・地理、歴史、クイズ

Summer ／ Winter

先進的な理数教育を実施している高等学校を支援するSSH3期目の指定を受け、「伊勢志摩から未来を切り拓き、国際舞台で活躍できる科学技術系人材の育成」を目指す。
過去12回開催された「科学の甲子園全国大会」には、三重県代表として6回出場。第3回大会の全国優勝をはじめ、企業特別賞を連続受賞するなど常連校の評価を得ている。

過去2年間の倍率

普通科

年度	入学定員	前期 募集	志願	合格	倍率	後期 募集	受検	合格	倍率
R5年度	240	—	—	—	—	240	228	240	0.95
R4年度	240	—	—	—	—	240	212	240	0.88

●後期：学力検査(5教科)、調査書　※合格者には第2希望を含む

国際科学コース

年度	入学定員	前期 募集	志願	合格	倍率	後期 募集	受検	合格	倍率
R5年度	40	—	—	—	—	40	66	40	1.65
R4年度	40	—	—	—	—	40	89	40	2.23

●後期：学力検査(5教科)、調査書

CALENDAR
- 4月：■始業式　■入学式
- 5月：■中間考査
- 6月：■体育祭
- 7月：■期末考査　■クラスマッチ　■終業式
- 8月：■国内研修
- 9月：■始業式　■文化祭　■遠足　■修学旅行(2年)
- 10月：■中間考査
- 12月：■期末考査　■学年末考査(3年)　■海外研修　■終業式
- 1月：■始業式
- 3月：■卒業証書授与式　■学年末考査(1,2年生)　■SSH成果発表会　■音楽発表会　■球技大会

宇治山田商業高等学校

Ujiyamada Commercial High School

[県立]

伊勢市黒瀬町1193　0596-22-1101　www.mie-c.ed.jp/cujiya/　JR「五十鈴ヶ丘」駅、三重交通バス「山商前」、スクールバス

始業時刻 8:40　男女比率 4/6　駅から徒歩約400m　3学期制

修学旅行　時期▶2年生：2月　行き先▶沖縄

商業科
簿記会計、パソコンなどを学び、2年生から「経理コース」と「マーケティングコース」に分かれる。商業系の資格を積極的に取得し、企業や官公庁への就職、商業・経済系の大学進学を目指す。部活動との両立をしている生徒が多い。

情報処理科
コンピューターやネットワークの仕組みやデータの処理分析、活用ができる知識を学ぶ。2年生からは「情報エキスパートコース」と「ITコーディネートコース」に分かれ、システムエンジニアやプログラマーを目指す生徒もいる。

国際科
週3時間ずつ、20人クラスでALTとの英会話授業を行い、実践的な英語力を習得していく。2年生からは「英語エキスパートコース」と「英語ビジネスコース」に分かれ、英語や商業に関する資格を取得。将来、国際的な舞台で活躍できる語学力を伸ばす。

部活が盛んで進学にも就職にも強い、探求の学びも充実！

令和5年3月

就職 55名（県内49名／県外6名）／大学 85名（国立2名／公立1名／私立82名）／専門学校 48名（うち看護9名）／短大 9名

Winter

Summer

過去3年間の卒業後進路

【大学】滋賀／静岡／富山／三重／神戸市外国語／長野／名古屋市立／兵庫県立／杏林／国際武道／国士舘／駒澤／順天堂／城西／駿河台／千葉商科／中央／東海／東京国際／東洋／日本／日本体育／明海／明治／立教／愛知／愛知学院／愛知工業／岐阜協立／金城学院／皇學館／至学館／静岡理工科／鈴鹿医療科学 ほか多数

【短期大学】三重／愛知医療学院／鈴鹿／高田／京都外国語 ほか多数

【専門学校】青山製図／大原簿記医療観光／ヒューマンアカデミー／名古屋情報メディア／伊勢志摩リハビリテーション／伊勢保健衛生（看護・歯科）／名古屋医専／名古屋動物／名張市看護／津看護／松阪看護／三重看護／三重県立公衆衛生学院／三重中央看護／ユマニテク医療福祉大学校／旭美容／伊勢理容美容／辻調理／ユマニテク調理製菓／大原法律公務員／東京IT会計／三重公務員学院／日本ナレーション演技研究所／ボートレーサー養成所／語学堂（東国大学・崇実大学） ほか多数

【就職先】SWS／アイリスオーヤマ／赤福／旭電器工業／伊勢金型工業／伊勢湾マリン開発／宇治山田歯科医院／エクセディ／神路社／キオクシア／京セラドキュメントソリューション／都リゾート志摩ベイサイドテラス／グリーンズ／猿田彦神社／神宮司廳／シンフォニアテクノロジー／松阪わんわんパラダイス／全日警 中部空港支社／三十三フィナンシャルグループ／辻井スポーツ／デンソー／東邦液化ガス／戸田家／鳥羽水族館／トヨタ自動車／長島観光開発／オクトス／ニチイ学館／ニプロファーマ／日本郵便 東海支社／百五銀行／ホンダカーズ三重／みえぎょれん販売／三重県商工会連合会　農業協同組合（伊勢・多気）ほか多数

【公務員】（国家）海上保安学校／防衛省／自衛隊　（地方）警察（三重県・大阪府）／消防（伊勢市・紀勢地区・紀北・志摩市・津市・松阪地区）／三重県／鳥羽市

CLUB & CIRCLE

【運動部】陸上競技、野球、バスケットボール、女子バレーボール、サッカー、バドミントン、テニス、剣道、相撲、女子ソフトボール

【文化部】珠算・電卓、軽音楽、吹奏楽、家庭、茶道、華道、書道、写真、美術、放送、ESS、簿記、コンピュータ、THR21、応援団（R5 設置部）

過去2年間の倍率

商業科

年度	入学定員	前期募集	前期志願	前期合格	前期倍率	後期募集	後期受検	後期合格	後期倍率
R5年度	120	60	112	66	1.87	54	53	54	0.98
R4年度	80	40	91	44	2.28	36	46	36	1.28

● 前期：学力検査（国語）、集団面接（1グループ20分程度）、調査書
　後期：学力検査（5教科）、調査書

情報処理科

年度	入学定員	前期募集	前期志願	前期合格	前期倍率	後期募集	後期受検	後期合格	後期倍率
R5年度	40	20	38	22	1.90	18	15	15	0.83
R4年度	40	20	44	22	2.20	18	25	18	1.39

● 前期：学力検査（国語）、集団面接（1グループ20分程度）、調査書
　後期：学力検査（5教科）、調査書

国際科

年度	入学定員	前期募集	前期志願	前期合格	前期倍率	後期募集	後期受検	後期合格	後期倍率
R5年度	40	20	51	22	2.55	18	21	18	1.17
R4年度	40	20	64	22	3.20	18	27	18	1.50

● 前期：学力検査（英語）、集団面接（1グループ20分程度）、調査書
　後期：学力検査（5教科）、調査書

資格取得が充実し、推薦や総合型選抜も増加。進学率は約70％です。部活動は全国大会に多数出場！

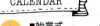

公式インスタ
@YAMASHO_MIE

CALENDAR

- 4月　■始業式　■入学式　■遠足
- 5月　■中間テスト
- 7月　■クラスマッチ　■期末テスト　■終業式
- 9月　■始業式　■体育祭
- 10月　■文化祭　■遠足／企業訪問
- 11月　■中間テスト
- 12月　■期末テスト　■クラスマッチ　■終業式
- 1月　■始業式
- 2月　■修学旅行
- 3月　■卒業証書授与式　■学年末テスト　■クラスマッチ　■モンバルクカレッジ語学研修

Ise Technical High School
県立 伊勢工業高等学校

伊勢市神久2丁目7-18　0596-23-2234　www.mie-c.ed.jp/tise　近鉄「宇治山田」駅、三重交通バス「伊勢工業高校前」

機械科	電気科	建築科
あらゆる産業の母体となる機械を扱い、エンジニアとして幅広い知識を学ぶ。機械、装置の設計や様々な工作機械のコンピュータ制御まで最新の技術に対応している。	生活に不可欠な電気技術は、家庭の電化製品から衛星放送、医療、発電まで幅広く活かされている。社会のあらゆる場で活躍できる電子及び電気技術者の養成に力を入れている。	「すべての人に優しい空間を」、そんな夢を実現できるのが建築の知識と技。設計製図や測量技術で創造をしてみては？

工業分野で活躍するプロフェッショナルを輩出

制服／**単位制**なし／**3学期制**／**始業時刻** 8:30／**男女比率** 9:1／**駅から徒歩約15分**

修学旅行 時期▶2年生：9月　行き先▶東京・横浜（2023）

↓令和5年3月　大学16名／短大1名／専門学校13名／就職122名（県内96名・県外26名）／その他1名

Summer ／ Winter

陸上競技部・バドミントン部
ソフトテニス部
インターハイ出場!!
建築甲子園出場!!

過去3年間の卒業後進路

【大学】皇學館／鈴鹿医療科学／愛知工業／愛知産業／金沢工業／岐阜協立／至学館／大同／中部／名古屋学院／名古屋経済／日本福祉／名城／大阪産業／大阪体育／大手前／神戸医療未来／太成学院／同志社／明治国際医療／大和／国士舘／日本工業／九州産業
【短期大学】高田／三重／四日市工業高校ものづくり創造専攻科／近畿大学工業高等専門学校／国立清水海上技術短期大学校
【専門学校等】旭美容／伊勢保健衛生／伊勢理容美容／大原法律公務員 津校／三重公務員学院／ユマニテク医療福祉大学校／あいち造形デザイン／あいち福祉医療／ELIC ビジネス＆公務員／国際医学技術／東海医療工学／東海工業 金山校／トヨタ名古屋自動車大学校／名古屋観光／名古屋工学院／名古屋情報メディア／名古屋デザイナー学院／名古屋動物／名古屋ビジュアルアーツ／日本マンガ芸術学院／米田柔整／ECCアーティスト美容／ヴェールルージュ美容／大阪工業技術／大阪デザイナー／大阪文化服装学院／大原簿記法律(難波校)／辻調理師／阪奈中央看護／ルネス紅葉スポーツ柔整／東京医療福祉／日本工学院／ヒューマンアカデミー広島校／北京大学 予科
【県内企業】愛知機械工業／赤福／旭電器工業／イオンビッグ／石吉組／伊勢金型工業／伊勢農業協同組合／井村屋／SWS西日本／エディオン／おやつカンパニー／和建／キオクシア四日市工場／キクカワエンタープライズ／北村組／ぎゅーとら／京セラドキュメントソリューションズ玉城工場／キヨリックス三重／近畿日本鉄道／近鉄ビルサービス／健栄製薬／高洋電機／小橋電機明野工場／猿田彦神社／JFEエンジニアリング津製作所／JMエンジニアリングサービス／志摩スペイン村／ジャパンマリンユナイテッド／神宮司廳／シンフォニアエンジニアリング／シンフォニアテクノロジー／鈴工／住友電装／住友理工／セントラルグラスファイバー／造家工房 亀井／大一建設／大宗建設／ダイヘン／タカノフーズ関西／中部電気保安協会／中部電力パワーグリッド／THK三重工場／TOYO TIRE 桑名工場／トーエネックサービス／トーエネック三重支店／トヨタカローラ三重／トライス／永谷園フーズ／ナブテスコ津工場／ナルックス／日新 三重工場／日東電工／日本郵便東海支社／ニプロファーマ伊勢工場／パナソニック／パナソニックエレクトリックワークス電材三重／万協製薬／ビーディホーム／廣瀬精工／富士ピー・エス／船谷建設／ブランカ／堀崎組／ホンダカーズ三重／本田技研工業鈴鹿製作所／マスヤグループ本社／松阪興産／松阪鉄工所／マリンフーズ三重工場／丸亀産業／三重キセキ販売／三重金属工業／三重ダイハツ販売／三重トヨペット／御木本製薬／三菱ふそうトラック・バス東海ふそう／美和ロック／山口工務店／横浜ゴム三重工場／吉川建設／ライジング明和工場　ほか
【県外企業】アイシン／アイシン高丘／愛知製鋼／イヅミ工業／伊藤工務店／ギガス／キョーラク／共立建設／グリーンフィクス／佐川急便／全日警名古屋支社／大同マシナリー／デンソー／東海旅客鉄道／東邦ガス／トヨタ自動車／豊田自動織機／トヨタ車体／日鉄テックスエンジ／日本車輌製造／日本郵便メンテナンス／日本ガイシ／ミック／山崎製パン／UACJ名古屋製造所／渡邊工務店／川崎重工業／京セラ京都綾部工場／京セラ滋賀蒲生工場／きんでん／ダイハツ工業本社／阪急電鉄／共立建設／田中貴金属工業／東芝ITサービス／東芝エレベータ／村田機械犬山事業所　ほか
【公務員等】自衛隊（陸上）／三重県警察／伊勢市役所

過去2年間の倍率

機械科

年度	入学定員	前期 募集	前期 志願	前期 合格	前期 倍率	後期 募集	後期 受検	後期 合格	後期 倍率
R5年度	80	40	85	44	2.13	36	44	36	1.22
R4年度	80	40	77	44	1.93	36	37	36	1.03

電気科

年度	入学定員	前期 募集	前期 志願	前期 合格	前期 倍率	後期 募集	後期 受検	後期 合格	後期 倍率
R5年度	40	20	38	22	1.90	18	20	18	1.11
R4年度	40	20	36	22	1.80	18	20	18	1.11

建築科

年度	入学定員	前期 募集	前期 志願	前期 合格	前期 倍率	後期 募集	後期 受検	後期 合格	後期 倍率
R5年度	40	20	46	22	2.30	18	21	18	1.17
R4年度	40	20	34	22	1.70	18	16	16	0.89

● 3学科共通　前期：個人面接、作文（50分・1つのテーマに対し550〜600字）、調査書／後期：個人面接、学力検査（5教科）、調査書

CLUB & CIRCLE

【運動部】陸上競技、硬式野球、ソフトテニス、サッカー、卓球、バレーボール、バスケットボール、バドミントン、剣道、弓道、レスリング
【文化部】吹奏楽、茶道、美術、機械研究、電気研究、建築研究
【同好会】調理同好会

CALENDAR

- 4月　■始業式　■入学式
- 5月　■中間テスト　■遠足（名古屋など）
- 7月　■期末テスト　■クラスマッチ　■終業式
- 9月　■始業式　■修学旅行
- 10月　■中間テスト　■体育祭
- 11月　■文化祭
- 12月　■期末テスト　■クラスマッチ　■終業式
- 1月　■始業式　■卒業考査（3年）
- 3月　■1,2年学年末考査（2月〜）　■卒業証書授与式　■修了式

Minami Ise High School -Watarai-

[県立] 南伊勢高等学校 度会校舎

度会郡度会町大野木2831　0596-62-1128　www.mie-c.ed.jp/hwatar　JR・近鉄「伊勢市」駅、三交バス「度会校舎前」

普通科
1、2年生は英語と数学、3年生では国語で習熟度別や少人数での授業を実施している。情報処理、英語、漢字等の検定や危険物取扱者試験等に向けた、課外補習等の支援も行っている。地域とのつながりが深く、茶摘みや林業などの地元産業の体験学習や、近隣の小中学校や高齢者施設等との交流、各種ボランティア等の機会が豊富にある。

◀校舎制
南伊勢高校は、度会町と南伊勢町の2か所に校舎がある「校舎制」の学校。それぞれの校舎は基本的には独立した体制をとっているが、講演会などの行事や部活動の一部は合同で行っている。

修学旅行
時期▶2年生：11月
行き先▶沖縄 2校舎合同
（2023・2022）

自らの力で自分の将来を切り開き、地域社会に貢献する "ひと" を育成する学校

過去3年間の卒業後進路

【大学】
皇學館／名古屋経済／佛教／東京基督教／関西

【短大】
鈴鹿／大阪成蹊

【専門各種職訓】
三重県立津高等技術／津看護／伊勢保健衛生／ユマニテク看護助産／伊勢志摩リハビリテーション／伊勢調理製菓／伊勢理美容／大原簿記医療／ユマニテク調理製菓／トライデントコンピュータ／名古屋工学院／名古屋スクール・オブ・ビジネス／旭美容／日本マンガ芸術学院／HAL名古屋／代々木アニメーション学院／東京製菓学校／三重公務員学院　他

【就職先】
赤福／油家電気工業／イオンビッグ／AMI／エクセディ上野事業所／海栄館千の杜／カド／ぎゅーとら／くろべ／健栄製薬／コーヨーファースト／志摩スペイン村／新生電子明和工業／新三重精工／住友機械販売／住友理工／精電舎／大享印刷／三重ダイハツ販売／東洋ビューティ上野工業／トモ／トヨタ車体／永谷園フーズオクトス工場／南勢セラミック／日新三重工場／ヒメヤ工業／富士電設備／フジパン豊明工場／藤本電器／ホンダカーズ三重／マルコメ／三重イエローハット／三重キセキ販売／三重交通／御木本真珠島／ヤマダデンキ／ヤマト運輸／ヤマモリ／UACJ名古屋製造所／横浜ゴム三重工場／ライジング明和工場／ロータス／陸上自衛隊

↓令和5年3月
大学 4名／専門学校 5名／就職 24名（県内23名・県外1名）

CLUB & CIRCLE
【運動部】
陸上競技、野球、バスケットボール、ソフトテニス、卓球、バレーボール
【文化部】
交流文化、情報処理、家庭

Winter / Summer

地域と連携した学校づくり
1. 訪問音楽演奏や福祉体験で町社会福祉協議会との交流
2. 総合的な探究の時間における地域のさまざまな団体・機関との交流
3. 地域清掃などの環境ボランティア活動
4. 地域資源を活かした、茶摘み・林業などの体験学習
5. 近隣の小中学校、高齢者施設等との交流

過去2年間の倍率

年度	入学定員	前期等 募集	志願	合格	倍率	後期 募集	受検	合格	倍率
普通科 R5年度	80	40	26	28	0.65	52	6	6	0.12
		(連携)定めていない	0		—	—	—	—	—
R4年度	80	40	36	31	0.90	49	4	3	0.08
		(連携)定めていない	0		—	—	—	—	—

年度	再募集 募集	受検	合格	倍率
R5年度	46	5	5	0.10

● 前期：個人面接（10分程度）、作文（45分・500〜600字）、調査書
後期：面接、学力検査（5教科）、調査書
※令和2年度入学者選抜において度会校舎・南勢校舎あわせて80名、一括募集になりました。

CALENDAR

4月 ■始業式 ■入学式 ■遠足
5月 ■中間テスト
6月 ■体育祭
7月 ■期末テスト ■クラスマッチ ■終業式
8月
9月 ■始業式 ■実力テスト
10月 ■中間テスト

11月 ■修学旅行 ■遠足 ■文化祭 ■大学・専門学校見学会(1年生)
12月 ■期末テスト ■クラスマッチ ■終業式
1月 ■始業式 ■学年末テスト(3年生)
2月
3月 ■卒業証書授与式 ■学年末テスト ■クラスマッチ

    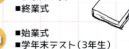 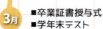

Minami Ise High School -Nansei-
県立 南伊勢高等学校 南勢校舎

度会郡南伊勢町船越2926-1　0599-66-0034　www.mie-c.ed.jp/hnanse　三交バス伊勢南勢線「南勢野添」

普通科
基礎学力の定着を目指し、きめ細かな教育を実践している。普通科目のほかに、卒業後の進路に合わせ、選択幅の広い授業を行っている。また、生活・地域社会に関する授業では郷土料理を作ったり、福祉の体験をする授業や、ヨットハーバーでディンギーの操船を習得する授業も行っている。平成29年度入学生からは2年次に地域創生学の科目を開設し、地域探究を行っている。

◀校舎制
南伊勢高校は、度会町と南伊勢町の2か所に校舎がある「校舎制」の学校。それぞれの校舎は基本的には独立した体制をとっているが、講演会などの行事や部活動の一部は合同で行っている。

 制服
 単位制
 3学期制
 始業時刻 8:40
 男女比率 7/3
 バス停から徒歩約5分

修学旅行
時期▶2年生：11月
行き先▶沖縄　2校舎合同
（2023・2022）

自らの力で自分の将来を切り開き、地域社会に貢献する"ひと"を育成する学校

過去5年間の卒業後進路
【大学】
三重／皇學館／名古屋商科／愛知工業／佛教
【短大】
三重
【専門各種】
名張市立看護／津高等技術学校／名古屋ビューティーアート／伊勢志摩リハビリテーション／大原法律公務員／大原簿記情報医療／伊勢調理製菓
【就職先】
南伊勢町役場／伊勢農業協同組合／本田技研工業／ホンダカーズ三重／UACJ名古屋製造所／フジパン／山崎製パン／日新／ブルーフィン三重／特別養護老人ホーム柑洋苑／国見山石灰鉱業／もめんや藍／株式会社スペイン村／志摩衛生社／豊和会／サコウ食品／豊橋木工／上村組／昭和電機伊賀／戸田家／トモ営業本部／谷口建設／大西建設工業／清洋水産／志摩地中海村／南島設備／南勢小橋電機／横浜ゴム／松阪興産／社会福祉法人あけあい会／日清医療食品

学校設定教科「地域創生」の科目として
2年生は「地域研究」、
3年生は「地域課題研究」を行い、
アクティブ・ラーニング型授業により
自ら考え行動できる生徒を育成。
＊平成29年度から「コミュニティ・スクール」に指定。

過去2年間の倍率

年度	入学定員	前期等 募集	志願	合格	倍率	後期 募集	受検	合格	倍率	合格者数
普通科 R5年度	80	40	26	28	0.65	52	6	6	0.12	39
	（連携定めていない）	0			—		—			
R4年度	80	40	36	31	0.90	49	4	3	0.08	36
	（連携定めていない）	0			—		—			

※合格者には再募集の合格者も含む

●前期：個人面接（10分程度）、作文（45分・500〜600字）、調査書
【中高一貫教育】総合問題、面接など
後期：面接、学力検査（5教科）、調査書
※前期の合格者数は連携型中高一貫教育の合格者を含む。
※令和6年度入学者選抜については、南勢校舎は募集停止となります。

↓令和5年3月
大学1名／短大1名／専門学校3名／就職8名（県内7名／県外1名）

Winter / Summer

CLUB & CIRCLE
【運動部】
硬式野球、ソフトテニス、バスケットボール、柔道、陸上
【文化部】
家庭、茶道、パソコン、SBP（ソーシャル・ビジネス・プロジェクト）

CALENDAR
- 4月　■始業式　■入学式　■遠足（南勢校舎全学年ナガシマスパーランド）
- 5月　■中間考査
- 6月　■体育祭　■清掃活動
- 7月　■期末考査　■クラスマッチ　■終業式
- 8月　■高校生活入門講座
- 9月　■始業式　■南伊勢町合同避難訓練
- 10月　■中間考査
- 11月　■文化祭　■遠足（1、3年 行き先は未定）　■修学旅行
- 12月　■期末考査　■終業式
- 1月　■始業式　■卒業考査
- 2月　■マラソン大会
- 3月　■卒業証書授与式　■学年末考査　■修了式

Toba High School
県立 鳥羽高等学校

鳥羽市安楽島町1459　0599-25-2935　www.mie-c.ed.jp/htoba　近鉄「志摩赤崎」駅、三交バス「鳥羽高校前」

制服／単位制／3学期制／始業時刻 8:40／男女比率 6:4／駅から徒歩約12分

修学旅行　時期▶2年生：10月　行き先▶沖縄（2023）

総合学科
1年は必修科目を中心に少人数授業やTT（ティームティーチング）による授業で基礎学力を着実に身につける。2、3年生は4系列に分けられた選択科目から興味や進路に合わせ、専門分野を学ぶ。「鳥羽学」、「マリンスポーツ」などの科目も特徴的。

◎【観光ビジネス系列】情報処理やビジネスの基本、観光地鳥羽の魅力、「鳥羽高生が自ら企画する」商品開発などを学ぶことにより、地域の活性化に貢献できる力を身につけます。
◎【スポーツ健康系列】海に近い地域の特性を活かしたマリンスポーツや、生涯スポーツを中心に、スポーツ全般について学び、健康で明るく豊かな生活を営むための能力や態度を身につけます。
◎【総合福祉系列】福祉・保育施設等での体験実習、高齢者などへの援助の方法などを学び、相手の立場に立って考え行動できる「福祉の心」を身につけるとともに、介護職員初任者研修の資格取得を目指します。
◎【文理国際系列】少人数講座が多く、一人ひとりの学習状況・進路希望に応じた学習環境で学びます。進学するための基礎的な学力から進学後に必要な発展的な学力まで、幅広く身につけます。

平成29年度より鳥羽高版デュアルシステム開始

過去3年間の卒業後進路

【大学】
皇學館／大阪商業／名古屋産業／専修／北陸

【短大】
高田／愛知文教女子／東京女子体育／自由が丘産能

【看護学校】
伊勢保健衛生

【専門学校】
旭美容／伊勢理容美容／大原法律公務員 津校／大原簿記情報医療 津校／名古屋医療秘書福祉／名古屋ECO動物海洋／名古屋工学院／名古屋モード学園／中日美容／日産愛知自動車大学校／三重調理／三重県農業大学校／ミエ・ヘア・アーチストアカデミー／ユマニテク医療福祉大学校

【就職先（県内）】
旭電器工業／IXホールディングス【旧：マスヤ】／赤福／伊勢農業協同組合／伊勢メディケアセンターひかりの橋／井村屋／エクセディ上野事業所／エースパック三重津工場／SWS西日本／MGS／御福餅本家／恩賜財団 済生会明和病院／神路社／さわやか倶楽部／三甲関西第二工場／三水フーズ／志摩スペイン村／社会福祉法人 恒心福祉会／社会福祉法人 慈恵会（正邦苑）／正和製菓／スタッフブリッジ／住友理工／精誠舎／大喜／トッパンパッケージプロダクツ松阪工場／とよはた生鮮市場ベリー／長島観光開発ナガシマリゾート／虹の夢とば【石吉組】／ニプロン／八昇製菓／廣瀬精工／ブランカ／フランフラン／ホンダカーズ三重／マックスバリュ東海／三重交通／御木本真珠島／山川モールディング／ヤマダデンキ／横浜ゴム三重工場／ライジング明和工場／綿清商店（わたせい）

【就職先（県外）】
愛知陸運／加藤化学／ダイオーミルサポート東海／東ハト／トヨタ自動車／トヨタ車体／浜木綿／フジパン豊明工場／山崎製パン／UACJ名古屋製造所

年間を通じた就業体験「デュアルシステム」を開始！
フェンシング部、レスリング部は全国大会・陸上競技部は東海総体で活躍！

過去2年間の倍率

総合学科	年度	入学定員	前期 募集	前期 志願	前期 合格	前期 倍率	後期 募集	後期 受検	後期 合格	後期 倍率
	R5年度	80	40	42	42	1.05	38	15	15	0.39
	R4年度	80	40	32	32	0.80	48	9	9	0.19

●前期：個人面接（10分程度）、作文（50分・600字）
●後期：面接、学力検査（5教科）、調査書

↓令和5年3月
大学5名／短大2名／専門学校11名／就職30名

 Summer
 Winter

CLUB & CIRCLE
【運動部】
ソフトテニス、バスケットボール、バドミントン、バレーボール、フェンシング、野球、レスリング、陸上

【文化部】
英会話、茶道、美術、文芸、ボランティア

【サークル活動】
サウンドリング（人権サークル）
とばっこくらぶ（地域連携サークル）

鳥羽学…【鳥羽の魅力をプロデュースする】
◎観光・ドローン・VR（バーチャル・リアリティ）の基礎を学ぶ
◎鳥羽の魅力発信などを通して、思考・判断・表現力を身につける
新しい時代に必須となるドローン・VRの基礎技術を身につけ、鳥羽の魅力発信や地域の課題解決などについて協働学習を通して学び、思考・判断・表現力を身につけます。

CALENDAR

- 4月　■始業式　■入学式
- 5月　■中間テスト
- 6月　■体育祭
- 7月　■期末テスト　■クラスマッチ　■終業式
- 8月　■高校生活入門講座
- 9月　■始業式　■修学旅行
- 10月　■中間テスト　■遠足（長島スパーランド・志摩スペイン村）
- 11月　■文化祭
- 12月　■期末テスト　■終業式
- 1月　■始業式　■卒業テスト
- 2月　■総合学科発表会
- 3月　■卒業証書授与式　■学年末テスト　■クラスマッチ　■修了式

Shima High School
県立 志摩高等学校

志摩市磯部町恵利原1308　0599-55-1166　www.mie-c.ed.jp/hsima　近鉄「志摩磯部」駅、三重交通バス「三交磯部バスセンター」

普通科
1年生は、全員が共通の内容を学習します。英数国3教科については、1年生から進路希望に応じて放課後の進学補講を実施します。それ以外の生徒も放課後の学習タイムで基礎学力の向上に向けた取り組みを実施しています。2年生からは、コース選択制になっており、進路希望に応じた学習を行います。

制服／単位制／3学期制
始業時刻 8:40　男女比率 4:6　志摩磯部駅から徒歩約12分

修学旅行　時期▶2年生：11月　行き先▶北九州（2023・2022）

入学生の90%以上が志摩市内中学校出身
安心安全の超地元密着型 普通科高校

↓令和5年3月
大学 13名（公立1名／私立12名）
短大 2名
専門学校 18名
就職 26名（県内16名／県外10名）
その他 3名

CLUB & CIRCLE
【運動部】サッカー、ソフトテニス、バスケットボール、バドミントン、陸上競技
【文化部】華道、家庭、美術、ボランティア、漫画・文芸研究

Winter / Summer

過去3年間の卒業後進路
【大学】
福知山公立／津田塾／東洋／中部／愛知学院／皇學館／鈴鹿医療科学／鈴鹿／大阪経済／大阪産業／大阪商業／静岡理工科／創価／中京学院／東海学園／至学館／名古屋学院／名古屋芸術／名古屋商科／愛知みずほ／岐阜協立／サイバー
【短期大学】
三重／高田／名古屋文化／名古屋
【専門学校等】
三重県立津高等技術学校／三重中央医療看護／伊勢保健衛生／伊勢保健衛生（歯科）／聖十字看護／ユマニテク看護助産／国際医学技術／名古屋医専／名古屋医健スポーツ／伊勢志摩リハビリテーション／福岡医療秘書福祉／伊勢理容美容／中日美容／旭美容／京都建築／あいち造形デザイン／名古屋デザイナー学院／文化服装学院／ユマニテク調理製菓／伊勢調理製菓／三重調理／名古屋ユマニテク調理製菓／トライデントコンピュータ／名古屋工学院／東海工業／大阪アミューズメントメディア／大阪アニメ・声優＆スポーツ／名古屋ECO動物海洋／名古屋観光／大原法律公務員／東京法律名古屋校／大原簿記医療観光（津校）／名古屋観光／名古屋スクール・オブ・ビジネス
【就職・県内】
旭電器工業／小橋電機／志摩電子工業／南勢小橋電機／ユナイテッド・セミコンダクター・ジャパン 三重工場／エクセディ 上野事業所／キクカワエンタープライズ／赤福／伊勢製餡所／御福餅本家／若松屋／三交伊勢志摩交通／ヤマト運輸 三重主管支店／戸田家／賢島宝生苑／サン浦島 悠季の里／近鉄・都ホテルズ 志摩観光ホテル 近鉄・都ホテルズ 都リゾート志摩ベイサイドテラス／志摩リゾートマネジメント／賢島浜島ゴルフ場／志摩スペイン村／モビリティランド 鈴鹿サーキット／長島観光開発・ナガシマリゾート／OIC 訪問歯科診療部／医療法人 豊和会／医療法人 志福会 はね歯科医院／中井歯科医院／虹の夢とば（石吉組）／伊勢農業協同組合／石吉組／コカ・コーラボトラーズジャパンベンディング／近鉄車両エンジニアリング／神宮司廳／長永スポーツ工業 三重支店／日本郵便 東海支社／森組／ホンダカーズ三重／三重日産自動車／バイク館イエローハット／ワタキューセイモア／自衛隊
【就職・県外】
トヨタ自動車／ダイハツ工業／信菱電機／山崎製パン／敷島製パン／春日井製菓／ダイオーミルサポート東海／エムケイ／イオンリテール／太田商事／エムアンドケイ／矢場とん／全日警 名古屋支社／岩崎総合研究所／ほていや／TBCグループ／ムロオ 大阪支店

☑ 充実の「志摩学」
　志摩市と連携した地域連携型キャリア教育
☑ 美術部 3年連続（2020〜2022）全国高等学校総合文化祭出展
　2022　アート甲子園　グランプリ受賞
　2023　近畿高等学校総合文化祭出展

CALENDAR
4月 ■始業式 ■入学式 ■遠足
5月 ■中間テスト
6月 ■体育祭
7月 ■期末テスト ■終業式
8月
9月 ■始業式 ■文化祭 ■志摩学フィールドワーク
10月 ■中間テスト
11月 ■修学旅行 ■遠足
12月 ■期末テスト ■終業式 ■クラスマッチ
1月 ■始業式 ■学年末テスト（3年）
2月 ■夢追いマラソン
3月 ■卒業証書授与式 ■学年末テスト（1、2年） ■クラスマッチ

過去2年間の倍率

普通科	年度	入学定員	前期募集	前期志願	前期合格	前期倍率	後期募集	後期受検	後期合格	後期倍率
	R5年度	80	40	36	33	0.90	47	5	5	0.11
	R4年度	80	40	42	40	1.05	40	6	3	0.15

● 前期：個人面接（5分程度）、作文（40分・400字程度）、調査書
　後期：面接、学力検査（5教科）、調査書

101

Mie Maritime High School
県立 水産高等学校

志摩市志摩町和具2578　0599-85-0021　www.mie-c.ed.jp/hsuisa/　近鉄「鵜方」駅よりバス約30分、または「賢島」駅より定期船約30分

海洋・機関科
1年生は航海と水産・海洋工学の基礎を学び、2年生から船舶・漁業のスペシャリストを育成する「海洋コース」、船舶機関のエンジニアを育成する「機関コース」、海洋全般の工学分野を学ぶ「水産工学コース」へ分かれる。

水産資源科
1年生は資源増殖や食品加工の基礎を学び、2年生から食品製造・加工技術や流通について学ぶ「アクアフードコース」、資源増殖・海洋環境、アクアリウムなどについて学ぶ「アクアデザインコース」へ分かれる。

※ 専攻科
水産高校卒業生がさらに2年間の実習や専門知識を学ぶ専攻課程。漁業や航海の技術を高め、上級海技士（3級航海士以上）の取得を目指す「漁業専攻科」と、船舶機関の運転操作の技術を習得し、上級海技士（3級機関士以上）の取得を目指す「機関専攻科」がある。

 制服　 単位制　 3学期制
 始業時刻 9:10　 男女比率 8/2　 スクールバスで鵜方駅から約30分

修学旅行　時期▶2年生：10月　行き先▶東紀州・南紀方面

【卒業著名人】
中村幸昭（鳥羽水族館創設者・名誉館長）
野網和三郎（日本で初めてブリの養殖を始めた人）
※海水魚（ブリ）の養殖は、戦前では極めて珍しく、昭和10年ごろから徐々に軌道に乗った。昭和30年ごろから本格的になり、水産年鑑にも養殖漁獲量が掲載された。

県内唯一の水産系職業高校

↓令和5年3月
短大 1名／専門学校 3名／専攻科 13名／就職 34名

過去3年間の卒業後進路
【大学】水産大学校／福山／皇學館
【短期大学校】国立清水海洋技術／国立宮古海洋技術
【専門学校】日本さかな／全国漁業協同組合学校／名古屋工学院／三重調理／大原法律公務員／大原簿記医療観光／伊勢調理製菓／名古屋動物
【就職先】伊勢湾フェリー／太平洋フェリーサービス／四日市ポートサービス／伊良湖パイロットボート／森汽船／山本通運／清福丸／大征丸／波切ヤンマー商会／西南水産／椎名大敷組合／みえぎょれん販売／ニュージャパンマリン／藤村海事工業所／兼升養魚漁業生産組合／ブルーフィン三重／冨士製油／栄臨建設／三甲／朝日丸建設／PACIFIC MARINE JAPAN／ジャパンマリンユナイテッド／白糸滝養魚場／佐藤養殖場／深田サルベージ建設／トヨタ車体／トヨタ自動車／中部資材／エフピコ中部／ダイオーエンジニアリング／アクティブスマイル／ミヤケ／横浜ゴム／旭電気工業／小島組／テクノ中部／鈴工／志摩電子工業／カクヤス／大王製紙／ノダックス／東洋ビューティー／東洋エアゾール／南勢小橋電機／エクセディ／ビューテック／イオンリテール／プリマハム／フジパン／山崎製パン／敷島製パン／尾鷲物産／うおいち／かね貞／ぎゅーとら／戸田家／TASAKI／久玉真珠／近鉄リテーリング／アサヒレジャー／三重交通／三交伊勢志摩交通／伊勢農業協同組合／医療法人豊和会

過去2年間の倍率

海洋・機関科
年度	入学定員	前期 募集	前期 志願	前期 合格	前期 倍率	後期 募集	後期 受検	後期 合格	後期 倍率
R5年度	40	20	24	22	1.20	18	3	3	0.17
R4年度	40	20	28	21	1.40	19	6	5	0.32

● 前期：個人面接（5〜10分）、作文（40分・400字）、調査書
　後期：面接、学力検査（5教科）、調査書

水産資源科
年度	入学定員	前期 募集	前期 志願	前期 合格	前期 倍率	後期 募集	後期 受検	後期 合格	後期 倍率
R5年度	40	20	25	22	1.25	18	6	6	0.33
R4年度	40	20	31	22	1.55	18	10	9	0.56

● 前期：個人面接（5〜10分）、作文（40分・400字）、調査書
　後期：面接、学力検査（5教科）、調査書

CLUB & CIRCLE
【運動部】野球、バスケットボール、バドミントン、卓球、ボクシング
【文化部】茶道、家庭、ビジネス、写真、生物
【同好会】人権サークル、ゴルフ、航海術

★ボクシング部 令和5年度全国総体 東海総体出場！

水産高校 Facebook QRコード

CALENDAR
- 4月：始業式／入学式
- 5月：中間テスト
- 6月：クラスマッチ／産業教育意見体験発表会／期末テスト（〜7月）
- 7月：体験航海（2年）／終業式
- 8月：体験入学
- 9月：始業式／修学旅行／体験航海（1年）
- 10月：中間テスト／体験入学／体育祭／文化祭（水高フェア）
- 11月：志摩市防災訓練参加／水産教育生徒研究発表大会
- 12月：クラスマッチ／期末テスト／終業式
- 1月：始業式／卒業テスト（3年）／地元企業説明会（1年対象）／漁船・商船会社説明会（海洋・機関科生徒対象）／課題研究成果発表会
- 2月：マラソン大会／学年末テスト（1・2年）（〜3月）
- 3月：卒業証書授与式／水産業についての講演（1年対象）
- 乗船実習 4月・6月・11月・1月（パラオ共和国・パラオ高校との交流を予定）

Kinomoto High School
県立 木本高等学校

熊野市木本町1101-4　　0597-85-3811　　www.mie-c.ed.jp/hkimot　　JR「熊野市」駅

修学旅行
時期▶2年生：11月
行き先▶福岡・長崎・京都（2023）

【卒業著名人】
ニューヨーク・屋敷 裕政（お笑い芸人）

普通科
主に大学進学を目的として、普通科目を中心に、自分の進路に応じた選択科目も学ぶ。理系・文系の難関大学進学希望者は1年次から「選抜コース」で学習し、文系・高等看護専門学校進学希望者は1年次から普通コースで学んでいく。さらに、選抜コースは2年次から「選抜コース文系」、「選抜コース理系」に分かれ、より重点を置いた学習になる。

総合学科＜単位制＞
1年は芸術を除いて全員同じ科目を学び、「産業社会と人間」の授業を通して、進路や勤労観を身につけ、数学・英語は中学と高校の橋渡しをする学習を取り入れている。2年からは自分の進路や興味に応じて、資格取得を目指したり、就職に適した科目を学ぶなど、主に専門学校進学と、就職に対応していく。

創立103年目　文武両道をモットーに

↓令和5年3月
- 大学 82名（国立14名／公立8名／私立60名）
- 短大 9名
- 専門学校 46名
- 就職 13名（県内10名／県外3名）
- その他 4名

CLUB & CIRCLE
【運動部】
バレーボール（女子）、硬式野球、ソフトテニス、体操、バスケットボール（男子）、ラグビー、卓球、柔道・剣道、サッカー、バドミントン（女子）
【文化部】
茶道・書道、放送、美術、漫画研究、JRC、写真、吹奏楽

CALENDAR
- 4月　■始業式　■入学式
- 5月　■中間テスト
- 6月　■体育祭
- 7月　■期末テスト　■終業式
- 8月　■オープンスクール　■始業式
- 9月　■文化祭
- 10月　■中間テスト　■クラスマッチ
- 11月　■修学旅行　■遠足
- 12月　■期末テスト　■終業式
- 1月　■始業式
- 3月　■卒業証書授与式　■学年末テスト　■クラスマッチ　■修了式

過去3年間の卒業後進路
【国公立大学】愛媛／岡山／滋賀県立／千葉／東京海洋／東北／徳島／名古屋工業／広島／福井／三重県立看護／三重／横浜市立／和歌山／大阪／大阪公立／兵庫県立／大阪教育／東京都立／神戸外国語／静岡／石川県立／茨城県立医療／北見工業／県立広島／滋賀
【短期大学】津市立三重／愛知学泉／愛知文教女子／大阪城南女子／大阪成蹊／大阪夕陽丘学園／関西外国語大学／関西女子／修文大学／高田／豊橋創造大学／名古屋／奈良芸術／平成医療／武庫川女子大学／大阪芸術／京都女教／産業技術／龍谷
【高等看護専門学校・准看護専門学校】国立三重中央看護／和歌山県立なぎ看護／愛知県厚生連加茂看護／愛知県厚生連更生看護／岡波看護／京都中央看護保健大学校／桑名医師会看護／聖十字看護／津看護／松阪看護／三重看護／ユマニテク看護助産／関西看護／帝京高等看護／名古屋医専／ペガサス大阪南
【専門学校】三重県立津高等技術学校／AWS動物病院／ELICビジネス＆公務員／あいち造形デザイン／あいちビジネス／あいち福祉医療／愛知文化服装／愛知ペット／旭理容美容／アミューズメントメディア総合学院／伊勢志摩リハビリテーション／勢調理師／伊勢保健衛生／伊勢理容美容／ヴェールルージュ美容／大阪医専／大阪医療技術学園／大阪医療秘書福祉／大阪医療福祉／大阪ECO動物海洋／大阪観光／大阪歯科学院／大阪情報コンピュータ／大阪ダンス＆アクターズ／大阪ハイテクノロジー／大阪法律／大阪ホテル／大原情報コンピュータ／大原法律公務員　津校／大原法律公務員＆スポーツ／関西医科／関西外語／関西学研医療福祉学院／京都医建／京都外国語／京都芸術デザイン／小出美容／高津理容美容／国際医学技術／駿台観光＆外語ビジネス／清恵会第二医療専門学院／セントラルトリミングアカデミー／中央IT学校 OSAKA／中部美容／中部リハビリテーション／天理教校／東海医療科学／東海医療工学／東海工業 金山校／東京IT会計 名古屋校／東京美容／東京法律 名古屋校／トヨタ名古屋自動車大学校／トライデントコンピュータ／トライデント外国語・ホテル・ブライダル／名古屋医健スポーツ／名古屋医専／名古屋医療秘書福祉／名古屋ECO動物海洋／名古屋工学院／名古屋こども／名古屋歯科医療／名古屋情報メディア／名古屋スクールオブミュージック＆ダンス／名古屋デンタル衛生士学院／名古屋ユマニテク歯科製菓／名古屋リゾート＆スポーツ／日本外国語／日本工学院八王子／日本デザイナー芸術学院／日本理工情報／ヒューマンアカデミー／ミエ・ヘア・アーチストアカデミー／ユマニテク医療福祉大学校／履正社医療スポーツ／和歌山コンピュータビジネス

【就職先】御浜町役場／紀宝町役場／熊野消防／新宮消防／三重県警察／自衛官候補生／アイシン・エイ・ダブリュ㈱／アイシン精機㈱／イオンリテール㈱／伊賀リハビリライフサポート㈱／伊勢農業協同組合／ウォルナットファーマシーズ㈱／エクセディ／SWS西日本㈱／SDSライン／太田商事㈱／㈲お菓子屋レニエ／カーコン車検㈱紀州整備工場／クサマ工業㈱／熊野精工㈱／クラシード／㈱グリーンズ／黒崎播磨㈱名古屋支店／㈱興和工業㈱／㈱札幌かに本家／（医）山翔会　歯科山崎／下野塗装店／（社福）洗心福祉会／㈱第三銀行／大昌総業㈱／大同テクニカ㈱／㈱ダイナックホールディングス／ダイハツ工業㈱／地建興業㈱／㈱デンソー／東海旅客鉄道㈱／トヨタ自動車㈱／DREAM ON COMPANY／㈱ナガシマゴルフ／長島観光開発㈱／奈良交通㈱／西日本旅客鉄道㈱／㈱にし家／日建㈱／日東電工亀山事業所／ニプロファーマ／日本郵便㈱／㈲花由／百五銀行㈱／ビューティサロンモリワキ／兵庫開発㈱／富士岐工産㈱名古屋支店／フジパン㈱／㈲フリースタイル／北越コーポレーション㈱／ホテル季の座／㈱ホンダカーズ三重／三重交通㈱／㈱美スギ／三菱自動車工業㈱／山崎製パン㈱／吉田設備

過去2年間の倍率

普通科

年度	入学定員	前期 募集	前期 志願	前期 合格	前期 倍率	後期 募集	後期 受検	後期 合格	後期 倍率
R5年度	120	—	—	—	—	120	101	101	0.84
R4年度	120	—	—	—	—	120	128	120	1.07

● 後期：学力検査（5教科）、調査書

総合学科

年度	入学定員	前期 募集	前期 志願	前期 合格	前期 倍率	後期 募集	後期 受検	後期 合格	後期 倍率
R5年度	40	20	41	21	2.05	19	18	18	0.95
R4年度	40	20	34	21	1.70	19	10	19	0.53

● 前期：学力検査（数学・英語）、個人面接（5分程度）、調査書
　後期：学力検査（5教科）、調査書

集中学習に最適！
☆冷暖房完備個別学習用パネル付学習室の設置
☆学習室専用Wi-Fi設置
☆2020年創立100周年

制服に女子のスラックスを追加しました！

Owase High School
[県立] 尾鷲高等学校

尾鷲市古戸野町3番12号　0597-22-2115　www.mie-c.ed.jp/howase　JR「尾鷲」駅

制服／単位制／3学期制／始業時刻 8:20／男女比率 5:5／JR尾鷲駅から900m

修学旅行　時期▶2年生：10月　行き先▶福岡・長崎（2023）

普通科スタンダードコース
習熟度別授業など学力に応じた授業を実施したり、放課後や長期休業中に補習を行ったりして、文系の四年制大学、短期大学、看護専門学校等への進学や、公務員試験、一般就職など、幅広い進路希望の実現をめざす。

普通科プログレッシブコース
国公立大学や難関私立大学、理系大学への合格をめざし、授業の進度を早めたり、週2回の7限授業（1・2年生）や補習などを実施したりすることで、早期から大学受験に備えた学習をフォロー・バックアップしている。

情報ビジネス科
「ビジネス社会に即応できるスペシャリスト」をめざし、豊富な実習をまじえ、簿記やコンピュータ等の専門科目を学習する。ビジネス・商業系の検定に1年次から挑戦し、取得した資格等を就職・進学に活用している。

システム工学科
「ものづくりのスペシャリスト」をめざし、進路希望に応じて機械系、電気系の科目選択ができる。実習形式の授業も豊富である。また、工業系の検定に1年次から挑戦し、取得した資格等を就職・進学に活用している。

多様な学科・コースで進学就職に対応！

過去3年間の卒業後進路

↓令和5年3月

大学 49名／短大 5名／専門学校 48名／就職 41名／待機者 3名／その他 1名

【大学】（国立）大阪／奈良教育／三重／和歌山／（公立）尾道公立／高知県立／都留文科／福井県立／三重県立看護／（私立）愛知学院／愛知学泉／愛知工業／大阪経済／大阪経済法科／大阪芸術／大阪人間科学／関西医科／関西学院／岐阜聖徳学園／京都産業／京都橘／近畿／金城学院／皇學館／鈴鹿医療科学／成城／大同／中京／中部／帝京／帝塚山／東海学園／東海／東京理科／同志社／名古屋学院／名古屋商科／南山／阪南／武庫川女子／名城／立命館／龍谷

【短期大学（短期大学部）】（公立）三重／（私立）愛知文教女子／関西女子／滋賀／修文／平成医療／高田

【専門学校】 伊勢保健衛生／岡波看護／関西看護／更生看護／国立病院機構三重中央医療センター附属三重中央看護／聖十字看護／津看護／松阪看護／三重看護／ELICビジネス＆公務員／ESPエンタテインメント東京／旭美容／伊勢志摩リハビリテーション／伊勢保健衛生／大原法律公務員／大原簿記情報医療／京都外国語／東京アナウンス学院／高津理容美容／中和医療／東海医療科学／東海工業／トライデントコンピュータ／ナゴノ福祉歯科医療／名古屋医健スポーツ／名古屋工学院／名古屋スイーツ＆カフェ／名古屋デザイン＆テクノロジー／名古屋動物／名古屋モード／ビジュアルアーツ大阪／放送芸術／ミエ・ヘア・アーチストアカデミー／三重県立津高等技術

【就職先】（地元）石渕薬品合資／コメリ／尾鷲物産／三重県漁業共同組合連合会／（県内）ニプロファーマ伊勢工場／キナン／伊勢福／対泉閣／エクセディ上野事業所／トーエネック／中部電力パワーグリッド／（県外）相川みんなの診療所／アイシン高丘／イオンリテール東海カンパニー名古屋事務所／ダイハツ工業／トヨタ自動車／トヨタ車体／フジパン／プライムプラネットエナジー＆ソリューションズ／アイシン／クラウン・パッケージ／橘組／UACJ名古屋製造所／エフベーカリーコーポレーション／トヨタエンタプライズ／大和機工／東海プラントエンジニアリング

【公務員】 三重県警

CLUB & CIRCLE

【運動部】
陸上、水泳、剣道、弓道、硬式野球、サッカー、ソフトテニス、硬式テニス、バレーボール、バスケットボール、バドミントン

【文化部】
吹奏楽、軽音楽、商業、書道、美術、家庭、茶道、システム工学

【同好会】
写真

Winter

Summer

水泳部は県の強化指定を受けており、ドーム付き温水プールが完成して、天候や季節に左右されにくい練習環境が整った。

CALENDAR

- 4月：始業式／入学式／遠足（1年：松本峠（熊野古道）／2年：伊勢市／3年：ナガシマスパーランド）
- 5月：中間テスト
- 6月：体育祭／期末テスト（6月末から7月）
- 7月：終業式
- 8月：
- 9月：始業式／文化祭
- 10月：中間テスト／修学旅行
- 11月：
- 12月：期末テスト／クラスマッチ／終業式
- 1月：始業式
- 1月：学年末テスト（2～3月）
- 3月：卒業証書授与式／クラスマッチ

過去2年間の倍率

普通科	年度	入学定員	前期 募集	前期 志願	前期 合格	前期 倍率	後期 募集	後期 受検	後期 合格	後期 倍率
	R5年度	70	21	56	21	2.67	49	45	45	0.92
	R4年度	70	21	64	21	3.05	49	57	46	1.16

●前期：学力検査（数学・英語）、集団面接（1グループ 15分程度）
後期：学力検査（5教科）、調査書

情報ビジネス科	年度	入学定員	前期 募集	前期 志願	前期 合格	前期 倍率	後期 募集	後期 受検	後期 合格	後期 倍率
	R5年度	30	9	22	9	2.44	21	17	17	0.81
	R4年度	35	11	16	11	1.45	24	17	23	0.71

●前期：学力検査（数学・英語）、集団面接（1グループ 15分程度）
後期：学力検査（5教科）、調査書

普通科プログレッシブ	年度	入学定員	前期 募集	前期 志願	前期 合格	前期 倍率	後期 募集	後期 受検	後期 合格	後期 倍率
	R5年度	30	9	20	10	2.22	20	12	12	0.60
	R4年度	35	11	15	11	1.36	24	9	8	0.38

●前期：学力検査（数学・英語）、集団面接（1グループ 15分程度）
後期：学力検査（5教科）、調査書

システム工学	年度	入学定員	前期 募集	前期 志願	前期 合格	前期 倍率	後期 募集	後期 受検	後期 合格	後期 倍率
	R5年度	30	9	22	9	2.44	21	14	14	0.67
	R4年度	35	11	14	11	1.27	24	18	20	0.75

●前期：学力検査（数学・英語）、集団面接（1グループ 15分程度）
後期：学力検査（5教科）、調査書

> **過去5年間の実績　全国大会**
> 水泳、弓道、ソフトテニス、書道、美術

三重県文化クラブ実績

Part 5 2022年1月～12月の文化部活動実績です
※個人結果については学校名のみ掲載しています。

小倉百人一首かるた部門

大会名	結果	学校名
第46回全国高等学校総合文化祭（東京大会）	県合同（団体）出場	暁・桑名・いなべ総合学園
小倉百人一首競技かるた全国高等学校選手権大会	団体 出場	桑名

弁論部門

大会名	結果	学校名
第46回全国高等学校総合文化祭（東京大会）	出場	神戸、桑名

特別支援学校部門

特別支援学校部門は、年3回の会議を開き、みえ高文祭展示部門への参加準備を中心に活動しました。みえ高文祭では、分校を含む17校の特別支援学校の紹介ポスターと、生徒たちが美術や作業学習などで制作した作品を展示しました。様々なジャンルの作品が集まり、それぞれが表現したいこと、楽しんで作ったことが伝わる展示となりました。

茶道部門

茶道部門では、7月に高校茶道研修会Iを実施し、5地区で146名が参加しました。ものづくりや和菓子制作、浴衣の着付けなど普段なかなかできない活動に取り組みました。みえ高文祭は残念ながら今年も一般のお客様への呈茶会を行うことはできませんでしたが、県下の茶道部員同士で交流を深めました。また、11月に近畿高総文祭に神戸・名張青峰高校が参加し、多くの刺激を受けました。

ボランティア部門

みえ高文祭では例年通りフリーマーケットを開催し、収益45,896円をウクライナの子どもたちのためのUNICEF募金に寄付いたしました。また、部門行事として7月に海洋プラスチック汚染をテーマにした夏の交流会、12月に手話と貧困をテーマにした冬の交流会、2月にボランティア体験発表会を行い、生徒のボランティア活動に対する視野を広めるための活動を行いました。

Kinan High School
県立 紀南高等学校

南牟婁郡御浜町阿田和1960　05979-2-1351　www.mie-c.ed.jp/hkinan　JR「阿田和」駅、三交バス「御浜町阿田和」

普通科
「しんじる！ちから」がキャッチフレーズ。2年次からは、総合進学系、地域創造系、医療・看護系、福祉系、ビジネス系の5つを基本とした授業選択を行う。興味や進路希望に応じた授業をとおして、具体的な進路実現にむけて学習を行う。

全国で3番目に指定された「コミュニティ・スクール」

制服／単位制／3学期制／始業時刻9:05／男女比率 5／5／駅から徒歩約20分

修学旅行
時期▶2年生：11月
行き先▶大阪方面
（2022年は福井・石川）

過去3年間の卒業後進路

↓令和5年3月
- 大学 1名
- 短大 3名
- 専門学校 14名
- 就職 24名（県内19名／県外 5人）
- その他 5名

【大学】
実践女子／鈴鹿医療科学／宝塚医療

【短期大学】
三重／愛知文教女子／大阪芸術／高田／和歌山信愛女子

【専門学校】
和歌山県立なぎ看護学校／津看護／桑名医師会立桑名看護／関西看護／新宮市医師会准看護学院／東海医療技術／阪奈中央リハビリテーション／ユマニテク医療福祉大学校／近畿コンピュータ電子／大原簿記法律／三重県立津高等技術学校／東海工業 金山校／静岡工科自動車大学校／名古屋調理師／京都製菓製パン技術／広島酔心調理製菓／旭美容／関西美容／中日美容／愛知美容／伊勢理容美容／京都芸術デザイン／アミューズメディア総合学院／大原法律公務員／神戸YMCA学院／京都保育福祉

【就職】
（地元）日本郵便 東海支社／新宮信用金庫／伊勢農業協同組合／パナソニックエレクトリックワークス紀南電工／熊野精工／SWS西日本／ユウテック／紀南病院組合きなん苑／特別養護老人ホーム たちばな園／三重交通商事／三重交通／熊野養魚／ヤンマーアグリジャパン 中部近畿支社／緑樹／みはま介護センター／楽らく／阿田和大敷漁業生産組合
（県内）ニプロファーマ 伊勢工場／エクセディ上野事業所／日本梱包運輸倉庫／ナガシマゴルフ／中日本ビルテクノサービス／マルアイユニティー 亀山事業所／キナン／あけあい会／五洋紙工
（中京地区）トヨタ車体／大同テクニカ／ユニチカ／岡崎事業所／日鉄物流名古屋／日鉄テックスエンジ 名古屋支店／フジパン／コジマプラスチックス／ブランシェ／菅原設備／ワークステーション／HMC／太田商事
（京阪神地区）エフベーカリーコーポレーション大阪工場／住友電工ウインテック／ENEOSウイング関西支店／昭和汽力
（公務員）陸上自衛隊／航空自衛隊

CLUB & CIRCLE
【運動部】
硬式野球、ソフトテニス、柔道、卓球、男子バスケット、バドミントン、陸上競技
【文化部】
ESS、家庭、華道・茶道、JRC、書道、美術、吹奏楽
コミュニティ・スクール部（全員）

Summer / Winter 制服

「コミュニティ・スクール」とは？
地域の学校という意味。保護者や地域の方々の意見や要望を学校運営に反映させる仕組みを持っている。地域との話し合いや、熊野エリア道の駅協議会と連携するなど、地域との関わりが多い。

紀南高校公式キャラクター　きにゃこ／きにゃん

卓球部　東海大会出場！

過去2年間の倍率

普通科	年度	入学定員	前期募集	前期志願	前期合格	前期倍率	後期募集	後期受検	後期合格	後期倍率
	R5年度	80	24	64	27	2.67	53	51	51	0.96
	R4年度	80	24	57	25	2.38	55	58	55	1.05

● 前期：学力検査（国語）、個人面接（10分程度）、調査書
　後期：面接、学力検査（5教科）、調査書

CALENDAR
- 4月　■始業式　■入学式
- 5月　■中間テスト　■クラスマッチ
- 6月　■期末テスト
- 7月　■終業式
- 8月　■夏季課外補習　■高校生活入門講座
- 9月　■始業式
- 10月　■中間テスト　■体育祭　■文化祭
- 11月　■修学旅行　■期末テスト
- 12月　■終業式
- 1月　■始業式　■卒業テスト（3年）
- 2月　■対話集会　■学年末テスト（1・2年）
- 3月　■卒業証書授与式　■クラスマッチ

定時制・通信制高校のことを知ろう！

三重県には公立の定時制・通信制高校が12校、私立で三重県の認可を受けている通信制高校が5校あります。ほかにも広域通信制高校や通信制サポート校、フリースクールなど、学べる場が多様化しています。

定時制高校

定時制高校とは、「定時制課程」が設置されている高等学校のこと。中学校等と同じように昼間の時間帯に授業を行う全日制課程に対し、夜間やその他、特別な時間帯に授業を行う。三重県では昼間部も3校に設置されています。

通信制高校

通信制高校とは、通信教育によって「通信制課程」を行う高等学校のことで、自宅で教科書や学習書を使って自分で学び、学校で行われるスクーリングに出席したり、レポートを提出することで卒業までに必要な単位を取得します。

全日制と同じように、定時制・通信制も高校生活入門講座が開催されるよ。

広域通信制高校の場合、スクーリングが県外で行われる学校があるよ。スクーリングに行ける場所かどうか、確認しないとね。

令和6年度三重県立高等学校入学者選抜 定時制・通信制 実施日程

前期選抜等※	定時制課程
願書等受付締切	令和6年1月26日（金）
検査（試験）	令和6年2月5日（月）・6日（火）※
追検査（試験）	令和6年2月13日（火）
合格発表	令和6年2月15日（木）（合格内定通知）
後期選抜	
願書等受付締切	令和6年2月27日（火）
志願変更受付締切	令和6年3月5日（火）
検査（試験）	令和6年3月11日（月）
合格発表	令和6年3月18日（月）
追検査・再募集	
願書等受付締切	令和6年3月21日（木）
検査（試験）	令和6年3月22日（金）
合格発表	令和6年3月26日（火）
追加募集	
願書等受付締切	令和6年3月27日（水）
検査（試験）	令和6年3月28日（木）
合格発表	令和6年3月29日（金）

前期選抜	通信制課程
願書等受付締切	令和6年1月26日（金）
検査（試験）	令和6年2月5日（月）
追検査（試験）	令和6年2月13日（火）
合格発表	令和6年2月15日（木）までに合格内定者に通知
後期選抜	
願書等受付締切	令和6年2月27日（火）
志願変更受付締切	令和6年3月5日（火）
検査（試験）	令和6年3月11日（月）
合格発表	令和6年3月18日（月）までに合格者に通知
追検査	令和6年3月22日（金）
追検査の合格発表	令和6年3月26日（火）
再募集	
願書等受付締切	令和6年4月1日（月）
検査（試験）	令和6年4月3日（水）
合格発表	令和6年4月11日（木）までに合格者に通知

前期選抜等※…「前期選抜・連携型中高一貫教育に係る選抜・特別選抜・スポーツ特別枠選抜」のこと。
「連携型中高一貫教育に係る選抜」は、飯南高等学校、南伊勢高等学校南勢校舎で実施される選抜。
「特別選抜」は、あけぼの学園高等学校、四日市工業高等学校（定時制課程）、北星高等学校、飯野高等学校（定時制課程）、みえ夢学園高等学校、伊勢まなび高等学校で実施される選抜。

※1 前期選抜の日程で連携型中高一貫教育に係る選抜・特別選抜・スポーツ特別枠選抜も行われます。
※2 検査が1日か、2日間かは学校により異なります。

Tokufu High School
[私立] 徳風高等学校

徳風技能専門学校と併修
通信制で全日型の学校

🏫 亀山市和賀町1789-4　📞 0595-82-3561　🌐 mietokufu.ed.jp/　🚌 JR「亀山」駅からスクールバス(平日のみ)

制服	あり
学期制	3
始業時刻	9:30
男女比率	5/5
冷暖房	あり
スクールバス	駅から約5分
携帯電話	あり
アルバイト	※届け出制

総合コース	30人（6年度募集）
ドッグケアコース	30人（6年度募集）
パソコンコース	30人（6年度募集）
日本語コース	20人（6年度募集）

ホームページ

生徒会Instagram

定時制・通信制

あなたの"夢"を応援します
輝く個性を見つけよう!

総合コース

総合コースでは、スポーツ講座、調理講座、日本語講座をはじめ、漢検・英検・パソコン関連の資格取得を目指す講座や本年度新設のソーシャルスキル講座などの中から、自分の学びたい講座を選択します。

ドッグケアコース
ドッグケアコースでは、犬のトレーニングやトリミングの専門的な知識・技能を習得します。犬に関する全てを学び、数多くの資格取得を目指します。犬のことはもちろん、人としての在り方・生き方についても学びます。

ドッグケアコースInstagram

★トレーニング実習★

★トリミング実習★

パソコンコース
パソコンコースでは、「パソコン」に興味・関心のある生徒がITのスペシャリストを目指して専門性と実践力を養います。基本的なパソコン技術からスタートし、卒業時には数多くの資格を取得して実践的な能力を身につけます。

数多くの資格も取得できます!
あなたも合格できる!

資格取得は難しくないんです！国家試験にもたくさんの人が初歩から勉強して合格しています!!

日本語コース
日本語をたくさん勉強しながら、高校卒業を目指せるのは、三重県では徳風高校だけです。「勉強の日本語」と「生活の日本語」をマスターして、3年間で高校を卒業しましょう！高校の後、大学へ行く人はJLPT N2、働く人はN3に合格するように勉強します。

徳風高校だけのスケジュール（イメージ）

1年次	2年次	3年次
初級(N5・4レベル)	➡ 中級(N4・3レベル)	➡ 上級(N3・2レベル)
日本語の授業		
		日本語以外の授業

108

CLUB & CIRCLE
輝く毎日を、仲間と共に。

クラブ一覧
【スポーツ系】 硬式野球部／ソフトテニス部／バレーボール部／卓球部／バドミントン部／サッカー部

【文化系】 ドッグクラブ／パソコン研究会／音楽同好会

生徒寮
遠隔地の生徒や希望する生徒のために「成蹊塾」という生徒寮があります。

- 誰でも入寮可能
- 個室1～2名
- 冷暖房・Wi-Fi完備

男子寮長から 2年生 萩原 翼さん

寮にはテレビやエアコン、インターネットなどが完備されています。自分の時間をゆっくり過ごせるだけでなく、同じ寮生たちと楽しく会話しながら過ごす時間も十分にあります。みんなで楽しく快適に過ごすことができ、充実した寮生活が送れています。

女子寮長から 2年生 井元桃香さん

寮では、生活習慣が身に付けられます。このことは、大人になっても活かせると思います。また、寮は学校に併設しているので、遅刻や欠席なく登校できます。寮生のみんなはフレンドリーなので、毎日楽しいです。

在校生 Voice

勉強と部活の両立を！
総合コース 3年 潮﨑 美月さん
（滋賀県甲賀市立甲南中学校出身）

小さい頃から体を動かすことが好きで、徳風高校ではいろんなスポーツが体験できることを知り、入学を決めました。私にとって、自分に合った学習をしてくれる校風は非常に魅力的でした。夢の実現に向けて、勉強・部活ともに頑張ります。皆さんも一緒に体を動かしましょう！！

叶えたい夢のために
ドッグケアコース 2年 奥山 優衣さん
（三重県津市立朝陽中学校出身）

私は愛犬に今までたくさん助けられてきました。愛犬のためにできる職業に就きたいといろいろ考え、トリマーを目指すことを決意しました。夢を叶えるために技術を学びたい、犬のことを詳しく学びたいという想いで徳風高校に入学しました。入学後は、トリミング・トレーニング・犬の当番など、犬たちと共に過ごしながら、様々なことを楽しく学んでいます。時には、壁にぶつかり悩むこともありますが、自分の夢を叶えるためにどんなことでも諦めず、日々努力しています。犬が大好きな方、将来犬に携わる仕事に就きたいと考えている方、一緒に徳風高校で夢を目指しませんか。

Webデザインを学んでいます
パソコンコース 3年 村岡 陽奈さん
（三重県津市立豊里中学校出身）

3年生では、まずHTML言語から勉強します。そして専用ソフトを使って、実際にホームページを作成します。「ホームページのデザインにはセンスが必要かも」と思われるかもしれませんが、実際はそんなことありません。日々、楽しく学びながら、様々な技術を身に付けています。

日本語を勉強して、充実した高校生活を！
日本語コース 1年　内海 良さん
（三重県桑名市立長島中学校出身）

私は12歳のとき、フィリピンから日本に来ました。日本に来てから、日本語が全く分からず、友達もあまりいませんでしたが、高校に入って変わりたいと思い、日本語コースに入りました。もっと日本語を勉強して友達を増やし、将来は大学に行って良い仕事に就きたいです。入学してまだ1か月ですが、日本語コースはとても楽しいです。高校3年間を楽しく過ごしたいです。

I came to Japan from the Philippines at age 12 with no knowledge of Japanese at all. I found it very difficult to make friends since I moved here because of the language barrier. However, when I entered this high school, I decided to learn more Japanese, change myself, and make more friends. I want to go to college and get a job after graduation. It has been only one month since I joined this course, but I have been so much fun. I hope it doesn't change until I graduate from this course.

将来のために日本語を上達させたい！
日本語コース 3年　ビリアト マリアさん
（三重県鈴鹿市立創徳中学校出身）

この学校は先生たちが親切で、わかりやすい方法で教えてくれるのがいいです。私たちの将来のために、すばらしい授業をしてくれたり、誰でもわかるように日本語で簡単に話したりしてくれます。今は日本語能力試験N2合格に向けて頑張っています！

Na escola nossos professores são legais e ajudam muito. Eles ensinam de uma forma fácil, falam japonês de uma forma simplificada para todo mundo entender, dando um ótimo ensino para a nossa vida profissional futura. Agora estou trabalhando duro para passar no JLPT N2!

OPEN CAMPUS 体験入学
9/24(日)・10/15(日)・11/18(土)・12/9(土)
[各回9:30～12:30]
各コース先着20名　4コース同時開催！

こちらからもお申し込みいただけます

Eishin High School
[私立] 英心高等学校 伊勢本校

- 伊勢市河崎1-3-25
- 0596-28-2077
- https://www.eishin-hs.ed.jp
- JR・近鉄「伊勢市」駅

定時制・通信制

修学旅行
時期 ▶ 2年生：11月
行き先 ▶ 東京・横浜（2023年予定）

「できることからはじめよう」「自分の歩幅大切に」を大切に確実に一歩一歩成長していく学校です。全日型コースでは5教科の「学びなおし」からスタートし、探究学習や、検定、コンテスト、部活動、学校行事、eラーニングなどいろんなことにチャレンジしながら「個性」を見つけていきます。同時に、進路（進学や職業、生き方）について探究することで社会と自分とのベストマッチングを見つけます。本科コース（水曜日夕方の授業）コースでも、学びなおしからスタートし高校内容の学習をマスターするとともに、社会人基礎力も身につけます。

全日型コース
◎月～金の5日間通学　◎習熟度別一斉授業
◎9:00～15:20　◎6限授業　◎制服での通学

入学してから、My Challengeという取り組みを通じて個性を発見し、自分の進路を見つけて行きます。探究ゼミも数多く開講しており、自分の興味関心のあることを深く学び進路に結びつけることもできます。3年生で進学中心のクラス、就職中心のクラスに分かれます。

【進学探究クラス】探究学習を通じて自分がどんな学問にマッチしているかを知り、将来社会でどのように活躍するかを考えることで「学ぶことの意味」を見出します。学習＝自分ごととして自走できる3年間を送るために、目標設定を行い、学習計画を立て実行するというセルフマネジメント力を育てます。

【キャリア探究クラス】探究学習を通じて、自分と社会とをどうつなげるのかを考えます。同時に5教科の基礎基本をしっかり行うことで、モノやコトを創造するための土台を創ります。また、実行委員会活動などを行うことで社会人基礎力を養います。

本科コース
◎水曜日　◎一斉授業／個別学習
◎16:00～18:45　◎3限授業
◎私服での通学

一斉授業形式によるスクーリングと、スマートフォンやパソコンで勉強するメディア授業を併用し、スキルアップを図りながら放送授業と連動したレポートの提出と試験で単位認定を行います。一斉授業の他に、集団生活が苦手な人は個別学習を選ぶこともできます。進路学習を通じて自分の適正と世の中の学問や職業を知ることで、大学、専門学校への進学や就職に向けた取り組みを行います。また、社会人としてのマナーやマネジメント力を養うオンライン学習も実施します。希望者は、進級時に全日型コースへの変更も可能です。

主な進路実績（進学過去2年間）

【大学】明治学院／日本／大正／中京／名城／愛知みずほ／日本福祉／近畿／大手前／関西福祉科学／大阪経済／大谷／京都芸術／岡山理科／皇學館／四日市／鈴鹿医療科学／鈴鹿／新潟産業／サイバー　など

【短期大学】大阪成蹊／三重／高田／鈴鹿　など

↓令和5年3月
就職 38%　大学 28%　短大 8%　専門学校 26%

できることからはじめよう
自分の歩幅大切に

CLUB & CIRCLE

（2023年度）
【部活動】硬式野球、卓球、軽音楽、文芸

卒業生 Voice

英心のオススメは探究学習です。先生に誘われてゼミに入ったのですが、みんなと考えを出し合い、調べたものを連想ゲームのように繋げていくというデザイン思考を用いたり、論理的に因果関係をはっきりさせ原因を分析していくというシステム思考を用いたりすることで、全体を客観的に捉え、解決策を見出すといった力がつきました。コンテストにも積極的に応募していて、地域の伝承文化について研究した私たちのグループは全国で最優秀賞を受賞し、國學院大学でプレゼンを行うなど貴重な経験ができました。ゼミで培った経験は今、進学先のIT系の勉強で活かされています。

英心在学中は勉強に夢中になれた3年間でした。私は勉強が苦手でしたが、高校でまた一から学びなおすととても分かりやすく、学ぶことが好きになりました。また、友達の大切さを学びました。これまで一人行動することが多かったのですが、英心で多くの友達と話すうちに少しずつ悩み事なども打ち明けることができるようになりました。入学する前は友達ができるか心配や不安がありましたが、卒業するまでに多くの友達ができ卒業後も遊ぶ友達が出来ました。

個別相談会
随時開催　詳しくはお問い合わせください

オープンキャンパス
10/7(土)・12/2(土)
9:30～12:00

CALENDAR
Winter / Summer

- 4月　■入学式　■オリエンテーション　■探究学習ガイダンス
- 5月　■遠足　■探究学習開始　■生徒会選挙
- 6月　■前期中間テスト　■体育祭　■進路ガイダンス
- 7月　■クラスマッチ　■三者懇談会　■検定試験　■探究月間
- 8月　■夏期進学講習
- 9月　■前期期末テスト　■My Challenge プレゼン大会
- 10月　■オープンキャンパス
- 11月　■文化祭　■遠足　■修学旅行　■生徒会選挙
- 12月　■後期中間テスト　■オープンキャンパス　■冬季進学講習　■探究月間
- 1月　■検定試験　■各種研修　■卒業テスト
- 2月　■進路講演会　■後期期末テスト
- 3月　■卒業式　■クラスマッチ　■My Challenge プレゼン大会　■三者懇談会　■探究月間

Eishin High School
私立 英心高等学校 桔梗が丘校

名張市桔梗が丘1番町5街区13番地　0595-41-1267　https://www.eishin-hs.ed.jp　近鉄「桔梗が丘」駅 徒歩10分

通信制普通科探究コース　KIKYO

「あなた」という存在、個性、キャラクター。あなただけのパーソナルカラーを英心高等学校桔梗が丘校で育てていきませんか?

COLORFUL　人生に彩りを

少人数クラス、選べる時間割。安心して学びなおしができます。

少人数制なので生徒と教師の距離が近く、一人ひとりの個性を重視し、優しくていねいに学習を進めていきます。修業期間は3年間。週3回(月・水・金 13:30〜16:45)のスクーリングと、月1回(土 13:30〜16:45)の特別活動を行います。そして選べる時間割として、火・木曜日にも「学びなおしゼミ」(個別学習室での学習や行事・探究のプロジェクト活動など)に参加することができます。また、スマホやPCで勉強するオンライン学習を併用することで、自分の歩幅で進んでいくことができます。卒業時には「普通科高校卒」資格が取得できます。

探究学習で自分の未来をデザインしましょう。

探究学習とは「思考力」「判断力」「表現力」などの「将来を生きる力」を身につける活動です。英心高校桔梗が丘校ではSDGs(国連が定めたよりよい世界を目す目標)を自分ごととして捉えながら、地域と連携し実践型の学習を行なっています。自分の興味や強みを、どのように社会で活かすのかを発見します。このプログラムを通して「SDGs大学認定カタリスト」資格を取得することができます。あなただけの未来を自分でデザインする学び…それが英心高校桔梗が丘校の探究学習です。

英心高等学校 桔梗が丘校
Eishin SDGs Program
SUSTAINABLE DEVELOPMENT GOALS PROGRAM

〒518-0621
名張市桔梗が丘1番町5街区13番地
Tel 0595-41-1267
Fax 0595-41-1266

桔梗が丘校個別相談会
7/22(土)8/25(金) 9/16(土) 10/13(金) 11/15(水)11/29(水) 各10:00〜
12/6(水)13:00〜　12/15(金)10:00〜
場所：英心高校桔梗が丘校

桔梗が丘校オープンキャンパス
11/25(土)13:30〜15:30
場所：英心高校桔梗が丘校

学校法人角川ドワンゴ学園

[私立] N高等学校・S高等学校
四日市キャンパス（広域通信制）

四日市市鵜の森1-5-17 d_II YOKKAICHI 1階　0120-0252-15　https://nnn.ed.jp/　近鉄「四日市」駅から徒歩6分

定時制・通信制

生徒数日本最大!!

N/S高等学校はKADOKAWA・ドワンゴが創るネットと通信制高校の制度を活用した、新しいネットの高校です。自宅にいながらオンラインで学べるネットコースをはじめ、全国43キャンパスに通学して学べる通学コースなどがあります。生徒数はN/S高合わせ24,862名（2023年5月1日時点）と日本一の高校です。四日市キャンパスは23年4月に開校した新しいキャンパスであり、通学回数は、ライフスタイルに合わせて週5、週3、週1から選択可能です。また、原則2年次になると沖縄・つくばの各本校にて、N高生は蒼い海と空に囲まれのびのび学び、S高生は自然と最先端技術の両方を体験します。

スクーリング

沖縄

つくば

全日制高校と同じ高卒資格取得が可能!

すべてのコースで高卒資格の取得可能に加え、日常的にPCやスマートフォン、VR機器など最新のICTツールを使用し、あなたの「やりたい」を支援。生徒の個性を伸ばし、将来につなげるさまざまな課外授業を提供しているのが大きな特長です。例えば、大学受験対策やプログラミング、Webデザイン、声優、動画編集など、多彩なコンテンツを提供しています。

制服
※制服の購入、着用は所属コースに関わらず任意

大学進学もバックアップ!

国内外の有名大学をはじめとする合格実績が多数あり、大学入学を本気で目指す生徒にはさまざまな試験を網羅した入試対策を個別に指導しています。（個別指導・コーチングは有償プログラム）

■進学状況（2022年度合格実績）

【国公立大学】東京／京都／北海道／東北／名古屋／東京工業／一橋／大阪／九州など
【私立大学】早稲田／慶應義塾／学習院／明治／青山学院／立教／中央／法政／関西／関西学院／同志社／立命館など
【海外大学】マンチェスター／メルボルン／キングス・カレッジ・ロンドン／シドニー／ニューサウスウェールズ／クイーンズランド／モナシュ／バーミンガム／ボストンなど

Photoshopも使い放題 デザインの幅を広げよう！

N／S高生ならアドビが提供しているPhotoshop、Illustrator、InDesign、Premiere Pro、XDなど20以上のアプリが無料で利用でき、想像のおもむくままに多彩な創作が可能です。その他、CLIP STUDIOPAINT DEBUTやGitHub、ニコニコなども無料で使えるだけでなく、将来、社会に出てから利用する可能性の高いツール（Slack、GoogleWorkspace for Education、Zoom）も使用できます。

主な行事

春
- 入学式
- 磁石祭（超会議内で実施）

夏
- 七夕イベント（通）
- ネット遠足

秋
- ハロウィンイベント（通）
- キャンパスフェスティバル（通）
- NED
- ネット運動会

冬
- 卒業式

※（通）は「通学コース」「通学プログラミングコース」の行事です。

その他イベント
- 進路イベント
- 職業体験・ワークショップ
- 留学プログラム
- 進学イベント
- 訪問ツアー
- 会社訪問ツアー
- 就職イベント訪問ツアー

高校eスポーツ4連覇

全国大会優勝の実績があるeスポーツ部だけでなく、全国出場実績があるクイズ研究会、囲碁部をはじめ、N／S高にはネットで活動を中心に行う「ネット部活」「同好会」がたくさんあり、友だち同士の交流が盛んです。

N/S高の通学コースで好きを見つける！

近隣キャンパス

名古屋キャンパス
「栄駅」徒歩2分
「栄町駅」徒歩2分

京都キャンパス
「四条駅」徒歩2分
「烏丸駅」徒歩4分

心斎橋キャンパス
「心斎橋駅」徒歩4分
「難波駅」徒歩5分

新キャンパス続々開校予定

Open Campus! オンラインでも開催中

オープンキャンパス・個別相談会 開催中

【入学相談窓口】0120-0252-15（平日10:00〜19:00）

113

Free School Mie Shure
認定NPO法人 フリースクール三重シューレ

津市広明町328 津ビル1F　059-213-1115　https://www.mienoko.com　近鉄・JR「津」駅 徒歩3分

フリースクール三重シューレは、不登校の子どもの学びの場としてだけでなく、個の時代にふさわしい新しい学びの場を追求しています。

三重シューレの入会は随時
代々木高校の入学は4月、転入・編入は随時。高校生の定員は、3学年合計で10名。（小中学生を含めた定員は30名）

「個別学習」で高校を卒業

フリースクール三重シューレは通信制代々木高等学校と連携していて、3年間で高校を卒業できます。国語・数学・英語・理科は原則1対1の個別学習です。本人が希望する場合、内容によって少人数にすることもあります。社会は少人数の学習です。また、子どもと講師の希望によって、双方向のオンラインでも授業を実施しています。1日に1科目1時間、週に2〜3時間が自分の授業時間になります。各教科は教員免許をもった7人の講師が担当しています。

《シューレライフの例》フリースクール＋通信制高校＋アルバイト

Yさんの一日

平日の日中も好きな時にバイト、近くにはバイトできるお店がいっぱい！

バイト応援してます！

- 8:00 津駅近くの飲食店でバイト
- 13:30 シューレにくる昼食後に代々木高校のレポートをやる
- 15:00 完全個別の英語の授業に出る
- 16:00 仲間やスタッフとおしゃべり
- 17:00 シューレから家へ帰る

Yさんへインタビュー

Q 今やっているバイトは？
「飲食店を2つです」

Q 初めてのバイトはどうやって？
「スタッフと相談して条件の合うところを見つけました」

Q バイトのお金は何に？
「音楽が好きなんで、ライブやCDに使ってます」

Q バイトをやって得たことは？
「いろんな人がいるなと…勉強になります」

Q 三重シューレは、Yさんにとってどんな場所？
「自分のペースでやりたいことができるところです」

卒業生Voice

Sくん　三重シューレの授業について

やっぱり学校との違いを見て悪くないんじゃないかなって思いました。授業を連続でやらない感じとか、授業も比較的面白いと感じるところもあるし、あと1日に1コマっていうところとか、学校だと連続で6コマだから。そして、個別の授業なんで、なんかやりやすくなった気がしますね。

Kさん　デザイン系専門学校へ進学して

中学3年生の終わりごろ入学した三重シューレでは、気兼ねなく自分のペースで、自分の好きなことをやれました。絵を描いたり、ゲームをしたり、本を読んだり…特に美術の先生には、デッサンや油絵などを1対1で様々教えて頂きました。現在、専門学校でイラストやグラフィックデザインの勉強をしています。イラストを描くことが元々好きでしたが、フリースクールで好きな勉強が出来たことも今に大きく繋がっていると感じています。

三重シューレ内はこんな感じです

「いっしょに生きる、個で育つ。」

フリースクール 三重シューレ
FREE SCHOOL MIE SHURE

個別学習の様子

現在は、オンライン授業の併用をしています。

写真の若者たちは、撮影時、三重シューレの高校生と卒業生（ボランティアスタッフ）です。

やってます！
ゲームコーナー

ソフトはミーティングで決めて購入

造形講座でフォトショップを学ぶ中高生

パソコンや楽器

アルバイトや正社員の仕事を希望する時、その準備をスタッフと一緒にすることもできます。

いつでもつながるワーキング®

在籍中から卒業後まで、アルバイトや正社員の仕事を希望する時、いつでもスタッフが応援いたします。「新卒求人から選ぶ、ハローワーク・求人サイト・近所で探す、履歴書を書く、面接の練習」など、職場とのマッチングもお手伝いできます。

卒業後はどのように？

子どもたちは、進学や就職だけでなく「自分のこれから」について、いつでも気軽にスタッフと相談しています。

卒業後の例
- 一般的な進学・就職をしています。
- 専門学校、大学にAO・推薦・一般入試で進学しています。
- 大好きなことを仕事にする人もいます。（例 ギタリスト、イラストレーター、デザイナー、作曲家、お菓子屋さん）
- 大好きなことと仕事を分けて生きていく人もいます。
- 卒業後しばらくして、スタッフと相談しながら、アルバイトや正社員として仕事を始める人がいます。
（いつでもつながるワーキング®）

115

Human Campus High School
私立 ヒューマンキャンパス高等学校（広域通信制）

四日市市安島1丁目2-18 三誠ビル6F　https://www.hchs.ed.jp/　yokkaichi@hchs.ed.jp　近鉄四日市駅から徒歩1分

定時制・通信制

通いたくなる通信制高校

ヒューマンキャンパス高等学校は沖縄の名護本校をはじめ、全国45カ所以上の学習センターがある広域通信制高校です。
四日市学習センターでは、メイク、声優、マンガ・イラスト、ネイルの専門分野を学ぶことができ、大学進学も目指せます。

☎ **0120-953-979**

選べる3つのコース

通学コース
通学日数：週1〜5日

通学することで高校卒業までしっかりサポート。週1日から週5日まで、自分のペースで通学しながら、自分の「やりたいこと」を見つけるコース。高校の科目は丁寧に指導を受けることができます。

専門チャレンジコース
通学日数：週1〜5日

自分の好きな専門分野を週に1日学習するコース。高校の勉強をしながら「やりたいこと」に無理なくチャレンジできます。

一般通信コース
通学日数：年に10日間程度

自宅学習を中心に「レポート提出」「テスト」「年数日間のスクーリング出席」があります。自分のペースで高校を卒業。学校へ通いたくなったら半期ごとに通学コースへの変更も可能です。

四日市学習センターで学べる専門分野

メイク・美容

セルフ（自分）メイクから特殊メイクまで学べます。最初は基本からスタート！あなた自身をどんどんキレイに磨きながら、プロの技術を身につけていきます！

ネイル

ネイリスト、アーティストを目指して、自分の指先を美しく磨きながら技術を磨いていきます。未経験から社会で通用するトップネイルアーティストへ。ネイルの資格取得も全力フォローしています。

声優・タレント

授業がとにかく面白く、表現演習やナレーション、ボーカル、アテレコなど、実践レッスンは、楽しい授業として大人気です。

マンガ・イラスト

まったくペンを握った経験のない初心者も基礎から学べます。描画技術、ストーリー、創造力を習得して、本格的にマンガ家やイラストレーターを目指します。

大学進学

基礎学力を個別指導で身につけ、希望にあわせた進学先を目指します。授業では志望校の傾向を捉え、効率的な学習を行なっていきます。

学校見学・個別相談会 開催中

転入・編入生 出願受付中！
オンラインでのご相談も承っています。お気軽にご連絡ください。

お申し込みはこちら▼

私立 古川学園 向陽台高等学校（技連）
Furukawa Campus Koyodai High School

四日市市安島2-6-9（四日市文化会館東隣）　059-353-2215　http://fg-furukawa.com/　近鉄「四日市」駅

 制服　 2学期制　 8:55 始業時刻
 男女比率 6/4　 冷暖房　 徒歩約7分 駅から
携帯電話　アルバイト

「安心して学べる環境づくり」を第一に考え、生徒一人ひとりが自分らしく高校生活を送れるように毎日をサポート。また、長所も短所も生徒たちの「個性」と考え、教職員一同「この子もきっと変われる」と信じながら、生徒とともに歩んでいきたいと考えています。

「いじめ・差別を許さない学園づくり」「頑張る子を応援する学校」これが Furukawa

主な進学実績（令和5年度指定校推薦入試指定校数203校）
【大学】立命館／四日市／鈴鹿医療科学／鈴鹿／皇學館／奈良／名古屋女子／関西福祉科学／愛知産業／名古屋造形／名古屋商科／大阪観光／中部／桐蔭横浜／帝塚山／日本福祉／大妻女子／名古屋芸術／人間環境／朝日／名古屋文理／名古屋経済／岐阜女子／同朋／大阪経済法科／愛知東邦／大同
【短期大学】ユマニテク／鈴鹿／高田／愛知文教女子／愛知甲南／修文大学／名古屋文化
【専門学校】中部ライテクビジネス／旭美容／大原簿記医療観光／三重調理
【その他】津高等技術学校／京都府立林業大学校
【就職】日本郵便株式会社／株式会社伊藤園／四日市都ホテル／住友電装グループ SWSスマイル株式会社／医療法人社団主体会小山田記念温泉病院／名古屋マリオットアソシアホテル／ヤナセメディカルグループしおりの里／鹿島東京開発株式会社ホテルイースト東京21／正和製菓株式会社／株式会社日商／ヤマモリ株式会社／テクノヒューマンパワー株式会社／近鉄ビルサービス株式会社／株式会社スズキ自販三重／東建多度カントリー株式会社／長島食品株式会社／KeePer技研株式会社／株式会社マルヤス　など

【学びのシステム】
1年次 普通科目を学びます！
自分の好きなことは何だろう…普通科目を学びながら、将来すすむ方向性を考える1年です。

2・3年次 普通科目＋好きな分野を選んで学びます→

ビジネス情報	検定にチャレンジ！コンピュータに興味がある、パソコン系の仕事をしたい人！
料理	料理が大好き！飲食店で働きたい、将来自分のお店を持ちたい人！
学力向上	進学をめざす！大学受験に必要な学力、基礎を勉強し直したい人！
保育・介護	検定にチャレンジ！人と関わることが好きで保育や介護の仕事をしたい人！

在校生 Voice

2年生になったら、「ビジネス情報」「料理」「保育・介護」「学力向上」の中から好きな分野を選んで学べるよ。将来の仕事につながるから悩むと思うけど、先生方が1年間かけて体験授業やアフタースクールなど、いろんな機会を設けてくれて、一緒に考えてくれるから安心だよ。

中学校の時は学校嫌いで休みがちだった僕だけど、なんだか古川学園っていい意味で学校じゃないみたい。勉強もついていけるか不安だったけど、アフタースクールで学び直しをすることができ、今はたくさんの仲間と楽しく通っています。

Winter

CLUB & CIRCLE
バドミントン部、バスケットボール部、卓球部、創作部、アフタースクール活動

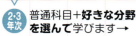

 授業風景（料理）　 授業風景（ビジネス情報）　 授業風景（介護）

体験入学
10/21、11/3・11・25、12/2

CALENDAR
- 4月　■入学式　■オリエンテーション
- 5月　■進路説明会　■特別授業
- 6月　■修学旅行　■進路説明会　■中間試験　■レクリエーション
- 7月　■三者懇談会　■特別授業　■大掃除
- 8月　■向陽台全国体育大会
- 9月　■遠足　■三者懇談会　■期末試験
- 10月　■防災訓練
- 11月　■学園祭　■全国総合文化発表会　■中間試験
- 12月　■大掃除
- 1月　■卒業試験
- 2月　■三送会　■期末試験
- 3月　■卒業式

Ohashi Gakuen High School
私立 大橋学園高等学校（通信制・単位制）〈普通科〉

【全日コース】四日市市大字塩浜149-8 【医療コース】四日市塩浜本町2-34　059-348-4800　www.ohashigh.ed.jp　近鉄「塩浜」駅、JR「南四日市」駅

全日コース
夢を探求する学校として、【豊かな能力】【豊かな人間性】【豊かな教養】【将来の夢の実現】を目指す。総合教養では、調理・製菓・デザイン・福祉・保育・情報・ものづくり・理美容・メイク・服飾・基礎学力などの学習ができる。また、動物・e-スポーツなどの特別校内外研修（プログラムは年度又は社会状況により異なる）として学内外で学ぶことができる。

医療コース
基礎学力と医療基礎を探求する学校として、【基礎学力の確立】に加え、【医療】と【看護の基礎】の学習を行う。また、学習アプリなど（プログラムは年度により異なる）を用いて、学内外で学習を予定。

JR南四日市駅からの一部通学者、学校よりレンタルサイクルあり。自転車で15分。

令和4年度より **医療コースを開設**

定時制・通信制

過去3年間の卒業後進路

【大学】 関西／立命館／京都産業／大同／皇學館／鈴鹿医療科学／日本福祉／東海学園／岐阜経済／名古屋外国語／愛知学院／近畿／同朋／四日市／名古屋芸術

【短期大学】 ユマニテク／愛知みずほ／愛知文教女子／名古屋文化／名古屋文理／名古屋経営／中日本自動車／三重／高田／鈴鹿／名古屋

【専門学校】 ユマニテク看護助産／ユマニテク医療福祉／ユマニテク調理製菓／名古屋ユマニテク歯科衛生／名古屋ユマニテク調理製菓／旭美容／鈴鹿オフィスワーク／あいち造形デザイン／名古屋工学院／名古屋コミュニケーション／HAL名古屋／アリアーレビューティー／東海医療技術／日産自動車

【就職先】 鹿野湯ホテル／シティ・ホールディングス／山和食品／四日市メディカル／東洋食品／三昌物産／医療法人 吉田クリニック／社会福祉法人 風薫会／医療法人 富田浜病院／ゴールドエイジ／NTN三重製作所／ブルーカーゴ／ENEOSウィング／内外製粉／東名化成／陸上自衛隊／四日市郵便局／八千代工業／コスモテクノ四日市／東海部品工業／ドンク／キナン／ダイオミールサポート東海／江南化工／永餅屋老舗／東プレ東海／ホンダオート三重／KeePer技研／アースサポート／日本通運／マルトー／サカイ引越センター／三重日野自動車

↓令和5年3月卒業生
- その他 5%
- 大学・短大 25%
- 就職 35%
- 専門学校 35%

在校生 Voice

大橋学園高等学校の特徴である、総合教養に魅力を感じ入学を決めました。様々な分野を体験し私はパティシエになるという目標を見つけました。卒業後は知識や技術を学ぶため、連携校であるユマニテク調理製菓専門学校へ進学予定です。

理学療法士になることが目標の私は、医療の基礎科目が高校で学べると知り、大橋学園の医療コースへの入学を決めました。専門学校の先生たちから直接学ぶことのできる環境で、連携校のユマニテク医療福祉大学校に進学するために頑張っています。

Winter

CALENDAR

- 4月 ■入学式
- 5月 ■進路ガイダンス ■遠足
- 6月 ■夏季クラスマッチ ■修学旅行
- 7月 ■姉妹校訪問
- 8月 ■インターンシップ
- 9月 ■前期終了式
- 10月 ■学園祭
- 11月 ■スポーツ競技会
- 12月 ■ドッグトレーニング研修
- 1月 ■e-spots研修
- 2月 ■進路ガイダンス
- 3月 ■卒業式 ■後期終了式

CLUB & CIRCLE

バスケットボール部、バレーボール部、軟式野球部、サッカー部、陸上部、ソフトテニス部、卓球部、ダンス部、軽音楽部、美術部、パソコン同好会、e-sports

Ichishi Gakuen High School
[私立] 一志学園高等学校（通信制）

津市一志町大仰326（旧大井小学校）　059-271-6700　ichishigakuen.ed.jp/　近鉄「川合高岡」駅

単位制／学期制 全日制3・土曜・フレックスコース2／始業時刻 10:20／男女比率 5:5／スクールバスで川合高岡駅から約6分

修学旅行
時期 ▶ 2・3年生：8月（隔年実施）
行き先 ▶ 山梨・静岡（2022）（2021年は伊勢志摩）

小規模で安心できる、落ち着いた環境で学ぶことができる学校。さらに、自分の殻を破り、自分を磨くさまざまな仕掛けがたくさんある。進学対応や学び直しの科目もあり、それぞれに合わせてスタートできる。不登校を経験しても、現在の学力に自信がなくても、がんばれるシステム。途中転学も受け入れており前籍校での修得単位を引き継ぐことができる。学習や行事が充実した週5日の全日型コース、スモールステップで学ぶ週1日の土曜コース、ICTを利用して少ない登校日数からはじめられるフレックスコースと自分に合ったスタイルで学べる。

自分の殻を破り 自分を磨く仕掛けたくさん

過去3年間の卒業後進路

【大学】国立奈良女子／皇學館／四日市／鈴鹿医療科学／鈴鹿／南山／名城／愛知学院／椙山女学園／日本福祉／中部／名古屋国際工科専門／近畿／大阪商業／大阪音楽／京都産業／大谷／金沢工業／奈良／帝塚山／中国学園／東京通信（通）　など
【短期大学】三重／愛知文教女子／中日本自動車／関西女子　など
【専門学校】ユマニテク調理製菓／ユマニテク看護助産／三重介護福祉／伊勢理容美容／旭美容／大原簿記情報医療／日本マンガ芸術学院／名古屋医専／あいちビジネス／名古屋ウエディング＆ブライダル／京都芸術デザイン／日本デザイナー芸術学院／名古屋ECO動物海洋／名古屋動物／トヨタ名古屋自動車校／辻調理／津高等技術学校　など
【就職】佐川急便／名阪ロイヤルゴルフクラブ／中勢林業／フェニックス／嬉野食品工業／ケーエム精工／陸上自衛隊　など

↓令和5年3月
大学 35%
短大 5%
専門学校等 38%
就職 10%
その他 13%

卒業生Voice

一志学園では自分の進路とペースに合わせて勉強することができ少人数であるため先生方との距離も近く、勉強や進路のことについて親身に相談に乗っていただいたため大学受験の際には大きな支えとなりました。
また、部活動では軽音楽部に入部し念願であったバンドを組むことができ地域のイベントや文化祭で演奏することができてとても楽しかったです。

自分に合ったレベルで学び直しができる。一志学園の環境で私は大きな自信を持つことができました。勉強もわからないところは先生が親身になって教えてくださり、少しずつ理解にできるようになりました。
仲の良い友達もでき、楽しく三年間通うことができました。
現在は、専門学校での授業が難しいと思うこともありますが、一志学園での経験を活かして、将来の夢に向かって頑張っています。

CLUB & CIRCLE

バドミントン部
卓球部
ソフトテニス部
陸上競技同好会
軽音楽部

CALENDAR

- 4月　■入学式　■始業式　■オリエンテーション
- 5月　■遠足
- 6月　■保護者会　■授業公開
- 7月　■定期テスト　■ワープロ検定
- 8月　■オープンキャンパス　■修学旅行
- 9月　■定期テスト（土曜・F）
- 10月　■体育祭　■英語検定
- 11月　■文化祭　■ワープロ検定　■漢字検定
- 12月　■定期テスト（全日型）
- 1月　■卒業テスト
- 2月　■学年末テスト　■三送会
- 3月　■卒業式　■終業式

私立 代々木高等学校（広域通信制）
Yoyogi High School

三重県志摩市磯部町山原785　0599-56-0772　https://yoyogi.ed.jp/　近鉄「磯部」駅 バス10分

自分らしく、あなたらしく、学んでみませんか!!

集団での授業だけでなく個人指導も充実しています。
いろんな出会い・ふれあい・学びあいがあり、皆さんの個性と能力を最大限に伸ばす教育を実施しています。

入学相談随時受付中（教頭または教務部まで）

主な進学実績（令和5年度指定校推薦入試 他）

【大学】 中部学院／関西国際／愛知みずほ／中部／京都芸術／芦屋／東海学院／尚美学園／大阪経済法科／東海学園／湘南医療／大阪芸術／名古屋外国語／神戸松蔭女子学院／岐阜聖徳学園／名古屋経済／千葉工業／岐阜保健／名古屋芸術／大阪商業／九州産業／名古屋文理／大阪電気通信／京都産業／奈良／津田塾／京都精華／日本体育／東京工芸／京都橘／東京国際／京都ノートルダム女子／日本福祉／東京福祉／熊本学園／明治／法政／昭和音楽／名城／北里／崇城／和光／佛教／拓殖／岡山理科 など

【短期大学】 秋草学園／國學院大学北海道／名古屋文化／大妻女子／聖徳／平成医療／関西外国語／帝京／京都外国語／四天王寺大学 など

卒業生Voice

代々木高校の先生は生徒一人ひとりを大切に想い、寄り添ってくれる素敵な先生ばかりです。愛想のない私にも優しく接してくれて助けてくれました。友達をつくるのが怖かった私が卒業するまでにたくさんの友達ができたのは、安心して通える代々木高校だったからだと思います。

全日制高校から編入して1年間代々木高校にお世話になりました。通信制は最初のイメージと違い、とても良い学校だと思いました。先生方は進路相談を真剣にしてくれたり、試験勉強や対策を細かい部分まで指導していただき、目標の学校に合格することができました。

CLUB & CIRCLE
ビジネススキル部、柔道部、歴史部、美術部、書道部、園芸部、生物部、英語部、ゲーム同好会、スポーツレクリエーション

志摩本校で活躍する先輩
◎伊勢志摩料理人
国際ホテルや旅館などで料理人修業しながら勤務し、調理師免許と高校卒業資格の取得を目指します。

卒業生紹介
高校生起業家、プロゴルファー、パリコレモデルなど…

2020年アスリートゴルフコースを卒業した笹生優花選手（写真左側）が全米女子オープン優勝（2021年6月）
写真は2018年在学当時、アジア大会優勝し、市長を表敬訪問時

CALENDAR

- 4月 ■入学式
- 5月 ■進路ガイダンス
- 6月 ■特別活動（鳥羽水族館見学）
- 7月 ■進路ガイダンス（2回目）　■特別活動（海洋観測）
- 8月 ■前期レポート締切
- 9月 ■前期試験
- 10月 ■特別活動（スペイン村）
- 11月 ■集中体育
- 12月 ■レポート締切
- 1月 ■特別活動（トレッキング）
- 2月 ■ふりかえり（後期試験）　■卒業制作（真珠ブローチ）
- 3月 ■卒業式

定時制 桑名高等学校 Kuwana High School

桑名市大字東方1795　0594-22-5220　www.kuwana-h.ed.jp/teijisei/teijisei.html　JR・近鉄「桑名」駅

始業時刻 17:25　男女比率 6/4　桑名駅から 600m

主なスケジュール

4月	新入生歓迎会	
5月	中間考査	
7月	期末考査	
	クラスマッチ	
9月	体育祭	
10月	県定通生活体験発表会	
	中間考査	
	文化祭	
11月	県定通交流スポーツ大会	
	遠足	
	修学旅行（2022年度は伊勢志摩）	
12月	期末考査	
1月	卒業考査（4年）	
2月	予餞会	
3月	卒業式	
	学年末考査（1〜3年）	
	クラスマッチ	
	修了式	

近年の卒業後進路
↓令和5年3月

専門学校 2名／就職 4名／その他 6名

普通科

　個に応じた指導を目指しており、学び直し学習をはじめ、国語・数学では熟練度別学習をおこない、基礎学力の定着と向上を図っている。
　通信制との併修により、3年間で卒業することも可能である。
　外国にルーツをもつ生徒も在籍しており、日本語で授業を受けることが困難な生徒に対しては、取り出し授業をおこなっている。

【進学】
聖十字看護専門学校／名古屋学院大学／愛知東邦大学／東海工業専門学校金山校／保育介護ビジネス名古屋専門学校／名古屋情報メディア専門学校／東海医療科学専門学校

【就職】
すし道場／ハツメック／寺本紙器／アイカン／水野鉄工所／整備工場東海／RIDTEC／アートコーポレーション／ブルーカーゴ／東プレ／ワード／四日市福祉会／ふわり／千姫／熱金工業

定時制・通信制 北星高等学校 Hokusei High School

四日市市茂福横座668-1　059-363-8110　www.mie-c.ed.jp/hhokus/　JR・近鉄「富田」駅

始業時刻 8:45／9:00（定時制）　単位制　半期単位認定　2学期制　男女比率 5/5　富田駅から徒歩約13分

主なスケジュール

4月	春期入学式・前期始業式／学校生活ガイダンス（定）／対面式（定）／クラブ紹介（定）
5月	前期中間テスト（定・通）
6月	体育祭（定）／遠足（通・京都）
7月	校内生活体験発表会（定・通）／壮行会（定）
8月	レクフェスタ（通）
9月	前期期末テスト（定）／秋期選抜／秋期卒業式・終業式（定）
10月	秋期入学式・後期始業式／修学旅行（定・通）／1泊2日（関西）／遠足（定・通・場所未定）／県生活体験発表大会／東海四県交歓会（通）／スポーツレク（定）
11月	定通交流スポーツ大会／文化祭・クラスマッチ／ティートーク（通）
12月	後期中間テスト（定・通）／前期選抜
2月	学年末テスト（定・通）
3月	春期卒業式／終了式（定）、後期選抜

定時制と通信制の一体化

普通科・情報ビジネス科（定時制昼間部）

　定時制と通信制の両方のシステムの特長を活かし、生徒の状況に応じた柔軟な学びを展開する。両課程の教員が協働して教育に当たり、生徒の多様なニーズに応え一人ひとりにきめ細かな指導を行う。3部（午前・午後・夜間）の定時制と通信制の運営を一体化することにより、生徒一人ひとりが自分のペースに合わせて学習時間帯や時間割を組むことが可能。生活体験発表会や定通スポーツ大会、産業教育フェアなどのイベントにも積極的に参加している。

●定時制
午前・午後・夜間の3部制で、1時限90分間の授業をそれぞれ2時限ずつ、合計6時限の授業を実施。通信制の併修や他部の授業を取ることで、3年間で卒業することが可能。学校外での学習成果（英検・高等学校卒業程度認定試験・大学の講義参加など）も、単位として認定する。

●通信制
自宅学習でレポート作成し提出することを基本とする。スクーリングに出席し、テストに合格することで単位を認定。スクーリングは1限50分間の7時限で、日曜日または木曜日に実施する。

CLUB & CIRCLE
柔道、卓球、テニス、バスケット、バドミントン、バレーボール、野球、陸上、サッカー、園芸、華道、バンド、天文、文芸新聞漫画、人権文化研究、商業

近年の卒業後進路
↓令和5年3月

大学 12名／短大 20名／専門学校 23名／就職 40名／その他 51名

【大学・短大】四日市／鈴鹿／日本福祉／近畿（通信）／駒澤／鈴鹿医療科学／名古屋芸術／名古屋造形／名城／こども教育宝仙／東京通信／椙山女学園／日本／同朋／日本福祉（通信）／サイバー大（通信）／三重短大／三重短大第2部／ユマニテク短大／愛知みずほ短大／鈴鹿大短期大学部／名古屋文化短大／実践女子大短期大学部／関西外国語大短期大学部／奈良芸術短大

【専門学校等】トライデントコンピュータ／名古屋デザイン＆テクノロジー／名古屋情報メディア／国際自然環境アウトドア／日本マンガ芸術学院／三重県農業大学校／ユマニテク調理製菓／桑名看護／あいち造形デザイン／ミエ・ヘア・アーチストアカデミー／名古屋経営会計／名古屋ECO動物海洋／HAL／名古屋医療秘書福祉／津高等技術学校／旭美容／トライデント外国語・ホテル・ブライダル／名古屋スクール・オブ・ビジネス／東放学園音響／名古屋モード学園／名古屋工学院／日本デザイナー芸術学院／日本ペット文化学院／ベルエポック美容／ヒューマンアカデミー／パフォーミングアーツカレッジ／東海工業／大原簿記情報医療／名古屋ビューティアート／名古屋観光／トライデントデザイン／東京ITプログラミング＆会計／名古屋情報メディア／岡山理科大学

【就職】銀河電機工業／三重精機／JMエンジニアリングサービス／ヒカリ化成／アイズ・コーポレーション／博仁会／ウエスギ／ウエノテック／東伸熱工／ハピネスライフ一光／ダイエンフーズ／東エコーセン／ポバール興業／エクセディ／東プレ東海／スィート／ホンダオート三重／ハツメック／植田アルマイト工業／ダイワワークス／鈴与レンタカー／化成フロティアサービス／サカイ引越センター／八里屋／マチケン／銀峯陶器／長島食品／セコムトセック／マルトー／オー・アール・エフ／稲垣鉄工／日産工機／SBS三愛ロジスティクス／ホクセイ／フェーズワン

定時制 Yokkaichi Technical High School
四日市工業高等学校

四日市市日永東三丁目4-63　059-346-2331　www.mie-c.ed.jp/tyokka/teiji　JR「南四日市」駅、四日市あすなろう鉄道「南日永」駅

単位制／2学期制／始業時刻 17:25／男女比 9:1／南四日市駅から徒歩約10分

主なスケジュール
- 4月　ピンクシャツデー（全定専）
- 6月　中間考査／校外クリーンアップ活動
- 9月　期末考査
- 10月　修学旅行（2022年はハウステンボス・雲仙等）／定通生生活体験発表大会／生徒文化作品展／文化祭
- 11月　ピンクシャツデー（全定専）／定通生徒交流スポーツ大会
- 12月　中間考査
- 1月　学年末考査
- 2月　期末考査、予餞会

CLUB & CIRCLE
【運動部】武道、サッカー、ソフトテニス、軟式野球、バスケットボール、卓球、バドミントン、陸上競技、バレーボール
【文化部】囲碁・将棋、読書、モーター

機械交通工学科・住システム工学科
● **機械交通工学科**　1年次に「工業技術基礎」という科目で、金属の加工などを学習。2年次から「機械コース」「自動車コース」に分かれ、専門的な内容を学ぶ。自動車コースでは、卒業後に3級自動車整備士の実技試験が免除され、学科試験の受験資格が与えられる。
● **住システム工学科**　1年次に「工業技術基礎」という科目で電気工事や住宅の設計に関する内容を学習し、2年次から「電気コース」「建築コース」に分かれる。各コースで専門教育を充実させ、電気工事士取得や二級建築士受験要件に対応する。

令和4年度
陸上競技部　県大会男女総合優勝、全国大会出場
バスケットボール部・ソフトテニス部　ともに
県大会入賞、東海大会出場

近年の卒業後進路
【主な進学先】
本校ものづくり創造専攻科／大同大学／県立津高等技術学校／東海工業専門学校／名古屋工学院専門学校／トヨタ名古屋自動車大学校

【主な就職先】
トピア／四日市モータース商会／チヨダ加工センター／稲垣鉄工／高雄工業／KeePer技研／鴻大運輸／江南化工／佐野テック／一建設／上田新工業／エムイーシーテクノ／星和工業／三重シポレックスサービス／三重トヨペット／ホンダカーズ三重東／名和機械／サガミホールディングス／ENEOSウイング中部支店／前田運送／エクセディ／高砂建設／勢友自動車／フジ技研／日本陸送／横内建設／山九／ヨシザワ／鈴鹿テクト／奥岡電気工事／ベステックスキョーエイ／ADEKA総合設備／泉鋳造／トクデン／渡辺鉄工

↓令和5年3月
進学を希望 3名／自営及び現在の仕事を継続 2名／学校斡旋で新規就職 15名／自己開拓で就職 6名

定時制 Iino High School
飯野高等学校

鈴鹿市三日市町字東新田場1695　059-389-6116　http://www.mie-c.ed.jp/hiino/teiji　近鉄「平田町」駅

単位制／2学期制／I部始業時刻 15:50／II部始業時刻 17:35／男女比 5:5／平田町駅から徒歩約20分

主なスケジュール
- 4月　入学式・始業式・対面式
- 5月　授業公開
- 6月　地域清掃活動／体育祭／前期中間考査
- 7月　工場・大学見学
- 　　　校内生活体験発表会／防災教育
- 9月　前期期末試験／前期終業式
- 11月　文化祭／修学旅行（大阪城・USJ）／後期中間考査
- 1月　新年生徒交流会
- 2月　後期期末考査
- 3月　卒業生を送る会／修了式

普通科
ライフスタイルに合わせて学習できるよう、二つの学習時間帯を設定。
I部：15時50分〜19時25分　II部：17時35分〜21時10分
「働く」ことについて学び、就業体験などを行う。必履修科目には、必要に応じて通訳が入って授業を行うなど、外国人生徒の理解に合わせきめ細やかな指導を行う。
学期ごとに単位を認定することから、4年目以降は9月末に卒業することも可能。

ライフスタイルに合わせ、2つの学習時間帯

過去3年間の卒業後進路
【大学】鈴鹿大学
【短期大学】愛知産業大学短期大学通信教育部
【専修学校】三重県農業大学校
【専門学校】ユマニテク調理製菓専門学校／トライデントデザイン専門学校／総合学園ヒューマンアカデミー／名古屋観光専門学校
【就職】ホンダカーズ三重株式会社／株式会社八島産業／株式会社日本陸送／旅館サン浦島／丸一株式会社／生川倉庫株式会社／センコー株式会社／社会福祉法人三鈴会障害者支援しらさぎ園／三田工業株式会社／KeePer技研株式会社／三重いすゞ自動車株式会社

↓令和5年3月
専門学校 1名／その他 9名／就職 9名

選べる授業時間

定時制I部（15:50〜19:10）

15:50〜16:35	1限
16:40〜17:25	2限
17:35〜18:20	3限
18:25〜19:10	4限
19:10〜19:25	給食

1日4時間の授業

定時制II部（17:35〜21:05）
1日4時間の授業

17:35〜18:20	3限
18:25〜19:10	4限
19:10〜19:25	給食
19:30〜21:15	5限
20:20〜21:05	6限

[定時制]
Mie Yume Gakuen High School
みえ夢学園高等学校

津市柳山津興1239　059-226-6217　www.mie-c.ed.jp/hmieyu/　三交バス「柳山学校前」停留所、JR「阿漕」駅、JR・近鉄「津」駅

始業時刻 8:45 / 終業時刻 17:30 / 3学期制 / バス停から徒歩約1分
始業時刻 13:10 / 単位制 / 男女比率 5/5

主なスケジュール

4月	入学式	10月	第2回科目登録、中間考査、県生活体験発表会
5月	中間考査、海岸清掃	11月	定通スポーツ交流会、文化祭、遠足
6月	第1回科目登録	12月	科目登録（最終）、期末考査
7月	期末考査、社会福祉実習、保護者会		修学旅行（2023年は四国・大阪USJ、2022年は神戸・大阪）
	校内生活体験発表会、職場体験学習	1月	防災訓練、生徒作品展、レクレーション大会
9月	防災訓練、高校生活入門講座	2月	学年末考査
		3月	予餞会、卒業式、終業式

※遠足：ラグーナ蒲郡（予定）

総合学科

平成30年度で創立70周年を迎えた。「自分を見つめ、夢の実現に向けてチャレンジできる学校」を目指す。普通科と専門学科の特長を併せ持つ、単位制の学校。午前の部、午後の部、夜間部の3部制。各部にそれぞれ3つの系列を設定している。
午前：社会福祉、服飾デザイン、国際経営
午後：福祉サービス、デザイン・美術、ビジネス情報
夜間：ビジネスサービス、デザイン・工芸、文化教養

午前・午後・夜間の定時制
3部制で3つの系列を設定
単位制の総合学科

↓令和5年3月
就職 33名 / 私立大学 8名 / 短大 13名 / 専門学校 6名

CLUB & CIRCLE
【部活動】（午前・午後の部）ソフトテニス・卓球・美術・漫画研究
（夜間部）バスケットボール・バドミントン・ソフトバレー・美術・人権
【同好会】（午前・午後の部）演劇・バドミントン・陸上・情報処理・介護福祉国家試験対策　人権サークル
（令和4年度定時制通信制全国大会出場）
ソフトテニス・卓球・バドミントン・バスケットボール・陸上

近年の卒業後進路
【大学】皇學館／鈴鹿／鈴鹿医療科学／四日市／愛知産業／椙山女学園／中京／同朋／名古屋芸術／名古屋学院／名古屋経済／人間環境／大阪商業／嵯峨美術／同志社／奈良／金沢工業／北海道科学
【短期大学】三重／鈴鹿大学短大部／高田／高山自動車／奈良芸術／東京福祉大学短大部
【専門学校】三重県立津高等技術学校／旭美容／大原簿記医療観光 津校／大原簿記名古屋校／あいち造形デザイン／東京IT会計 名古屋校／名古屋ECO動物海洋／名古屋文化学園保育／名古屋工学院／辻調理／ユマニテク看護助産師／四日市医師会看護／日産愛知自動車大学校／名古屋観光／名古屋情報メディア／東海工業／代々木アニメーション学院
【就職】三昌物産／鈴鹿けやき苑／アクセル鈴鹿支店／マルアイユニティー／中勢ゴム／大興／しおりの里／ヒラマツ虹の夢津／凰林会／KS／ニプロファーマ／五桂池ふるさと村／王将フードサービス／ベストロジ三重／日商／HARUYA／コイサンズ／オプト電工／くろがね工作所／親和精工／みえ医療福祉生活協同組合／第一ビル／ライジング／嘉祥会／東海運輸／ニュートラル／ホテル季の座／等生会

[定時制]
Ueno High School
上野高等学校

伊賀市上野丸之内107　0595-21-2552　www.mie-c.ed.jp/hueno/tei/indextei.html　伊賀鉄道「上野市」駅

単位制 / 3学期制 / 始業時刻 17:25 / 男女比率 5/5 / 上野市駅から徒歩約5分

主なスケジュール

5月	中間考査	10月	中間考査
6月	期末考査・球技大会	11月	修学旅行
7月	夏季レクリエーション	12月	期末考査
9月	文化祭		冬季レクリエーション
	バス研修旅行	1月	卒業考査
		3月	期末考査

CLUB & CIRCLE
【文化部】
人権サークル

普通科

様々な国籍や年齢、職業の生徒が在籍している。家族的な雰囲気の中、学校行事が多く、勉強以外にもたくさんのことを学べる。ショートホームルームは17時25分から始まり、授業時間は17時30分から21時まで1日4限。2限終了後には給食があり、パン、米類、麺類などを組み合わせた献立。生徒が昼間働くことを支援し、ハローワークと連携しながら就職したい生徒への指導を積極的に行う。確かな学力や規範意識を身に付けた社会人となるために、共に学び合っている。

ハローワークと連携し、
昼間働くことの支援も

↓令和5年3月
大学 1名 / 短大 1名 / 専門学校 4名 / 就職 9名 / その他 5名

近年の卒業後進路
【進学】畿央大学／摂南大学／大阪商業大学／三重短期大学／津高等技術学校／大阪動物専門学校／YIC京都工科自動車専門学校／橿原美容専門学校
【就職】ふるさと農協JA／メロディアン／サンガリア／フジシール／廣岡動物病院／東研サーモテック／トーエーテクノ／豊国工業／和束運輸／大栄／辻金属製作所／IK加工／UTパベック／伊賀社会事業協会／大阪バネ工業／サンコー

123

定時制 名張高等学校
Nabari High School

- 名張市東町2067-2
- 0595-63-2132
- www.mie-c.ed.jp/hnabat/
- 近鉄「名張」駅

単位制／3学期制／始業時刻17:30／男女比率6:4／名張駅から徒歩約12分

主なスケジュール
4月	入学式・始業式、新入生歓迎会（ボウリング大会）
5月	中間考査
6月	遠足（スポッチャ）、修学旅行（伊勢・鳥羽・志摩）
7月	期末考査
9月	文化祭（2日間）
10月	中間考査、県定通生活体験発表会、遠足
11月	校内レクリエーション大会、県定通スポーツ大会
12月	期末考査
1月	卒業考査（4年生）
2月	卒業生を送る会、学年末考査（～3月）（1～3年）
3月	卒業式

普通科
通信制との併修や資格取得により、3年間で卒業することもできる。国語や社会、数学、理科、保健体育、英語など中学の時に勉強した内容をさらに深く勉強する科目や、選択科目として中国語、工芸、書道、食の文化などがあり、色々なことが学べる。授業は、1日4限。2限目と3限目の間（19時5分～19時25分）には、皆で給食を食べる。

少人数ていねいな学習指導であなたの学びを支援します

近年の卒業後進路
【進学】大同大学／産能短期大学／大阪情報コンピュータ専門学校
【就職】安全警備／東研サーモテック／ブリヂストンケミテック

↓令和5年3月
- 短大 2名
- 専門学校 1名
- 就職 2名
- その他 2名

通信制 松阪高等学校
Matsusaka High School

- 松阪市垣鼻町1664
- 0598-26-7522
- www.mie-c.ed.jp/hmatus/
- 近鉄「東松阪」駅・JR「徳和」駅

単位制／スクーリング日曜／8:45／男女比率6:4／東松阪駅から徒歩約10分

主なスケジュール
4月	始業式・入学式・対面式
5月	遠足（京都）
6月	球技大会・体育祭
9月	校内生活体験発表会、中部地区通信制高校生徒生活体験発表会
10月	県定通生活体験発表会、人権講演会、東海四県交歓会
11月	県定通交流スポーツ大会
12月	校内作品展示
1月	卒業生を送る会
2月	終業式
3月	卒業式

※修学旅行の実施については参加希望人数により、実施するかを決定。2023年は11月に関西方面を予定。

普通科
全生徒1,337人。月に2回程度、日曜日にスクーリングがある。年齢に関係なく誰でも学べ、世代を越えた仲間と交流することができ、新しい人間関係が生まれる。過去に長期欠席などの経験があっても、多数、卒業している。日頃は自学自習でレポートを作成し、添削指導を受けることになっている。また、スクーリングの他、平日の登校、電話・メールで質問できる。自ら学ぶ喜びを得ることができる学校である。

丁寧なレポート添削と月2回程度のスクーリングがあなたの学びをがっちりサポート

令和4年度卒業生の進路
【四年制大学】関西学院（人間福祉学部）／中京（文学部）／亜細亜（経営学部）／鈴鹿こども教育学部・国際地域学部）／皇學館（文学部）／鈴鹿医療科学（看護学部）／関西（人間福祉）
【短期大学】三重（法経科）／大垣女子（デザイン美術科）
【専門学校】名古屋デザイナー学院（グラフィックデザイン学科）／ユマニテク医療福祉大学校（理学療法学科）／大原簿記情報医療（情報処理科）／トヨタ名古屋自動車大学校（自動車整備科）／近畿医療（柔道整復学科）／ESPギタークラフトアカデミー／ECCアーティスト美容（ネイリストコース）
【就職】ベビー&マタニティー サカタ／日本フェニックス

CLUB & CIRCLE
茶道同好会、華道同好会、スポーツ同好会、イラスト同好会

↓令和5年3月
- 大学 8名
- 短大 2名
- 専門学校 9名
- 就職（アルバイト等も含む）13名
- 待機者 4名
- その他 14名

公式インスタ

松阪工業高等学校〈普通科〉
定時制 — Matsusaka Technical High School

- 松阪市殿町1417
- 0598-21-5092
- www.mie-c.ed.jp/tmatus/teiji.html
- 近鉄・JR松阪駅

始業時刻 17:30 / 単位制 / 3学期制 / 男女比率 6:4 / 松阪駅から徒歩約15分

主なスケジュール
- 4月 始業式・入学式／ボウリング大会
- 5月 中間考査
- 7月 期末考査／クラスマッチ
- 10月 中間考査
- 10月 定通生徒生活体験発表大会
- 11月 遠足／定・通生徒交流スポーツ大会／修学旅行
- 12月 期末考査／クラスマッチ
- 1月 卒業考査
- 3月 学年末考査／クラスマッチ

◆授業公開週間◆
2023年10月2日（月）～10月6日（金）
【要 事前申込】
学校の様子を実際に自分の目と耳で確かめることはとても大切なことです。上記期間以外でも、事前に連絡をしてもらえれば、見学いただき、日程が会えば見学は可能です。
【連絡先】TEL（0598）21-5092
受付時間／12:40～21:10（担当 教頭）

普通科
47名が在籍し、その多くが働きながら通学している。在籍生徒のほとんどが10代である。

17時30分から20時45分（月曜日は21時30分）までの1日4限授業で4年間で学ぶが希望すれば通信制高校との併修により3年で卒業することもできる。

少人数で、きめ細やかな授業を実施し、社会生活に必要となる学力の定着を目指した教育を行っている。

国・数・英・理等、普通教科中心に基礎・基本を学ぶ

近年の卒業後進路
【進学】鈴鹿大学／星城大学／三重県立津高等技術学校
【就職】三重化学工業／壱番屋／戸田家／万協製薬／アクアイグニス多気／鳥羽ビューホテル／日新三重工場／ライジング／ニシタニ／ホクト／三重シーリング　など

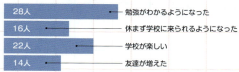

■在校生学校満足度■
大変満足 9.6% ／ まあまあ満足 75% ／ 少し不満 11.5% ／ 大変不満 3.9%

■入学後の自分について■
- 28人 勉強がわかるようになった
- 16人 休まず学校に来られるようになった
- 22人 学校が楽しい
- 14人 友達が増えた

伊勢まなび高等学校
定時制 — Ise Manabi High School

- 伊勢市神田久志本1560
- 0596-25-3690
- www.mie-c.ed.jp/bise/
- 近鉄「宇治山田」駅

始業時刻 8:50／始業時刻 17:30／始業時刻 13:10／単位制／3学期制／男女比率 5:5／宇治山田駅から1.8km／五十鈴ヶ丘駅から1.4km

主なスケジュール
- 4月 入学式
- 5月 遠足（県内各地）／中間考査
- 6月 体育祭／期末考査（～7月上旬）
- 10月 修学旅行（神戸・大阪）／中間考査
- 11月 文化祭
- 12月 期末考査（～12月上旬）
- 2月 学年末考査／クラスマッチ
- 3月 卒業式

CLUB & CIRCLE
【運動部】卓球、バドミントン、陸上、バスケットボール
【文化部】和太鼓、イラスト、ものづくり
【文化部】ソフトバレー、りとさぶり

令和5年度 卓球部・陸上競技部 全国大会出場

普通科・ものづくり工学科
普通科（午前の部）・普通科（午後の部）・ものづくり工学科（夜間）からなる3部制の単位制高校です。少人数でのきめ細かく温かみのある教育や、社会生活の基盤となる基礎・基本を重視した教育を進めています。また、3年間で卒業することが可能です。定時制の高校は、本来4年間で卒業することを想定していますが、本校では、自分の所属する部の授業以外に他の部の授業を受け、74単位以上の科目を修得すれば、3年間で卒業することが可能です。これを3年修業制(3修制)といいます。

午前・午後・夜間からなる3部制の単位制高校

近年の卒業後進路
【大学】
富山／創価／皇學館／鈴鹿医療科学
【短大】
三重
【専門学校】
津高等技術学校／三重県農業大学校／ユマニテク医療福祉大学校／伊勢理容美容／伊勢調理製菓／伊勢志摩リハビリテーション／HAL名古屋校／東海工業／名古屋工学院
【就職先】
永谷園フーズ／三水フーズ／ミートサプライ／パーソナルファクトリーパートナーズ／三田工業／松阪興産／タキ／三昌物産／三交伊勢志摩交通／石吉組／八昇製菓／伊勢赤十字病院／小池製作所／いにしえの宿伊久／石九／坂谷自動車工業／松田精工／木本自動車／自衛隊　ほか

定時制 Owase High School
尾鷲高等学校

尾鷲市古戸野町3-12　　0597-23-8504　　www.mie-c.ed.jp/howase/teizisei/　　JR「尾鷲」駅

   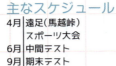

主なスケジュール
4月	遠足（馬越峠）／スポーツ大会
6月	中間テスト
9月	期末テスト／スポーツ大会／文化祭
10月	生活体験発表会
11月	修学旅行（2022年は京都、大阪方面）／社会見学／定・通スポーツ大会
12月	中間テスト
1月	スポーツ大会
3月	学年末テスト／スポーツ大会
	4年次学年末テスト（9月または3月）

R5の卒業生
【就職】3名

近年の卒業後進路
【進学】和歌山県立なぎ看護学校など
【就職先】尾鷲市・紀北町や県内が中心

普通科
1. 10人程度の少人数の学級で、家庭的な雰囲気
2. 丁寧な学習指導を行う
3. 検定合格、定通併修を利用することで、3年や3年半での卒業も可能
4. 遠足、スポーツ大会、文化祭など学校行事が豊富
5. 半年ごとに単位認定を行う。9月卒業、10月編入もある

遠足・スポーツ大会・文化祭など学校行事が豊富

今春5人の新入生を迎え、現在27人の生徒が在籍している。その多くは10代だが、20代、30代の生徒も在籍しており、いろいろな年代の生徒が互いに刺激を受け合いながら学習している。生徒の中には、昼間アルバイトをしながら少人数の学習環境でゆっくり学ぶことを求めて入学してくるものも多くなっている。そこで、多様な生徒が卒業後、より豊かな社会生活を営むことができるよう支援している。

定時制 Kinomoto High School
木本高等学校

熊野市木本町1101-4　　0597-85-3811　　www.mie-c.ed.jp/hkimot　　JR「熊野市」駅

主なスケジュール
4月	入学式／遠足／校内スポーツ大会
6月	前期中間考査
9月	前期末考査／前期卒業式／前期終業式
10月	文化祭／生活体験発表会
11月	定・通スポーツ大会
12月	後期中間考査
1月	後期末考査（4年生）
2月	後期末考査
3月	後期卒業式／後期修了式

令和5年3月の卒業生
専門学校…1名
就職…1名

近年の卒業後進路
【大学】三重農業大学校　など
【就職先】水力機電工事／御浜ファーム　など

地域社会で活躍！
普通科
木本高校定時制は昭和23年、昼間働きながら夜勉強したい人のために木本高校に併設された。これまで800人を超える卒業生を送り出し、たくさんの卒業生が地域社会で大いに活躍している。「働きながら学ぶ」学校であると同時に、「学び直し」の学校として、さまざまな背景を持つ生徒の学力向上と社会性の育成をはかり、生徒の自己実現を通して地域社会に貢献する学校を目指している。

800人を超える卒業生が地域社会で活躍！

少人数の良さをいかし、家庭的な雰囲気で、一人ひとりの生徒にとって、安心して学ぶことができる環境が整っています。

ICTの活用にも積極的に取り組み、「授業がわかりやすい」と評判です。学校での学びを通して、自分が大切にされていることを実感することができます。

清水先生の入試なんでもQ&A ③

前期選抜から後期選抜の志望校を変える場合の基準や、気をつけるべき事を教えてください。

　前期選抜で合格してほしいところですが、前期選抜の倍率を見ると後期選抜も考えざるをえません。前期選抜の結果を受けて後期選抜に臨む場合、さまざまな考え方があります。例えば、前期選抜と同じ高校を受検する場合、前期選抜と後期選抜の受検校を変更する場合、後期選抜は受けずに私立高校や国立高専に進学を決定する場合などが考えられます。進路指導の経験からすると前期選抜と同じ高校を受検する人が多いようです。前期選抜を受検される人に多く見られますが、前述の通り、前期選抜はかなり狭き門です。よって、前期選抜の受検を決定する際にその後のシミュレーションをしておくことが必要です。本来あるべき高校選びとは少し異なりますが、前期は○○高校を受検し、不合格の場合、私立の○○高校が受かっていれば、後期選抜は○○高校をチャレンジのような作戦を立てることも必要かもしれません。

　将来の事をしっかりと考えながら、不本意な入学にならないように準備しましょう。

「内申点」ってなんですか？県立の後期選抜や私立の入試でも影響がありますか？また、点数を上げるにはどうすればいいですか？

　内申点とは調査書に記載される9教科の5段階評価のことです。基本的には各学期に出される教科ごとの5段階評価の得点が内申点ですが、高校へ提出する調査書とはその他に出席日数や特別活動、所見など総合的なカルテのようなものです。

　評価は9教科の総合評価なので、主要5教科のみを頑張っていても、音楽や体育などの副教科をおろそかにすると評価が下がってしまうので注意が必要です。また、定期テストで高得点を取れば5段階評価が上がるというわけでもありません。通知表を見れば分かりますが、5段階評価の横に観点別評価があります。これは「知識及び技能」「思考力・判断力・表現力など」「学びに向かう力・人間性など」のそれぞれの観点から学びへの姿勢や内容、過程を総合的に評価するものです。その評価とテストの得点を総合的に判断して5段階の数値にしています。つまり、授業態度や提出物の期限内提出などの日頃の学習意欲も反映されているので、日ごろの学習生活をしっかりすることが調査書をよくする秘訣ですね。

　県立高校の後期選抜の合否判定方法は調査書と当日の学検点の両方で判断しますので、非常に重要な要素となります。私立高校の一般入試ではそこまで重視はしないようですが、当日の点数が合否ボーダー点数付近では調査書の内容もしっかりと判定材料に用いられます。

　いずれにせよ、疎かにできないかなり重要な資料です。

三高NAVI 【2023年度版】

清水先生のこと
Profile
Hideki Shimizu

スタディー
THE PRIVATE SCHOOL FOR YOUR POSSIBILITY

総合学習塾スタディー
四日市市：四日市駅前校・ときわ校・川島校・山手校・大矢知校
三重郡：菰野校
鈴鹿市：鈴鹿旭が丘校

代表　**清水秀樹**　（全国学習塾協会 常任理事、全国学習塾協会 中部支部長）

平成時代から約30年にわたり地域の子ども達を指導してきました。生徒の個性は一人ひとり違い、花開く時期もそれぞれです。高校受験だけが人生の壁ではありませんが、目の前のハードルを一つずつ乗り越えれば、乗り越えた分だけ自信に繋がります。全力で立ち向かって乗り越えてください。

三 高 NAVI - 2023 -

2023年9月1日　初版発行
編　著　株式会社　夕刊三重新聞社

発行者　山下　至
発行所　株式会社　夕刊三重新聞社
　　　　〒515-0821　三重県松阪市外五曲町15
　　　　TEL0598-21-6113（代表）　FAX0598-21-8500
定　価　990円（本体900円＋税）